フランス労働契約理論の研究

三井正信 著
MITSUI Masanobu

成文堂

はしがき

　本書は筆者がかつて発表したフランス労働契約理論に関する研究を一書にまとめたものである。もともと一貫した構想のもとに執筆したものであり体系性を有していたためまとめるのにはそれほど苦労はいらず、漢字や表記を統一したり、一部表現を改めたり、可能な部分は表現を現時点に合わせるような形にしたりといった若干の修正を加えているが、ほぼ初出のままとなっている。

　フランスにおいては、20世紀初頭のころから労働立法の適用の基準として法的従属性をメルクマールとする労働契約概念が形成されその独自性が承認されてくるが、それと並行して他方で労働契約衰退論も有力に主張されるようになった。労働契約衰退論は労働契約に独自性を与える要素である立法や労働協約などの契約外的規範群である身分規程（statut）の発展を考慮するとともに労働が組織される集団的な企業の法的概念を形成することで労働契約は衰退したと主張する立場である。労働契約衰退論は第二次大戦前においては公法理論に基礎を置く独自の少数説の立場にとどまったが、戦後は企業制度論という形で展開されフランス労働法学界を一時風靡した。しかし、労働契約衰退論には大きな問題があり、結局は労働契約優位論が根を張ることとなる。しかし、労働契約優位論も1970年代からの経済的危機と1980年代以降の規制緩和・フレクシビリテ化により理論状況が一変したため古典的なものとなり、労働契約論は混迷を深め複雑な様相を呈することとなる。以上のようなフランスにおける約1世紀に渡る労働契約をめぐる理論展開を追ったのが本書である。

　とにかく、フランス労働契約理論の展開においては身分規程の発展に伴う「契約から身分へ（du contrat au statut）」という現象、組織的集団的性格を有する企業の法的把握の問題をめぐって（つまり合意であり個別的な関係を形成する労働契約に関して契約外的な「身分」と集団的な「企業」という要因をめぐって）1世紀に渡って激しく議論がなされるとともに理論が大きく揺れ動いて

きており、非常に注目すべき状況となっている。また、特に、1980年代以降の規制緩和・フレクシビリテ化の動きの中で個別合意が重視されたり、労働契約の復権が唱えられたりといった傾向も見られ、この点については現在の我が国の状況に一定類似している。とにかく、フランス労働契約理論の歴史的展開をフォローすることは非常に興味深く我が国の問題を考えるうえでも大いに参考となるように思われる。

　早いもので筆者がこれら一連の論文の最後のもの（本書の第3章）を発表してからほぼ四半世紀が過ぎようとしている。会社を辞めて大学院に入学し修士論文に取り組んで以来大学に就職して本格的な研究生活をスタートさせる頃までフランス労働契約理論史の研究に打ち込み一貫して統一テーマを追い続けてきた。それをいつかまとめようと思いながら今日まで多大の年月がたってしまった。しかし、今回、広島大学法学部後援会の出版助成を得てようやく一書にまとめるという念願がかなうこととなった。研究生活（研究人生）も終盤に差し掛かった現在において、かつての希望と情熱と思いと意欲とパワーにあふれていたスタート時点の若き日々の研究を振り返ってみると何とも言えぬ感慨と懐かしさがこみ上げてくる。その後、日本法へ関心が移ったこともあってフランス労働契約理論の研究から遠ざかってしまったため、1990年代初頭以降の理論展開はフォローできてはいないが、約1世紀に渡る理論史をまとまった形で提示することはそれなりに意味があろうし、本書で取り扱った以降の理論を研究し追及しようとする試みや取り組みを行おうとする人に対してはその基礎を提供することができるといえよう。また、統一したテーマの本格的な比較法研究ということで筆者にとってはこれまでの研究のひとつのモニュメントとしての意味もあることはいうまでもない。なお、1990年代以降の動きないし理論研究の欠を若干なりとも補う意味で1990年代終わりから2000年代初めにかけて出された本稿のテーマに関連するフランスの労働判例についての評釈（フランス労働判例研究）3編を補論という形で本書の末尾に収録しておいた。

　最後に、本書が成るにあたって、筆者を研究の世界に導いてくださり本書の元になったテーマにつきご指導賜った恩師で京都大学名誉教授の片岡曻先

生、筆者を励まして本を出すことの重要性を説き研究書(『現代雇用社会と労働契約法』)と理論書(『基本労働法Ⅰ』、『基本労働法Ⅲ』)を執筆・出版することをお勧め頂くとともにそれ以後に縁ができることになる成文堂に紹介の労をお取りいただいた広島修道大学大学院法務研究科教授で弁護士の渡辺直行先生に感謝の意を表させて頂きたい。また、本書の出版にあたっては成文堂編集部の飯村晃弘氏に大変お世話になった。そして、出版助成により本書の刊行を可能にして頂いた広島大学法学部後援会並びにその関係者にもお礼を申し上げなければならない。

 2016年5月 東広島鏡山の研究室にて

三井正信

* 本書は平成27年度広島大学法学部後援会出版助成を受けて出版されるものである。

目　次

はしがき

第1章　フランスにおける労働契約概念の形成とその展開 …… *1*

はじめに …… *1*

第1節　フランス革命から19世紀末までの状況 …… *4*

第2節　労働契約概念の形成 …… *8*
　1　概　説（*8*）
　2　名称の変化（*9*）
　3　労働契約の基準としての法的従属性（*11*）
　4　検　討（*26*）

第3節　労働契約衰退論の展開 …… *27*
　1　概　説（*27*）
　2　条件行為説（*28*）
　3　制度説（*36*）
　4　検　討（*48*）

第4節　総　括 …… *50*
　1　各説の評価（*50*）
　2　戦前における労働契約の優位性をめぐる議論（*52*）

おわりに …… *54*

第2章　戦後フランスにおける労働契約衰退論についての一考察 …… *55*

はじめに …… *55*

第1節　序　説 …………………………………………………………58
第2節　企業制度論の展開 ……………………………………………60
　　1　労働契約の衰退と企業概念の必要性（60）
　　2　企業制度論の特徴（63）
第3節　労働契約と労働関係 …………………………………………77
　　1　労働関係の理論（77）
　　2　労働契約に留保される役割と労働関係との関係（80）
　　3　労働契約と労働関係の交錯（84）
第4節　検討と総括 ……………………………………………………86
　　1　ポール・デュランの立場（企業制度論登場の背景）（87）
　　2　企業制度論に対する批判（96）
　　3　総　括（100）
おわりに ………………………………………………………………103

第3章　フランス労働契約理論の現代的展開 …………104

はじめに ………………………………………………………………104
第1節　労働契約優位論の展開 ……………………………………106
第2節　企業制度論考慮型労働契約優位説 ………………………112
　　1　企業制度論に対する批判（112）
　　2　労働契約と身分規程（118）
　　3　労働契約と企業（124）
第3節　企業制度論否定型労働契約優位説 ………………………131
　　1　企業制度論に対する批判（132）
　　2　労働契約と身分規程（136）
　　3　労働契約と企業（144）
第4節　労働契約優位論の到達点とその限界 ……………………147
　　1　労働契約の優位性（147）
　　2　企業問題の困難性（154）

3　小　括 (*157*)
第 5 節　労働契約論に課される現代的課題 …………………… *159*
　　1　序 (*159*)
　　2　「契約から身分へ」という公式の変容 (*168*)
　　3　労働法における企業概念 (*186*)
　　4　労働契約論の今後の展開 (*206*)
おわりに ………………………………………………………………… *233*

補論 1　懲戒処分としての労働契約の変更と労働者の同意 …………… *236*

はじめに ………………………………………………………………… *236*
1　事実の概要と判旨 …………………………………………………… *236*
　(1)　事実の概要 (*236*)
　(2)　判　旨 (*237*)
2　解　説 ………………………………………………………………… *238*
　(1)　問題の所在 (*238*)
　(2)　懲戒処分としての労働契約の変更をめぐる判例法理の変遷過程 (*239*)
　(3)　本件判決の意義 (*243*)
3　まとめ ………………………………………………………………… *244*

補論 2　労働協約の変更と労働契約法理 ……………………………… *245*

はじめに ………………………………………………………………… *245*
1　事件の概要と判決要旨 ……………………………………………… *246*
　(1)　事件の概要 (*246*)
　(2)　判決要旨——上告棄却 (*247*)
2　解　説 ………………………………………………………………… *247*

(1) 身分規程の展開と労働契約優位論・労働契約衰退論をめぐる議論（247）
  (2) 労働契約復権化傾向と集団的身分規程（248）
  (3) 本件判決の意義（250）

補論3　使用者による労働者の能力評価・格付けの適法性要件 …… 252

1　事件の概要 …… 252
2　判　旨 …… 253
3　検　討 …… 255
  (1) 本件の意義と背景（255）
  (2) 使用者の労働者能力評価権の法的根拠と能力評価の適法性要件（255）
  (3) 格付けが差別に当たるか（256）
  (4) ランキングの懲戒処分該当性（257）
  (5) ランキングは解雇の事前準備をなすものなのか（257）
  (6) まとめと今後の展望（258）

事項索引（259）

〔初出一覧〕
・第1章：「フランスにおける労働契約概念の形成とその展開(上)、(下)」季刊労働法144号（1987年）、同145号（1987年）
・第2章：「戦後フランスにおける労働契約衰退論についての一考察(1)、(2)・完」法学論叢125巻4号（1989年）、同126巻2号（1989年）
・第3章：「フランス労働契約理論の現代的展開(1)-(5・完)」広島法学14巻2号（1990年）、同14巻3号（1991年）、同14巻4号（1991年）、同15巻3号（1992年）、同16巻2号（1992年）
・補論1：「懲戒処分としての労働契約の変更と労働者の同意」労働法律旬報1459号（1999年）
・補論2：「労働協約の変更と労働契約法理」労働法律旬報1500号（2001年）
・補論3：「使用者による労働者の能力評価・格付けの適法性要件」労働法律旬報1579号（2004年）

第1章 フランスにおける労働契約概念の形成とその展開

はじめに

　労働契約[1]（contrat de travail）は、日本におけると同様に、フランスにおいても労働法の基本的かつ重要な概念である。まさに人を労働者（salarié）＝被用者たらしめる（人に労働者の地位を得さしめる）のは労働契約によってなのである。このような労働契約を定義すれば、「人が、報酬（rémunération）と交換に、自分が置かれる従属性（subordination）のもとで、自分の活動を他人に委ねるよう義務付けられる約定（convention）」ということとなり、その基本要素は、㈦労働の提供、㈤報酬（賃金）、㈥従属性である[2]。ここで示される従属性は、法的従属性（subordination juridique）と呼ばれ、通常、労働者が労働の実行のために使用者の権力（autorité）あるいは指揮（direction）のもとに置かれる状態を意味する。労働契約を人の労務を提供することを目的とする他の類似の契約から区別するメルクマールが法的従属性であり、このような従属状態に置かれることが、まさに労働法の適用の基準なのである[3]。

　さて、近年、フランスにおいて、一部で、労働契約について、一定の重要性は認めつつもその役割は減少したとして労働契約衰退論が有力に唱えられた[4]。その原因として、①「契約から身分へ（du contrat au statut）」という現象[5]、②企業問題の2点を挙げることができよう。

　まず、「契約から身分へ」という現象から述べてみよう。statut とは、通常、

1）労働契約概念については、片岡昇『団結と労働契約の研究』（1959年、有斐閣）204頁以下。
2）G.H. Camerlynck, Le contrat de travail, Droit du travail, t. 1, 2ᵉ éd., 1982, p. 52 et s.
3）Ibid., p. 57 et s. なお、ここで言われる法的従属性とは我が国で用いられている人的従属性と同義であると解してよい。

㈠人の法的地位という意味だけではなく、㈡人の法的地位を定める規範の総体という意味にも用いられる[6]。本書では、以下では両者を区別する意味で、特に、後者を身分規程と呼ぶことにするが、「契約から身分へ」という場合、問題となるのは労働者の法的地位を定める身分規程である。労働立法及び労働協約の発展により、労働契約の内容、つまり労働条件は、すべて自由に当事者によって定められるのではなく、労働立法及び労働協約を主たる内容とする身分規程によって規律されることになる。従って、契約当事者によって協議される契約の内容はだんだんと少なくなり、労働契約は身分規程を受け容れる当事者の単なる合意になりつつあるのである。

次に、企業問題について述べてみよう。フランスにおいては、経済民主主義の観点から、1946年の憲法が労働者の企業管理への参加をうたって以来、1980年代に労働者を企業の市民にすることを目指して社会党のミッテラン政権のもとで行われたオルー法改革[7]など、一貫して企業改革が問題となっ

---

4) P. Durand et A. Vitu, Traité de droit du travail, t. 2, 1950, p. 199 et s.
A. Rouast et P. Durand, Précis de législation industrielle, 4ᵉ éd., 1951, p.p. 352 et 353.
なお、衰退論に触れる邦語文献としては、ジェラール・クーチュリエ「フランス法における労働契約」(山口俊夫訳) 日仏法学会編『日本とフランスの契約観』(1982年、有斐閣) 151頁以下。

5) これについて触れるものとして、
G. Lyon-Caen, Manuel de droit du travail et de la sécurité sociale, 1955, p. 177, p. 179 et s.
J.M. Verdier, Du contrat au statut et du droit individuel aux libertés publics, J.C.P. 1971. 2422.
クーチュリエ・前掲論文153頁以下、星野英一「私法における人間」『岩波講座・基本法学1人間』(1983年、岩波書店) 157頁。
なお、「契約から身分へ」と言う場合、本文で述べたこと以外に「市民法から社会法へ」というニュアンスも含まれていることがある点に注意する必要がある。

6) statut 概念については、
L. Duguit, Les transformations du droit public, 1913, p. 115 et s.
même auteur, Traité de droit constitutionnel, t. 1, 3ᵉ éd., 1927, p. 328.
J.A. Broderick, La notion d'《institution》 de Maurice Hauriou dans ses rapports avec le contrat en droit positif français, Archives de philosophie du droit, N° 13, 1968, p. 143 et s.
P-D. Ollier, Le droit du travail, 1972, p. 29 et s.
A. Légal et J. Brèthe de la Gressaye, Le pouvoir dans les institutions privées, 1938, p.p. 27 et 28.

てきている。また、現代においては、実際、労働者は、個人の使用者に雇われるというよりも、ますます企業に所属し、企業で働くという状況になってきている。しかし、労働契約は契約である以上、使用者と個々の労働者の個別的な関係しか形成せず、従って、集団的な関係たる企業に直接的に目を向けるものではない。そこで、新たに、集団的な関係たる企業に関する法的概念を形成し、独自の理論に基づく企業への参入の法理を唱えることによって、労働契約の役割を縮小して考えようとする説が登場してくることとなるのである[8]。

　果たして、このように、2つの点において労働契約の衰退という結論を引き出してよいか否かについては激しく議論されており、衰退論に対抗して労働契約優位論も積極的に主張されているが[9]、このような議論が最初に姿を現したのは、20世紀初頭の頃からである。即ち、19世紀においては、労働契約は賃貸借の一種たる労務賃貸借（louage de services）として位置付けられていたが、19世紀の末頃から20世紀の初めにかけて、このような賃貸借概念は現実に反するものとして批判を浴びた。そして、ほぼ同時に、一方では、現実に適合する労働契約概念を形成しようとする動きが徐々に強まり、すでに述べたような法的従属性概念に基づく労働契約概念が形成され始め、他方では、身分規程や集団的な関係たる企業というものを考慮して労使関係における労働契約の役割を減少させ、あるいは、まさに労働契約概念を否定し、そのかわりに、新しい法概念を形成して、それでもって労使関係を規律しようとする考えが主張され始めたのである。

　従って、本章においては、(ア)身分規程（statut）と(イ)企業（entreprise）という2つの要因に留意しながら、現在の衰退論と優位論の対立の原型となった議論の出現・発展過程、即ち、20世紀初頭から第二次大戦前までの時期にお

---

7) オルー法改革については、大和田敢太「フランスにおける労働法制改革の動向」学会誌労働法63号135頁以下、保原喜志夫「オルー法とフランス労働法の新展開」日本労働協会雑誌302号37頁以下。
8) P. Durand et A. Vitu, op. cit., p. 210 et s.
9) G. Lyon-Caen, Défense et illustration du contrat de travail, Archives de philosophie du droit, N° 13, 1968, p. 59 et s.

ける①法的従属性概念に基づく労働契約概念の形成、②労働契約衰退論の登場という2つの現象を考察の対象とし、その背景、議論の内容、2つの議論の相互関係等を検討していくこととしたい。そもそも、労働契約の法的性質、内容及び個人と企業の関係という問題は、現代社会に生活する我々にとって重要な問題である。それ故に、そのような問題につき古くから議論がなされてきたフランスに題材に採り、その議論の原点を探ることは非常に興味深いことであると考える。フランスの労働契約をめぐる論争の現状を追求していくことは次章以下の課題となるが、本章における検討は、まさにそのための基礎作業としての意義も大いに有するのである。また、我が国においても、今後ますます盛んに、労働契約論及び経営参加を中心とする企業問題について議論されていくことになると思われるので、この点からも、本章で行う研究は、有益であると考える次第である。

第1節　フランス革命から19世紀末までの状況

1789年のフランス革命により、アンシアン・レジームは打ち倒され、自由な時代が到来した。革命は、あらゆる旧秩序を破壊し、個人主義的自由主義への道を開いた。人権宣言は、国民主権主義、平等主義、自由主義を宣言した。個人のイニシアティブによって新しい秩序が形成されることが期待された。その基礎となったのが、神聖かつ不可侵な権利である個人の所有権と、独立・平等と考えられる個人が自由に締結することができる契約である。その帰結として、国家の不介入の原則及び経済的自由主義、即ちレッセ・フェールが現れる。まさに資本主義体制の到来である[10]。アンシアン・レジーム下で資本主義の発展及び職業の自由を圧迫していた同業組合（corporation）の復活を禁止するために、1971年3月2—17日の法律は、労働の自由及び職業の自由を宣言し、1971年6月14—17日のル・シャプリエ法（La Loi Le Chaplier）は、労働者及び使用者の団結を禁止した。これらの法律によって職

---

10) G. Ripert, Aspects juridiques du capitalisme moderne, 2e éd., 1951, p. 9 et s.

業的結社の禁止が確立されたのであるが、さらに後に、刑法は、20人を超えるあらゆる結社を政府の許可に服さしめ（219条）、団結の違反を罰した（414条及び415条[11]）。これらは、労働者側と使用者側に共通の規制であるにも拘らず、労働者と使用者の関係を厳格に個別的なままにしておくことによって、専ら労働者側を抑圧していくのである。

　1804年に、民法典、即ちナポレオン法典（le Code Napoléon）が制定された。これは、ブルジョワ革命から生まれた近代社会の法と言いうるのであるが、その本質は、農地経営の法なのである[12]。当時のフランスにおいては、農地は基本的な生産財産であり、家長の権威のもとで家族によって耕作された。即ち、家族は生活単位であると同時に生産の経済的単位を構成していたのである。従って、労働者もこのような家族の中に入り寝食を共にした。小規模であった手工業についても事情は異ならない。19世紀前半までは、フランスは全体的に農業的かつ手工業的な家内工業的社会だったのである[13]。このような状況のもとで、現在労働契約と呼ばれるものは、賃貸借の一種である労務賃貸借として位置付けられ[14]、主として家事使用人（domestique）が、その対象として念頭に置かれていた[15]。労務賃貸借は、ローマ法の locatio conductio operarum を継受したものであるが[16]、民法典は、これについて、その

---

11) G.H. Camerlynck, Le contrat de travail, Droit du travail, t. 1, 2ᵉ éd., 1982, p. 8 et s.
12) G. Ripert, op. cit., p. 16.
13) J. Savatier, Du domaine patriarcal à l'entreprise socialisée, Mélanges R. Savatier, 1965, p. 864 et s.
    J. Rivero et J. Savatier, Droit du travail, 9ᵉ éd. mise à jour, 1984, p. 45 et p. 77.
    H. Capitant et P. Cuche, Précis de législation industrielle, 4ᵉ éd., 1936, p.p. 149 et 150.
14) G.H. Camerlynck, op. cit., p. 10, p. 41 et s.
    J. Rivero et J. Savatier, op. cit., p. 76.
    G. Lyon-Caen, Défense et illustration du contrat de travail, Archives de philosophie du droit, N° 13, 1968, p. 59.
    P-D. Ollier, Le droit du travail, 1972, p. 70.
    A. Colin et H. Capitant, Cours élémentaire de droit civil français, t. 2, 7ᵉ éd., 1932, p.p. 656 et 657.
15) A. Martini, La notion du contrat de travail, 1912, p. 1.
    J. Savatier, op. cit., p. 866 et s.
    J. Rivero et J. Savatier, op. cit., p. 77.

定義規定を設けておらず、かつわずかに2カ条しか規定を割かなかった。即ち、1780条は、奴隷制の復活を禁止するために、人は期間を定めてかあるいは特定の事業のためにしか自分の労務を約することはできないことを宣言し、1781条は、賃金の支払証明についての規定で、賃金に関する紛争の場合には使用者側の申立てが正しいものとされるということを規定していた[17]。このように労務賃貸借についてほとんど規制が存しない以上、労働者と使用者の関係は、すべて「自由に」締結された契約によって規律されることになる。しかし、現実には、劣位に置かれた個々の労働者とそのような労働者に一方的に条件を課す使用者との間で契約が締結され、労働者にとって悲惨な状況が作り出された[18]。

　徐々に、生活単位と生産単位とが分離され、そして産業革命を経て資本主義が発展することによって、生活単位とは区別される企業が形成されてくることとなる[19]。従って、資本主義の発展に伴って、資本の側にとっては農地経営の法たる民法典だけでは不十分となってくるので、資本と政治が結び付くことにより、資本主義の発展にとって必要な立法及び制度が作り出されていく[20]。これに対して、労働者保護の観点においては、度重なる労働者の運動にも拘らず、国家の不介入の原則がほぼ貫徹され、いくらかの立法はなされたものの非常に不十分であり、実質的に立法の欠缺状態が続く[21]。国民とその代表者の間の中間的な団体によって立法がなされることを認めない国民主権の原則とすでに述べた職業的結社の禁止により、労働協約の発展も期待すべくもなかった[22]。ようやく、1864年になって、団結（coalition）の自由が認められるが、これはあくまでも、「要求を追求するためになす一時的な結合、

---

16) ローマ法において locatio conductio operarum とは、最初は奴隷の賃貸借のことを指したが、後に自由人の場合でもそう呼ばれるようになった。この点については、浅井清信「労働契約概念を規定するもの」学会誌労働法42号8頁。
17) 1781条は、1868年になって廃止された。
18) J. Rivero et J. Savatier, op. cit., p. 45.
G.H. Camerlynck, G. Lyon-Caen et J. Pélissier, Droit du travail, 12ᵉ éd., 1984, p.p. 12 et 13.
19) J. Savatier, op. cit., p. 866 et s.
20) G. Ripert, op. cit., p. 16 et s.

即ち労働争議をなす自由[23]」にすぎず、労働組合が法的に承認されるためには、1884年まで待たねばならなかったのである。

　また、この時代においては、註釈学派（l'école de l'exégèse：1804-1900）と呼ばれる個人主義的な学派が支配的であった[24]。法（droit）はすべて制定法（loi）の中にあると解する法典万能主義、法実証主義の立場であったので、社会的な状況に十分に対処することはできなかった。従って、労務賃貸借についても形式的な解釈を展開していた。労務賃貸借と請負（当時は、仕事の賃貸借louage d'ouvrageと呼ばれた）を区別する基準は、専ら賃金形態であった。即ち、労務賃貸借は、労働時間に比例して賃金が定められている場合であり、請負は、一定の仕事に対して賃金が定められているかあるいは出来高給の場合であると考えられたのであった[25]。

　以上が、フランス革命以降19世紀末頃までの状況である。リペール（G. Ripert）は、フランスにおける資本主義の発展過程を大きく2期に分けたが、以上で述べてきたことはその第1期に相当する。第2期は19世紀末頃からなのであるが、その区画をなす特徴は次のようなものである[26]。1848年から実施された普通選挙がようやく効果を現し、1864年の団結の自由の承認に引き続いて、ついに1884年に労働組合が法的に承認され、社会的カトリシズム、

---

21) A. Rouast, Contrat de travail, Traité pratique de droit civil par M. Planiol et G. Ripert, t. 11, 2ᵉ éd., 1954, p. 4.
　A. Colin et H. Capitant, op. cit., p.p. 657 et 658.
　L. Josserand, Cours de droit civil positif français, t. 2, 9ᵉ éd., 1939, p.p. 747 et 748.
　なお、19世紀の立法の状況については、L. Duguit, Manuel de droit constitutionnel, 1ʳᵉ éd., 1907, p. 546 et s.
　même auteur, Traité de droit constitutionnel, t. 5, 2ᵉ éd., 1925, p. 155 et s.
22) G.H. Camerlynck, op. cit., p. 9.
　外尾健一「フランス初期労働協約法理の形成過程㈠」社会科学研究第8巻1号8頁以下。
23) 外尾健一『労働団体法』（1975年、筑摩書房）6頁。
24) 註釈学派については、福井勇二郎「十九世紀に於ける仏国民法学の発達」福井勇二郎編訳『仏蘭西法学の諸相』（1943年、日本評論社）8頁以下、山口俊夫『概説フランス法(上)』（1978年、東京大学出版会）106頁以下。
　L. Duguit, Les transformations générales du droit privé depuis le Code Napoléon, 2ᵉ éd., 1920, p. 5 et s.

社会連帯主義、社会主義等の思想に鼓舞されて、労働運動及び政治的社会的運動が活発化し、労働立法の制定及び労働協約の締結が増大してくるのがこの頃なのである[27]。従って、第2期に入って、本格的に、労働者の身分規程（statut）が形成され始めたと言うことができる。註釈学派についても、1880年頃から、註釈学派の方法を批判し、制定法以外にも生ける法をみていこうとする科学学派（l'école scientifique）の登場と共に衰退していくこととなる[28]。

第2節　労働契約概念の形成

1　概　説

　第1節で考察した資本主義の第1期から第2期への移行とほぼ時期を同じくして、現在みられるような労働契約概念が形成され始めた。時代の変化が、契約当事者の平等を前提とする経済的自由主義に対する批判を導き、現実に

---

25) P. Cuche, Du rapport de dépendance, élément constitutif du contrat de travail, Revue critique, 1913, p.p. 413 et 414.
　　A. Martini, op. cit., p. 132 et s.
　　H. Capitant et P. Cuche, op. cit., p. 152.
　　A. Rouast, op. cit., p. 12.
　　矢部恒夫「フランス法における労働契約概念について」法学雑誌第28巻1号196頁以下。
　　なお、louage d'ouvrage を請負の意味で用いるのは狭義の用法であり、広義では労務賃貸借をも含む意味で用いられた（民法典1708条）。この点については、
　　P. Cuche, La définition du salarié et le critérium de la dépendance économique, D.H. 1932, p. 101
26) G. Ripert, op. cit., p. 20 et s.
27) G.H. Camerlynck, op. cit., p. 12.
　　même auteur, Le contrat de travail en droit français, Le contrat de travail dans le droit des pays membre de la C.E.C.A., 1965, p. 394.
　　P. Durand et R. Jaussaud, Traité de droit du travail, t. 1, 1947, p. 76 et s.
　　A. Rouast, Quelques réflexions sur l'originalité sociologique du contrat de travail, Mélanges Brèthe de la Gressaye, 1968, p. 665 et s.
　　G. Ripert, op. cit., p. 21, p. 37 et s.
　　なお、各種思想の状況については、中村睦男『社会権法理の形成』（1973年、有斐閣）120頁以下に詳しい。
28) 科学学派については、福井・前掲論文80頁以下、山口・前掲書108頁以下。

第2節　労働契約概念の形成　9

目を向けさせたのである[29]。ローマ法に由来する労務賃貸借概念は、現実に反しているとして激しく攻撃された。当然のことながら、物の賃貸借と人が他人のために労務を約する契約との間には本質的な差異が存しており、従って、人が労務を約する契約を賃貸借と考えることは、まさに人間の尊厳（la dignité humaine）、労働者の尊厳（la dignité du travailleur）に反することと考えられるようになった[30]。労務賃貸借概念によれば、賃貸借されるのは人間の労働力であるが、労働者は「自分自身を約するのであって自分の財産をではない[31]」との指摘が示すように、労働力を人の身体（personne）から切り離すことはできないので、この場合、物の賃貸借とは異なり契約当事者自身の身体が問題となる。従って、労働力を物に似せてそれを賃貸借するという考えは、フランスにおいて批判を浴びたのである。例えば、ジョスラン（L. Josserand）は、次のように労務賃貸借概念に対し批判を加えている。即ち、物の賃貸借と労務賃貸借を類似のものと考えることは、「古風で浅薄な考え（vue archaïque et superficielle）から生じている」のであって、このようなことは奴隷制の時代においてならば理解されうるであろうが、「もはや全く、現代の人間の自由と労働者の自立性の考え（idées modernes de liberté humaine et d'indépendance des travailleurs）と合致しない」のである[32]。それ故に、労務賃貸借概念に代わる新しい名称及び基準が追求されていくこととなる[33]。

2　名称の変化

労働契約（contrat de travail）という名称は、最初19世紀の末頃から経済学

---

29) A. Rouast, Quelques réflexions sur l'originalité sociologique du contrat de travail, Mélanges Brèthe de la Gressaye, 1968, p. 665 et s.
30) G. Scelle, Précis élémentaire de législation industrielle, 1927, p. 176.
　A. Rouast, Contrat de travail, Traité pratique de droit civil français par M. Planiol et G. Ripert, t. 11, 2ᵉ éd., 1954, p. 8.
　A. Rouast et P. Durand, Précis de législation industrielle, 4ᵉ éd., 1951, p. 342.
31) A. Rouast, op. cit., Mélanges Brèthe de la Gressaye, 1968, p. 667.
32) L. Josserand, Cours de droit civil positif français, t. 2, 9ᵉ éd., 1939, p. 749.
33) G.H. Camerlynck, Le contrat de travail, Droit du travail, t. 1, 2ᵉ éd., 1982, p. 50 et s.
　M. Planiol, Traité élémentaire de droit civil, t. 2, 9ᵉ éd., 1923, p. 607.

者によって用いられ始めた[34]。しかし、これを法の分野に導入するにあたっては、例えば、古典的な民法学者と評されたプラニオル[35] (M. Planiol) によって激しく異議が唱えられた。プラニオルによれば、「労働契約」という名称は、法的観点からみて不要かつ誤った表現である。労働は、賃貸借、請負、組合、無償の提供等様々の契約の対象となりうるので、「労働契約」という名称は、家の賃貸借を「家契約 (contrat de maison)」と呼ぶのと同様に不正確であり、その存在理由を有しない。彼にとっては、せいぜい「労働の賃貸借 (louage de travail)」という名称が唯一科学的な価値を有することになる。というのも、民法典は、この契約を賃貸借であると定めており、賃貸借されるものは、まさに各人の労働力 (force de travail) だからである[36]。

しかし、プラニオルのような古典的かつ形式的な立場は、もはや時代に適応し得ず、徐々にではあるが、労働契約という名称が根を張り、立法・判例・学説によって採用されていくこととなる[37]。即ち、問題となっている契約は、その独自の個性を有する契約であって、他のすべての私法上の契約から区別されるので、それをそうであるように取り扱わなければならないという考え

---

[34] P. Cuche, Du rapport de dépendance, élément constitutif de contrat de travail, Revue critique, 1913, p. 412.
M. Planiol, Traité élémentaire de droit civil, t. 2, 9ᵉ éd., 1923, p. 607.
[35] デュギーがこのように評している。
L. Duguit, Les transformations générales du droit privé depuis le Code Napoléon, 2ᵉ éd., 1920, p. 94.
[36] M. Planiol, op. cit., p. 607 et s.
[37] 1910年に公布された労働法典第1巻第2編の表題で用いられた労働契約 (contrat de travail) という言葉は、労務賃貸借と請負との両者を含む広義の特別の意味で用いられている。従って、本章で問題とするような法的従属性を基準とする労働契約については、労務賃貸借 (louage de services) の語が用いられた。しかし、以後の立法は労務賃貸借の意味でのみ労働契約という言葉を用いる傾向にあった。これらの立法は順次労働法典に組み込まれたので、労働法典の条文の中には、同一の契約であるにも拘らず、従来通りに労務賃貸借という言葉が用いられている場合と、労働契約という言葉が用いられている場合が存することとなり、用語に不統一が生じた。そして、ようやく1973年になって、労働契約という名称に統一された。
G.H. Camerlynck, Le contrat de travail, Traité de droit du travail, t. 1, 1ʳᵉ éd., 1968, p.p. 43 et 44.
G.H. Camerlynck, G. Lyon-Caen et J. Pélissier, Droit du travail, 12ᵉ éd., 1984, p.p. 169 et 170.

が定着した結果、まさに労働契約という名称がふさわしいと考えられるようになったのである[38]。

3 労働契約の基準としての法的従属性
(1) 背　景

　変化は単に名称に及んだだけではない。ナポレオン法典以来、労働契約（労務賃貸借）を定義する法律の規定は設けられておらず、かつ、19世紀において学説によって認められていた基準は、労働時間に比例して賃金が定められているという賃金形態に基づく基準であった。このような基準は、まさに賃貸借概念に依拠していると共に、一定の不都合を有していた。この賃金形態に基づく基準によれば、同一工場内で同一あるいは類似の条件で労働しているが、一方の労働者は労働時間に比例した賃金を支払われ、他方は出来高給で支払われている場合、前者の締結した契約は労働契約であり、後者の締結した契約は請負契約であるということになる。しかし、このような考えは、まさに現実に反していた。労働時間に比例した賃金、出来高給といっても、それらは純粋かつ単純に労働の評価方法を定めたものにすぎず、従って両者共に労働の対価たる賃金（salaire）であることに変わりはない。また、賃金は、往々にして、労働時間に比例した賃金と出来高給が組み合わされている場合が存するのである。

　さて、労働契約は、19世紀の末頃から労働者保護の観点から徐々に労働立法によって規律の対象とされていくのだが[39]、賃金形態に基づく基準によれば、同一工場内で同一あるいは類似の条件で働く労働者が、一方は労働時間に比例した賃金の故に立法により保護され、他方は出来高給の故に保護され

---

38) A. Colin et H. Capitant, Cours élémentaire de droit civil français, t. 2, 7ᵉ éd., 1932, p. 657.
　　L. Josserand, Cours de droit civil positif français, t. 2, 9ᵉ éd., 1939, p. 749.
　　G.H. Camerlynck, Le contrat de travail, Droit du travail, t. 1, 2ᵉ éd., 1982, p. 50.
　　ルアストは、このような名称の変化は社会学的発展によるものとしている。
　　A. Rouast, Quelques reflexions sur l'originalité sociologique du contrat de travail, Mélanges Brèthe de la Gressaye, 1968, p. 664.
39) G. Ripert, Aspects juridiques du capitalisme moderne, 2ᵉ éd., 1951, p. 42.

ないという不都合が生ずることとなる。まさに、賃金形態の差異に基づき、保護につき差別することに何ら合理性は存しない[40]。従って、このような形式的かつ非現実的な賃金形態に基づく基準に代わる新たな基準が追求されなければならなかった。即ち、立法によって実質的に保護さるべき人々の範囲を確定することが重要となったのである。まず最初にこのきっかけとなったのが、1898年4月9日の労災責任に関する法律であった。同法の第1条は、同法の適用対象を一定の産業の労働者 (les ouvriers et les employés) としたが、これは労働契約によって雇われている人であると解されたのである[41]。

(2) 労働契約の基準の追求[42]

労働契約の新たな基準の追求の動きが生じてきたといっても、これに対し全く抵抗が存しなかった訳ではない。20世紀に入っても、プラニオルは、この契約によって大多数の人間が生活しているので、その重要性は認めつつも、「労働の賃貸借 (louage de travail) は、それによって人が賃金 (salaire) と呼ばれるところの時間に比例した価格 (un prix proportionnel au temps) と交換に

---

40) A. Rouast, La notion de contrat de travail et la loi sur les Assurances sociales, J.C.P. 1929. I , p.p. 329 et 330.
　　même auteur, Contrat de travail, Traité pratique de droit civil français par M. Planiol et G. Ripert, t. 11, 2e éd., 1954, p.p. 12 et 13.
　　P. Durand et A. Vitu, Traité de droit du travail, t. 2, 1950, p. 235 et s.
　　H. Capitant et P. Cuche, Précis de législation industrielle, 4e éd., 1936, p. 152.
　　A. Martini, La notion du contrat de travail, 1912, p. 135 et s.
41) A. Rouast et M. Givord, Traité du droit des accidents du travail et des maladies professionnelles, 1934, p. 79 et p. 112.
　　H. Groutel, Le critère du contrat de travail, Études Camerlynck, 1978, p. 50.
　　J-J. Dupeyroux, Droit de la sécurité sociale, 10e éd., 1986, p. 331.
　　P. Pigassou, L'évolution du lien de subordination en droit du travail et de la sécurité sociale, Dr. soc., 1982, p. 578
42) この時期における労働契約の基準の追求をめぐる動きについて示すものとして、
　　A. Rouast, La notion de contrat de travail et la loi sur les Assurances sociales, J.C.P. 1929. I ., p. 329 et s.
　　même auteur, Contrat de travail, Traité pratique de droit civil français par M. Planiol et G. Ripert, t. 11, 2e éd., 1954, p. 12 et s.
　　P. Durand et A. Vitu, Traité de droit du travail, t. 2, 1950, p. 235 et s.
　　A. Brun et H. Galland, Droit du travail, t. 1, 2e éd., 1978, p. 357 et s.
　　矢部・前掲論文200頁以下。

他人のために一定時間拘束される契約である」という定義を固守し続けた[43]。しかし、このような定義には、すでに示した一定の問題点が存し、一般に支持されることはなかった。

　このような抵抗が存することもあってか、立法による解決が図られようとしたことがあった。従来から、労務賃貸借、即ち労働契約を定義するいかなる法律の規定も存しなかったので、労働契約を定義すべく、1905—1906年に立法研究協会（la Société d'Études législatives）によって作成された草案に基づいて、サリアン（Sarrien）内閣は、労働契約に関する法案を、1906年7月2日に下院に提出した。この法案は、賃金形態に基づく基準を明確に排して、労働契約と請負契約の区別の基準を、人が、「ひとりもしくは数人の特定の使用者（un ou plusieurs employeurs déterminés）」と契約するか、それとも「公衆（public）」に対して労働を提供するのかという点に求めようとした。ここで言う使用者とは、しばしば、実業家（industriel）、商人（comerçant）、農民（agriculteur）等の自ら職業活動を組織する者（professionnel）を意味する「職業的使用者（employeur professionnel）」と解されたのであるが、それでもやはり、政府案によって示された基準は、これに拠った場合、例えば公衆に対して労働を提供しているという口実のもとで労働契約の範囲が狭められるおそれがあるというような問題点を内包しているので、結局、この政府案は成立することなしに終った[44]。

　このような状況のもとで、労働契約の新たな基準を追求すべき第1の役割を負わねばならなかったのは、法律の解釈を行う裁判所であった。従って、裁判所が提示した基準をめぐって、学説は賛否両論を闘わせ議論を押し進めていくのである。

---

43) M. Planiol, Traité élémentaire de droit civi., t. 2, 9e éd., 1923, p. 607.
44) A. Martini, La notion du contrat de travail, 1912, p. 192 et s.
　　A. Rouast, Contrat de travail, op. cit., p.p. 14 et 15.
　　A. Brun et H. Galland, op. cit., p. 359.
　　P. Durand et A. Vitu, op. cit., p. 237 et s.

(3) 2つの従属性概念

① 法的従属性と経済的従属性

(ア) 法的従属性（subordination juridique）

判例が、賃金形態の基準に代わって労働契約の基準として採用したのが法的従属性の基準である。法的従属性とは、通常、労働者が労働の実行のために使用者の権力（autorité[45]）あるいは指揮（direction[46]）のもとに置かれる状態を意味し、この権力あるいは指揮は、使用者の命令・監督・コントロール権（le droit de commandement, de surveillance et de contrôle[47]）によって示されると言ってよい。

以下では、まず、判例による法的従属性概念の形成過程を代表的なものを中心に年代順に示してみよう。

(i) 1898年の労災責任法が適用されるためには労働契約の存在が必要とされるので、そのメルクマールを明らかにすることが必要なのであるが、1902年2月17日の破毀院民事部の判決は、「労働が企業主の指揮下で（sous la direction）行われる」ということを労災責任法の適用にあたって重視し、また、「企業主が労働者の安全を保障する義務は、彼の権力（autorité）が終るところにおいてのみ消滅する」とも述べている[48]。

(ii) 1902年8月6日の破毀院民事部の判決は、木樵(きこり)がいかなる命令も受けず好きなように労働していた点を捉えて、「1898年4月9日の法律が前提とする従属状態に（dans l'état de dépendance）なかった」と判断している[49]。

(iii) 1908年6月24日の破毀院審理部の判決は、原審が1898年の労災責任法の適用にあたり、労働者が使用者の代理人の「監督及びコントロールのもとで（sous la surveillance et le contrôle）労働していた」と認めて法を適用したことを正当としている[50]。

---

45) J. Ghestin et P. Langlois, Droit du travail, 5ᵉ éd., 1983, p. 171.
   J. Rivero et J. Savatier, Droit du travail, 9ᵉ éd. mise à jour, 1984, p. 78.
46) P. Pic, Note sous Cass. civ. 6 juill. 1931, D.P. 1931. I. p. 121.
47) R. Savatier, Note sous Cass. crim. 13 janv. 1922, D.P. 1923. I. p. 6.
48) Cass. civ. 17 févr. 1902, D.P. 1902. I. p. 273.
49) Cass. civ. 6 août 1902, D.P. 1902. I. p. 579.

第 2 節　労働契約概念の形成　15

　(iv)　1908 年 12 月 30 日の破毀院民事部の判決は、原審が「この契約の履行において労働者は企業主の監督下に (sous la surveillance) いる」ということを認めて労働者が労災責任法の利益を援用できることは当然であると結論を下したことは、何ら法文に違反しないと述べている[51]。

　(v)　1914 年 7 月 16 日の破毀院審理部の判決は、「1898 年 4 月 9 日の法律の利益は、使用者に従属しており (dans la dépendance d'un patron)、彼の指揮下で (sous sa direction) 労働し、受けた命令 (ordres) を実行する労働者 (ouvriers ou employés) によってのみ援用されうる」と述べている[52]。

　(vi)　1924 年 11 月 12 日の破毀院審理部の判決は、使用者によって直接労働のために命令 (ordres) が与えられていたことをもって労働契約の存在を認めた[53]。

　(vii)　1926 年 2 月 8 日の破毀院民事部の判決は、労働契約に関する事件を取り扱う労働審判所の管轄に関しての事件に対する判断なのであるが、商業代理人が自分の好きなように (à sa guise) 商人のいかなる命令 (ordre) も指揮 (direction) も受けることなしに注問取りを行っていた点を捉えて、商人に対して「彼はいかなる関係のもとにおいても従属していなかった」ので、原審がこの事件については労働審判所は管轄権を有しないと判断を下したことを正当としている[54]。

　(viii)　1929 年 4 月 29 日の破毀院民事部の判決は、庭の木の伐採中に生じた災害に対して労災責任法の適用が問題となった事件について、庭の所有者が労働の指揮 (direction)、実行 (exécution)、監督 (surveillance) に干渉しなかったことをもって、所有者に対する被害者の「いかなる従属関係も存在していなかった (il n'existait aucun lien de subordination)」と述べて、本件は労働契約によって労使が結合されている場合ではないとした[55]。

---

50) Cass. req. 24 juin 1908, D.P. 1911. I . p. 35.
51) Cass. civ. 30 dec. 1908, D.P. 1911. I . p. 36.
52) Cass. civ. 16 juill. 1914, D.P. 1917. I . p. 21.
53) Cass. req. 12 nov. 1924, D.H. 1924. I . p. 715.
54) Cass. civ. 8 févr. 1926, S. 1926. p. 176.
55) Cass. civ. 29 avr. 1929, D.P. 1930. I . p. 6.

カメルランク（G.H. Camerlynck）は、「契約上の地位それ自体及びそれが当事者の間に作り出す関係の分析から出発して、破毀院は法的従属性概念を引き出した[56]」と述べているが、この指摘が示すように、社会法の適用を行うにあたって、破毀院は、法実証主義的な古典的な学説が唱えていた賃金形態に基づく基準から脱却して労使関係の現実に目を向け、労働契約によって労働者が使用者の権力のもとに置かれるという機能を明確に認識することとなったのである。ルアスト（A. Rouast）は、ローマ法における locatio conductio operarum の時代から、労働契約に固有の消し去ることができない社会学的な独自性（originalité sociogique）のひとつとして、このような従属性が存在していることを指摘している。確かに、文明化、政治の影響、労働運動の発展、各種イデオロギーの高揚等の様々な要因によって労働者の悲惨な状況は改善され、ローマ時代における奴隷の如き全生活に及ぶような従属性は消滅したが、それでもなお使用者が命令し労働者がそれに従うという労働の実行過程における労働者の使用者に対する従属性が、労働契約の本質的な特徴のままで存続し続けていたのである[57]。とにかく、この基準によれば、賃金形態に基づく基準に拠った場合にみられる不都合は解消され、法的従属状態にある労働者は、その仕事の性質が何であれ、等しく労働契約の当事者であるということになる[58]。

　なお、この従属性概念は厳格なものではない。確かに、初期の判例は、法的従属性として、厳格に直接に使用者の指揮、監督、コントロールのもとで労働がなされることに言及し、従って、労働者が使用者の事業場内で労働する場合に法的従属性が存するという少し狭い概念を採用した[59]。しかし、このような考えに拠るならば、労働者が顧客の家で仕事をするように派遣され

---

56) G.H. Camerlynck, Le contrat de travail, Droit du travail, t. 1, 2ᵉ éd., 1982, p. 58.
57) A. Rouast, Quelques réflexions sur l'originalité sociologique du contrat de travail, Mélanges Brèthe de la Gressaye, 1968, p. 665 et s.
58) A. Martini, La notion du contrat de travail, 1912, p. 248.
59) P. Cuche, Du rapport de dépendance, élément constitutif du contrat de travail, Revne critique, 1913, p. 416 et s.
　　A. Rouast et M. Givord, Traité du droit des accidents du travail et des maladies professionnelles, 1934, p. 112.

第 2 節　労働契約概念の形成　17

た場合や、タクシーの運転手のようにその性質上特定の場所に定着し得ない職業の場合には従属性が欠けているとして不都合が生じることになるので、法的従属性概念は徐々に緩められていくことになる[60]。要するに、指揮、命令、監督、コントロールといっても、それを厳格に解するのではなく、ルアスト＝ジヴォール（A. Roust et M. Givord）が指摘するように、「従属性は、使用者は労働を管理するあるいは管理しうる（le patron dirige ou peut diriger le travail）ということ、及び労働者（subordonné）は使用者に従わねばならず自分の時間を自由に処分しないということを前提とする」という点に核心が存することになる[61]。

このような従属性概念拡大の動きにとっての特筆すべき判例として、1912年4月20日の破毀院民事部の判決[62]を挙げることができよう。これは、商談のために他地に赴いた外交員が、取引の結論が翌日に延期された後に骨折し、1898年の労災責任法の適用が問題となった事例である。同法が規定する使用者の責任の根拠は、使用者が権力（autorité）を行使することに伴う危険と考えられ[63]、従って、法的従属性が必要とされるのであるが、この判決は、「労務賃貸借契約が事務員を従わせていた職務の行使において、商人の事務員に生じたすべての災害は労働の機会に生じたものと考えられなければならない」と判断を下し、法律の適用を認めた。要するに、この判決は、1898年の法律の適用のためには、労働者は直接に使用者の指揮下にいなくても、使用者によって命ぜられた労務（service commandé）を遂行していることで足りるということを示したものと言えるのである[64]。また、ルアスト＝ジヴォールの示した基準のうちで、労働者は「自分の時間を自由に処分しない」という部分もまた緩められて、厳格には解されないこととなるが、この点については後述する。

---

60) Ibid., p. 113 et p. 123.
61) Ibid., p. 80.
62) Cass, civ. 20 avr. 1912, D.P. 1913. I. p. 64.
63) A. Rouast et M. Givord, op. cit., p. 25 et s.
64) Ibid., p. 113 et p. 123.

(イ)　経済的従属性（dépendance économique）

　キューシュ（P. Cuche）によって1913年頃から有力に主張され始めた労働契約の基準が、経済的従属性の基準である。1898年の労災責任法の適用に際して、労働契約の基準として判例が採用したのは、法的従属性の基準であり、それにより賃金形態に基づく基準に拠った場合に比べ労働契約の範囲は広がった。しかし、家内労働の実行は労働者と使用者の間のあらゆる従属関係（lien de subordination）を排除すると考えられたので、家内労働者（travailleur à domicile）は、労災責任法の適用から除外されていた。これに対し、キューシュは、それでは不十分であり、家内労働者のような経済的に劣位にある者こそ法的保護の対象とすべきであると考えた。即ち、キューシュにとっては、法的従属性に基づいて保護される労働者の範囲と経済的劣位にある者の範囲が一致していないことが問題なのであって、この不一致を埋めるために個人の経済的地位に基礎を置く経済的従属性の基準を提示したのである[65]。

　キューシュが示した考えを簡潔に公式化したカピタン＝キューシュ（H. Capitant et P. Cuche）の概説書から、経済的従属性の基準を引用すれば、次の通りである。「一方では、労働を提供する者が、労働から自分の唯一の、あるいは少なくとも自分の主たる生存手段を引き出し、そして他方では、労働に対して報酬を支払う者が、労働を提供する者の活動を全部、そして規則的に利用する場合に、経済的従属性は存する[66]」。即ち、経済的従属性の基準は、㋐労働を提供する者が他者に経済的に依存しているという経済的弱者としての地位と、㋑労働者は仕事を与えてくれる者のために自分の全活動を割き、そのかわりに仕事を与える者は、労働者が生活するためにあてにしうる規則的な労働（travail régulier）を保障しなければならないということの2つの要素が組み合わされているのである[67]。ちなみに、キューシュは、法的従属性の基準を退けて、このような基準を単独で用いることを述べたのではない。

---

65)　P. Cuche, op. cit., p. 412 et s.
　　　même auteur, La définition du salarié et le critérium de la dépendance économique, D. H. 1932. p. 101 et s.
66)　H. Capitant et p. Cuche, Précis de législation industrielle, 4ᵉ éd., 1936, p. 153.
67)　A. Brun et H. Galland, Droit du travail, t. 1, 2ᵉ éd, 1978, p. 340.

彼は、法的従属性の基準も併せて重視し、経済的従属性か法的従属性のいずれかが存すれば、労働契約が存することになるという考えを示したのである[68]。

しかし、このような基準は、民法学者のルネ・サヴァチェ（René Savatier）のような一部の学説による支持は得たものの[69]、一般には支持されるには至らなかった。確かに、キューシュの問題意識は、「法は、これらの社会関係が生起するところの事実に適合するという条件においてのみ、社会関係を規律するという意図を有しうるにすぎない。そして、これらの事実のうちで最も明白で最も顕著なものは、生活の必要が自分の活動を協働させるよう拘束するところの人々の間の経済力の不平等さではないのか[70]。」というものであった。ところが、提示された経済的従属性の基準は、それがいつ始まりいつ終るのか確定し難いという点において正確さを欠いており、また、契約当事者の社会的条件（condition sociale）という契約外的な要因に契約を依存させるという点において労働契約の範囲を画するのには不明確かつ不十分であるとして、批判を浴びた[71]。

② 判例による基準の確立

法的従属性と経済的従属性に関する議論に、最終的に結着がつけられたのは、1931年と1932年の破毀院民事部の判決によってであった。これらの判決は、1928年4月5日に制定され、1930年4月30日に改正された社会保険

---

68) P. Cuche, op. cit., Revue critique, 1913, p. 422.
69) R. Savatier, Note sous Cass. crim. 13 janv. 1922, D.P. 1923. I. p. 5 et s.
même auteur, Note sous C. de Poitiers. 5 dec. 1923, D.P. 1924, II, p. 73 et s.
70) P. Cuche, op. cit., D.H. 1932, p. 103.
71) A. Rouast, La notion de contrat de travail et la loi sur les Assurances sociales, J.C.P. 1929. I. p. 330.
P. Durand et A. Vitu, Traité de droit du travail, t. 2, 1950, p.p. 241 et 242.
A. Brun et H. Galland, op. cit., p.p. 340 et 341.
ブランは、経済的従属性概念を明確に退けた1931年7月6日の破毀院民事部の判決についての評釈において次のように述べている。「キューシュが華々しく採用させるよう試みた概念は、極めて不正確である。現代社会においては、人々の間の職業活動の、そして人々の間の密接な関係の網の、絶えずより一層強められる連帯が産み出されるので、経済的従属性はいつ始まりいつ終るのか定めることは困難である」。
A. Brun, La jurisprudence en droit du travail, 1967, p. 82.

法1条2項が定める強制被保険者をめぐっての事件に判断を下したものである。この社会保険法は、すべての労働者（salarié）を強制被保険者と定めたのであるが、問題となった事件においては、その労働契約の当事者を意味するsalariéをいかに解するかが争点となったのである。立法の準備作業においては、経済的従属性の基準を主張する者と法的従属性の基準を主張する者の対立がみられたのであるが[72]、1930年8月23日付の労働大臣の社会保険法に関する行政通達[73]は、労働者という言葉の解釈は非常に包括的でなければならないとして、法的従属性か経済的従属性のいずれかが存すればよいとする柔軟な見解を呈示した[74]。しかしながら、このような行政通達には、最終的に法律の解釈を行うという効力は存しないことから、破毀院民事部は、会社の支配人に関する事件に対する1931年7月6日の判決と家内労働者についての同種の事件に対する1932年6月22日及び同年8月1日の2つの判決において、労働契約の基準として経済的従属性の基準を用いることを拒絶した。これにより判例の立場は固まり、以後においては、労働契約の基準として法的従属性の基準が確認され続けていくこととなる。以下では、これらの判決の概要を示してみよう。

1931年7月6日の判決は、労働者の使用者に対する「法的条件は、労働者の経済的な弱さあるいは経済的従属性（la faiblesse ou la dépendance économique）によって定められ得ないであろう」と述べたあと、「労働者の資格は、必然的に労働者の彼を雇う者に対する法的従属関係（lien juridique de subordination）の存在を含んでいる」と示している。そして、本件において争われている契約は、会社の支配人を「会社の指揮、監督および権力のもとに（sous la direction, la surveillance et l'autorité de la société）」置くものではないと判断した[75]。

1932年の2つの判決は、家内労働者に関するものである。いずれの場合も、

---

72) P. Pic, Note sous Cass. civ. 6 juill. 1931, D.P. 1931. I. p. 121.
73) D.P. 1931. Ⅳ. p. 167.
74) P. Cuche, op. cit., D.H. 1932, p. 102 et s.
　　H. Capitant et P. Cuche, op. cit., p. 154.
75) Cass. civ. 6 juill. 1931, D.P. 1931. I. p. 121.

原審が家内労働者を経済的従属性の基準に基づいて強制被保険者としたのであるが、6月22日の判決は、「経済的従属性は、我々の立法の現状では基準として役立ち得ない」と判示し、8月1日の判決は、家内労働者が「契約によって、会社の指揮、監督及び権力のもとに置かれているか否かという点を説明することなしに」経済的従属性の基準に拠った原審を批判している[76]。

　これらの判決により、労働契約の基準は法的従属性であるとの判例の立場が確立し、学説によってもこの立場は一般的に支持されることとなる。また、法的従属性の基準は徐々に緩められていく。例えば、1938年3月9日の破毀院民事部の判決は、木樵が労働時間を自由に選択していたということは労働契約と相容れないものではなく、あくまで問題となるのは、仕事を委ねていた者が労働の指揮、実行及び監督に干渉していたか否か、仕事を委ねていた者が木樵に命令（des instructions ou des ordres）を与えていたか否か、あるいは反対に、仕事を委ねていた者が木樵に仕事の遂行において従属状態と相容れない独立性（indépendance inconciliable avec l'état de subordination）を委ねていたか否かを明らかにすることであるとしている[77]。また、同年7月25日の破毀院民事部の判決は、サナトリウムの医師が、たとえその技術の行使において完全に職業的独立性を有していようとも、医師が契約により一定の定められた回診等を行うよう義務付けられていれば、サナトリウムの所有者に対する医師の従属性が存することを認めている[78]。ブラン（A. Brun）は、この判決は労働契約の存在を認めるためには附随的な義務における従属性が存していることで十分であると判断したものであると述べている[79]。

③　1932年の判決の特徴

　②で示した1932年の判決は、更に吟味すべき特徴を有している。ピック（P. Pic）は、経済的従属性を労働契約の基準として退けた1931年の判決と1932年の判決の双方に対して、詳細な評釈を付している。1931年の判決の評釈に

---

76) Cass. civ. 22 juin 1932 et 1er août 1932, D.P. 1933. Ⅰ. p. 145.
77) Cass. civ. 9 mars 1938, D.H. 1938. p. 289.
78) Cass. civ. 25 juill. 1938, D.H. 1938. p. 530.
79) A, Brun, op. cit., p. 88 et s.

おいては、「この判決によって、民事部は、はっきりと行政と反対の意味に問題を解決した[80]」と述べて、労働大臣が行政通達によって示した経済的従属性の基準が、判決によって明確に退けられたことを、ピックは認めているのであるが、これに対し、1932年の判決の評釈においては、判決が経済的従属性の基準を退けているにも拘らず、この判決の示す法的従属性の基準は、「その実質を欠いているので、法的条件は消え去り、ついには経済的従属性とひとつとなる[81]」と述べている。このようなピックの指摘は、まさに1932年の判決が独自の見解を示したことに基づく。1932年の2つの判決は、同時期に家内労働者に関する同種の事件に対して破毀院民事部が判断を下した9つの判決[82]のうちの2つである。他の7つの事件は、原審が家内労働者に対し法的従属性を否定したにとどまるのに対し、これらの2つの事件では、原審が更に進んで経済的従属性の基準を用いようとしたために、破毀院民事部は判決において経済的従属性の基準を退けたのである。この点を除いては、9つの判決においては共通の判示事項がみられ、特に、8つの判決においてその類似性が顕著である。以下では、これらの判決に共通した判示事項を示してみよう。

　①労働のために使用者の権力（autorité）に従うということは、契約条項に根拠を有する（要するに、労働契約の基準は法的従属性であるということである）。②労働の実行場所がどこであれ、労働者（salarié）の資格は、労働の実行のための使用者に対する従属関係を必然的に内包している。③従属関係が存しないというためには、家内労働者が、家内で自分の所有する設備を用いて労働しており、製品の不出来（malfaçon）の場合には責任を負い、労働のために有給の第三者に補助させることが許されており、また、家内労働者に仕事を与える製造業者（fabricant）のコントロール、監督を受けずに自由に労働している等の原審の示した事実だけでは十分ではない。④以上の原審のなした事実

---

80) P. Pic, op. cit., p. 121.
81) P. Pic, Note sous Cass. civ. 22 juin 1932, 30 juin 1932 et 1er août 1932, D.P. 1933. I. p. 147.
82) Cass. civ. 22 juin 1932（trois arrêts）, 30 juin 1932 et 1er août 1932（cinq arrêts）, D.P. 1933. I. p. 145.

の証明は、非常に一般的かつ不完全であり、従属関係の存否の確認のためには、更に次のような一定の事項につき吟味が必要である。即ち、㈠家内労働者が、規則的に（régulièrement）、特定の製造業者のために家内労働に従事していたか否かという点、㈡家内労働者が、通常（habituellement）、自分たちだけで、第三者の労働からいかなる利益も引き出すことなしに労働していたか否かという点（即ち、有給の補助者を雇っていても、それが臨時的なものか否かということであろう）、㈢仕事が家内労働者に割当てられ指示される条件、及びひとたび仕事が終了した後に製造業者のコントロールが行われる条件（要するに、現実の労働の最中に直接に製造業者の監督、コントロールを受けていなくても、仕事の割当て時に家内労働者に命令や指示が与えられ、ひとつの仕事が終れば、その仕事につき製造業者が一定の検査等を行い、次の仕事を命ずるというようなコントロールが行われているか否かということになろう）というような諸点につき吟味の必要を述べているのである。

　従って、以上の判例は、特定の製造業者のために規則的に家内労働に従事しており、たとえ有給の補助者を雇うとしても臨時的なものであり、通常は自分たちだけで労働しており、仕事の割当て時及び終了時に製造業者から一定の命令、指示、コントロールを受けているならば、家内労働者に労働契約の当事者たる労働者（salarié）の資格を認めようとするものであろう。逆に、特定の製造業者のために規則的に家内労働を行うのではなく、また、恒常的に有給の補助者を雇っており、仕事の割当て時及び終了時においてすらいかなるコントロールも受けていないならば、労働契約は存しないということになろう。ピックは、このような基準に拠った場合、ほとんどの家内労働者が社会保険の強制被保険者に該当するとしなければならないであろうと考えるので、先のような意見を述べたのである[83]。しかし、これに対して、経済的従属性の提唱者であるキューシュは、ピックとは反対に、これらの1932年の判決によって経済的従属性の基準が退けられたことを嘆くとともに、判決中に、法律が使用者に課す義務は、「長の資格（la qualité de chef）に付着されている」

---

83) P. Pic, op. cit., D.P. 1933. I. p. 147.

という部分が存するために、これを捉えて、これらの判決は、むしろ、階層 (hiérarchie) を重視したものであると考えるのである[84]。

さて、ここで、果たしてこれらの判決が示そうとした基準は一体何なのかが問題となる。この点に関して、グルーテル (H. Groutel) は、判決が法的従属性が存しないというために更に吟味しなければならないとして示している要件を考察することにより、破毀院民事部が示した基準は、「当該家内労働者が自分自身の企業 (entreprise) を経営しているのか否かを定めることを可能ならしめるにちがいないところのもの以外の何物でもない」と述べている[85]。即ち、グルーテルによれば、判決が述べているのは、実質的にみて、他人の企業 (＝事業) への組入れがみられるのか、あるいは自分の企業 (＝事業) を経営しているのかを判断する基準なのである[86]。要するに、特定の製造業者のために継続的に労働するのではなく、通常、有給の従業員を雇っており、製造業者から仕事の割当て時及び終了時においてすらもいかなるコントロールも受けていないならば、家内労働者は自己の企業を経営していることになり、労働者の資格が否定される結果となろう。判決が、企業への組入れがみられるのか否かという新しい基準を呈示したために、判決の真意が十分に理解されず、先にみたピックとキューシュの見解の相違が生じたものと思われ、グルーテルも、「その証拠は、1932年の判決を評釈することによってピックが経験した混乱のうちにある[87]」と述べている。確かに、フランスにおいては、以後、法的従属性として企業への組入れ、企業への所属、あるいはそれらを意味する組織された労務 (service organisé) の基準が、判例、学説によって展開されていくことになるのであるが[88]、グルーテルは、1932年の判決を、「これらの判決が、芽生えとして、後に立証できるであろう判例の一般的な動きの説明を含んでいるように思われる[89]」というように評価している。また、ピックは、評釈において、先の1932年の一連の判決の立場に近い考えとして、

---

84) P. Cuche, op. cit., D.H. 1932. p. 104.
85) H. Groutel, Le critère du contrat de travail, Études Camerlynck, 1978, p. 59.
86) Ibid., p. 58 et s.
87) Ibid., p. 59.

労働者の特徴について述べるレキュディエ（Lescudier）の考えを引用しているが、その中心部分は次の通りである。即ち、労働者の特徴は、その労働が、労働者の個人的なイニシァティブに従ってや直接に公衆の好みを充たすためにではなくて、反対に、使用者によって示される方針（ligne）に従ってなされるということなのである[90]。この考えも、先に述べたグルーテルの指摘とは必ずしも矛盾しないように思われる。要するに、労働契約の当事者たる労働者か否かのメルクマールは、特定の企業の方針に従って労働するか、あるいは自らのイニシァティブに基づいてかということになろう。

すでに、1912年において、マルティーニ（A. Martini）は、労働契約概念を研究することによって、次のように述べている。「この労働契約概念は、実際、ひとりで自発的に生じたものではない。それは、まさに、社会状態の、即ち、事の勢いの諸条件から生じている。いわゆる『資本主義』体制のもとでは、企業の危険を負う資本が、決定的に、もうひとつの生産の要因、即ち、労働を支配する[91]」。このような状況のもと、労働者が直接的に使用者の指揮、命令、監督、コントロール下に置かれるという従属性（R・サヴァチエの表現を借りれば、dépendance physique[92]）から、企業への所属、組入れという基準に向けて、法的従属性概念が質的に発展するのは、いわば当然のなりゆきと言い

---

88) この点については、
　　H. Groutel, Droit du travail, 1974, p. 33.
　　G.H. Camerlynck, op. cit., p. 76.
　　G.H. Camerlynck, G. Lyon-Caen et J. Pélissier, Droit du travail, 12ᵉ éd., 1984, p.p. 185 et 186.
　　J. Rivero et J. Savatier, Droit du travail, 9ᵉ éd. mise à jour, 1984, p. 79.
　　J-J. Dupeyroux, Droit de la sécurité sociale, 10ᵉ éd., 1986, p. 334 et s.
　　même auteur, Les conditions de l'affiliation obligatoire au régime générale, D. 1962. chron., p. 179 et s.
　　J. Laroque, Réflexions sur la jurisprudence de la chambre sociale de la Cour de Cassation, Études Camerlynck, 1978, p. 30.
　　P. Pigassou, L'évolution du lien de subordination en droit du travail et en droit de la sécurité sociale, Dr. soc. 1982, p. 578 et s.
89) H. Groutel, op. cit., Études Camerlynck, 1978, p. 54.
90) P. Pic, op. cit., D.P. 1933. Ⅰ. p. 146.
91) A. Martini, op. cit., p. 232.
92) R. Savatier, op. cit., D.P. 1923. Ⅰ. p. 6.

得よう。まさに、この時期に、芽生えとしてではあるが、このような基準が示されたことは注目すべきである。

4　検　討

　労働契約概念は、時代の変化に伴って、まさに形式的な理論を排し、現実に目を向けることによって形成されたものであることが明らかとなった。そのメルクマールたる法的従属性概念は、現実の労使関係を観察することによって、その中から判例によって引き出され、次いで学説による支持を得たのである。法的従属性概念は、最初は、厳格に直接に、使用者の指揮、監督、コントロール下にいることであると解されたのであるが、徐々に緩められていき、判例の中には、まだ芽生えとしてでしかないのであるが、企業への所属という基準に言及するものも現れることとなる。

　労働契約は、その基本要素たる法的従属性が示すように、労働者に従属労働を義務付けるという独自性を有し、労働者保護立法により規律される対象となっていくのだが、国家による介入と並んで、労働組合による労働条件の規制の発展、即ち労働協約 (convention collective de travail) の発展も労働契約を他の民事契約と異なる独自のものとしていくうえで見逃すことはできない。労働者の劣位を克服して、労使の社会的平等を確立し労働者の保護を図るという労働組合の活動[93]が、立法の発展と共に、個人主義が全盛であった19世紀においてはみられなかった労働者の身分規程 (statut) を形成していくのである[94]。従って、労働契約は、身分規程を受容する附合契約 (contrat d'adhésion) と化すことになるのであるが[95]、これはあくまでも、従来、使用者によって就業規則等により一方的に労働条件が定められ労働者に課されていた状況を改善するためにそうなるのであって[96]、もはや労働者だけではな

---

93) A. Rouast, Quelques réflexions sur l'originalité sociologique du contrat de travail, Mélanges Brèthe de la Gressaye, 1968, p. 666.
94) L. Josserand, Cours de droit civil positif français, t. 2, 9ᵉ éd., 1939, p. 747 et s.
95) Ibid., p. 750.
96) G. Lyon-Caen, Défense et illustration du contrat de travail, Archives de philosophie du droit, N° 13, 1968, p. 62.

くて使用者も同様に労働条件に関して身分規程によって規律されることとなる。それ故に、労働契約は、労使双方が身分規程に附合するところの二重の附合契約（contrat à double adhésion）と呼ばれる[97]。また、労働立法、労働協約による労働者保護の観点から、労働契約は社会化された契約（contrat socialisé）とも述べられることとなったのである[98]。

第3節　労働契約衰退論の展開

1　概　説

　労働契約概念が形成されるのと並行して、使用者と労働者の間の関係を規律する基礎としての労働契約の役割を否定あるいは縮小して、そのかわりに、契約とは異なる新しい法概念を形成し、それによって労使関係を規律しようとする考えが登場してきた。既述のように、20世紀に入り、労働立法及び労働協約の発展により、労働契約は、もはや使用者と個々の労働者との間で話し合われて個別的に労働条件が定められるのではなくて、すでに存在している身分規程（statut）を受容するという傾向にあった。また、企業（entreprise）、特に大企業の出現は、1804年の民法典制定当時に立法者が予定していた農地経営あるいは小規模家内工業の経営者と家事使用人との間の関係とは全く異なる集団的かつ階層的な企業における労使関係を作り出した。前節で述べた労働契約概念の形成に向けられた努力は、このような状況に適合した契約概念を形成しようとしたものであるが、これに対して、労働契約衰退論は、そのような状況においては、契約の基礎となっている、㋐意思自治の理論、及び㋑契約は個人の間の個別的な関係を形成するにすぎないという個人主義的な考えでは、もはや、変化していく現状に対応することができないとの立場に立っている[99]。従って、現実の社会に対応するために、新しい法概念を形

---

97) L. Josserand, op. cit., p. 748.
98) loc. cit.
99) E. Gounot, Le principe de l'autonomie de la volonté en droit privé, 1912, p.p. 232 et 233, p.p. 253 et 254, p. 276 et s.

成することによって対処しようとするのである[100]。このような動きの第一の担い手が、社会連帯主義を唱えるデュギー（L. Duguit）、制度理論を唱えるオーリュー（M. Hauriou）等の、伝統的かつ古典的な社会契約理論に基づく公法理論を激しく攻撃する公法学者である[101]。これらの学者の活動は、公法の分野のみならず私法の分野にまで影響を及ぼし[102]、個人主義並びに註釈学派を批判するのである[103]。本節においては、20世紀初頭から第二次大戦前の時期においてこれらの公法学者及び彼らの理論の後継者たちが主張し展開した新しい法概念とそれに依拠した労働契約衰退論とはいかなるものであるのかを考察する。

2 条件行為説
(1) デュギー説

19世紀にみられた個人主義を形而上学的であると批判し、人間は孤立して生活するのではなく社会において相互に連帯し依存し合って生活しているという実証主義的な観点から社会連帯主義を唱える公法学者のデュギー（L. Duguit[104]）は、1907年に著した『憲法提要』において次のように述べている。「実際、厳密な意味における労働契約は、消滅する傾向にある。使用者と労働者の間の状態（situation）は、規律的かつ客観的な状態（situation réglemen-

---

100) G. Morin, Vers la révision de la technique juridique, A.P.D.S.J., 1931, p. 73 et s.
101) Ibid, p. 75
　　J.A. Broderick, La notion d'《institution》de Maurice Hauriou dans ses rapports avec le contrat en droit positif français, Archives de philosophie du droit, N° 13, 1968, p. 144. なお、デュギー、オーリュー、セル等の法学者は、同時に社会学者（sociologue）でもあったことが指摘されている。
　　A. Légal et J. Brèthe de la Gressaye, Le pouvoir disciplinaire dans les institutions privées, 1938, p. 25. note (7)
102) 福井勇次郎「十九世紀に於ける仏国民法学の発達」福井勇次郎編訳『仏蘭西法学の諸相』（1943年、日本評論社）80頁。特に、デュギーについては、L. Duguit, Les transformations générales du droit privé depuis le Code Napoléon, 2ᵉ éd., 1920.
　　G. Morin, L'œuvre de Duguit et le droit privé, A.P.D.S.J. 1932, p. 153 et s.
103) 三代川潤四郎「制度法学」法学セミナー20号8頁。
104) L. Duguit, Les transformations générales du droit privé depuis le Code Napoléon, 2ᵉ éd., 1920, p. 1 et s.

taire et objective）になるために契約的かつ主観的な状態（siuation contractuelle et subjective）であることをやめる[105]」。即ち、これは、20世紀に入り、労働条件が労働立法や労働協約によってだんだんと規律されていく状況のもとで、使用者と労働者の関係が、それらの立法や協約によって規律された客観的な関係になるために、当事者によって具体的に話し合われた契約的かつ主観的な関係ではなくなるということを述べているのだが、その意味するところを十分に理解するためには、デュギー独自の公法と私法に共通した法律行為論を検討しなければならない[106]。以下では、まず複数の意思の存する場合の法律行為の分類を、次いで法律効果に着目した法律行為の分類をみていくこととする。

　従来の個人主義的な学説によれば、法律行為として法律効果が生ずるものは、法律が特別に規定する場合を除いては、契約のみであると考えられたのであるが[107]、デュギーは、それに対して、単独行為でも法律効果を生ぜしめるものが存在するし、また、複数の意思が存し、法律効果は生ずるけれども契約とは言えない法律行為（集合的行為、協定）が存在することを指摘する[108]。デュギーによれば、契約（contrat）とは、意思の合致（accord de volontés）、即ち合意（convention）のうちで、利益の対立する当事者によって定められた債権者と債務者の特別な個別的かつ一時的な関係を作り出すものをいう[109]。集合的行為（acte collectif, Gesammtakt）とは、契約とは異なり、合意ではなくて、一方的な意思表示の総和、即ち一方方向に向けられた複数の意思表示の集合であって、会社、組合の設立の如きものをいう[110]。協定（union, Verein-

---

[105] L. Duguit, Manuel de droit constitutionnel, 1.ʳᵉ éd., 1907, p. 549.
[106] L. Duguit, Traité de droit constitutionnel, t. 1, 3ᵉ éd., 1927, p. 316 et s.
　　デュギーは、このような法律行為は、公法と私法に共通であると考えるのであるが、従来私法においてみられなかった類型は、結局は、公法に起源を有するものなのである。
[107] デュギーは、民法学者のプラニオルの意見を引用して批判を加えている。
　　L. Duguit, Traité de droit constitutionnel, t. 1. 3ᵉ é d., 1927, p. 370.
[108] Ibid., p. 367.
[109] Ibid., p. 380 et s., p. 409.
[110] Ibid., p. 398 et s.

barung）とは、意思の合致、即ち合意ではあるが、契約のように当事者によって定められた債権者と債務者の特別な個別的かつ一時的な関係を作り出すのではなく、合意によって、法規範の設定、変更、廃止を行うとか、あるいは一定の法規範を特定の個人に適用するといった客観的な性質を有する行為をいうのである[111]。

　次に、法律効果の面からみていこう。デュギーによれば、単独行為であれ、複数の意思の存する場合であれ、法律行為は、規律行為（acte-règle）、条件行為（acte-condition）、主観的行為（acte subjectif）の3つのうちのいずれかに分類される[112]。法規範の設定、変更、廃止を行う法律行為を規律行為という[113]。そして、一定の法規範を特定の個人に適用する法律行為を条件行為というが、これには少し説明を要する。すべての法規範が自動的にすべての個人に適用されるとは限らない。一定の法規範を特定の個人に適用するためには一定の条件が必要な場合が存する。例えば、婚姻関係を規律する法律が適用されて一定の効果を生ぜしめるためには、婚姻という意思の合致の存する行為が必要である。デュギーによれば、婚姻に付着する効果は当事者によってではなくて法律によって定められ、そのような法律によって規律された個人の地位は万人に対して対抗しうるので、婚姻は契約ではなくて一定の法規範を特定の個人に適用するための条件にすぎない。従って、デュギーは、一定の法規範を特定の個人に適用するための条件となる法律行為を条件行為と呼ぶ[114]。最後に、主観的行為とは、条件行為の如く法規範によって規律されることを意図するのではなくて、個人が、自らの負担において、特別な、具体的な、そして一時的な債務（obligation）を作り出す法律行為のことである[115]。本節での検討に必要な限りで指摘すれば、契約は主観的行為であり、それから生ずる当事者の関係はまさに当事者によって定められる。従って、デュギーは、このような当事者の関係を主観的法状態（situation juridique subjective）と呼

---

111) Ibid., p. 409 et s.
112) Ibid., p. 326 et s.
113) Ibid., p. 327.
114) Ibid., p.p. 311 et 312, p. 328 et p. 411.
115) Ibid., p. 329.

第3節 労働契約衰退論の展開

ぶ[116]。これに対し、条件行為たる協定は、客観的に存在する法規範を特定の個人に適用するための条件にすぎず、それから生ずる当事者の関係あるいは個人の地位は、法規範によって客観的に規律される。それ故、デュギーは、これらの当事者の関係あるいは個人の地位を客観的法状態（situation juridique objective）と呼ぶ。客観的法状態は、法規範が変更あるいは廃止されるまで存続するので、法規範と同様に安定しているのである[117]。

さてここで、デュギーの労働協約についての考えをみておこう[118]。従来の個人主義的な学説によれば、労働協約は集団的労働契約（contrat collectif de travail）と呼ばれて契約的に分析されていた[119]。これに対して、デュギーは、社会が法を産み出すという客観法（droit objectif）の理論を唱えることによって[120]、国民とその代表者の間の中間的な団体が立法を行うことを認めない一般意思の理論に基づく国民主権のドグマを批判し[121]、労働協約を一般的かつ恒久的な規範[122]、即ち組織された職業の法律（la loi de la profession organisée[123]）と考えるのである。また、このような労働協約は、使用者の組合と労働組合との合意（convention）から生ずることから、デュギーは、これを2つの社会階級（deux classes sociales）の関係を規律する法形成的合意（convention-loi）と解しており[124]、従って、デュギーの法律行為論にあてはめれ

---

116) Ibid., p. 313 et p. 329.
117) Ibid., p. 308 et s.
118) デュギーの協約理論に詳しく触れるものとして、外尾健一「フランス初期労働協約法理の形成過程（3・完）」社会科学研究第8巻3=4合併号154頁以下。
119) 従来は、労働協約が契約として分析されたために、協約が適用されることになる労働者のために労働組合が協約を締結する権限は、委任、第三者のためにする契約、事務管理等によって説明が試みられたのであるが、いずれも一定の不都合を有していた。この点については、
  L. Duguit, Traité de droit constitutionnel, t. 1, 3ᵉ éd., 1927, p. 415 et s.
  P. Durand et R. Jaussaud, Traité de droit du travail, t.l. 1947, p. 129 et s.
120) L. Duguit, Traité de droit constitutionnel, t. 1, 3ᵉ éd., 1927, p. 1 et s.
  和田小次郎「デュギーにおける法の概念」早稲田法学第24巻1号51頁以下。
121) L. Duguit, Les transformations du droit public, 1913, p. 75 et s., p. 105 et s.
122) L. Duguit, Traité de droit constitutionnel, t. 1, 3ᵉ éd., 1927, p. 412 et s.
123) L. Duguit, Les transformations du droit public, 1913, p. 133 et s.
124) L. Duguit, Les transformations gnérales du droit privé depuis le Code Napoléon, 2ᵉ éd., 1920, p. 133.

ば、この合意は、規律行為たる協定となる[125]。

　以上で述べたことからわかるように、労働条件は、使用者と個々の労働者との間で話し合われずに、だんだんと法規範たる労働立法と労働協約によって定められていく傾向が存するので、デュギーの考えによれば、労働契約はもはや契約ではなくて、それらの法規範の適用を条件付ける条件行為たる協定になるはずである。実際、デュギーは、「社会関係における契約の役割の減少は、私にとって明白な事実のように思われる。それは毎日よりはっきりとする社会的相互依存（l'interdépendance sociale）の認識の帰結である[126]」と述べ、かつ、最初は契約的な性質を有していた行為が、後に協定（union）に向けて発展することがあることも示している[127]。しかし、1925年の『憲法論第5巻　第2版』の労働契約の節においては、1907年の『憲法提要』におけるような表現は姿を消してしまっており、むしろ労働契約は存続するかのような記述が見受けられる[128]。その理由としては、デュギーが期待していた程には、労働協約が真に安定した強固な法になるための十分な発展がみられなかったということが指摘できよう。即ち、(i)デュギーの考えによれば、労働協約の発展のためには、すべての職業で使用者の組合と労働者の組合が組織されることが必要であるが、それには程遠いということ[129]、(ii)デュギーは、社会連帯主義の見地から、階級がひとまとまりになるというサンディカリスム（syndicalisme）の運動それ自体は評価するのに対し、サンディカリスムの中に存する革命の目的については大いに批判し、むしろ協約の締結による異なる階級間の調整、協調を主張するのであるが[130]、現実には政治的革命的観点が労働組合を混乱させ、通常の職業目的から逸脱させたこと[131]、(iii)1919年

---

125) L. Duguit, Traité de droit constitutionnel, t. 1, 3ᵉ éd., 1927, p. 412 et s.
126) L. Duguit, Le droit social, le droit individuel et la transformation de l'État, 3ᵉ éd., 1922, p. 80. note（1）.
127) L. Duguit, Traité de droit constitutionnel, t. 1, 3ᵉ éd., 1927, p. 424.
128) L. Duguit, Traité de droit constitutionnel, t. 5, 2ᵉ éd., 1925, p. 153 et s.
129) L. Duguit, Traité de droit constitutionnel, t. 1, 3ᵉ éd., 1927, p. 415.
　　même auteur, Traité de droit constitutionnel, t. 5, 2ᵉ éd., 1925, p. 176.
130) L. Duguit, Le droit social, le droit individuel et la transformation de l'État, 3ᵉ éd., 1922, p. 103 et s.

3月25日のフランス初の労働協約に関する法律の起草者たちが個人主義的な契約概念に支配されており[132]、法形成的合意（convention-loi）という概念を採用しなかったこと[133]の3点をデュギーは指摘している。

(2) **セル説**

サンディカリスムに立つ労働法学者のセル（G. Scelle[134]）は、デュギーの理論を発展させることによって、労働契約は契約ではなく条件行為（acte-condition）であると主張した[135]。以下では、セルの考えをみてみよう。

労働条件については、もはや当事者によって話し合われるのではなくて、法律、労働協約、就業規則等から構成される身分規程（statut）によって定められる[136]。セルは、法規範が、単一の意思によっても、合意あるいは意思の合致によっても生ずることも認め[137]、これらの規律行為（セルは acte-règle ではなくて acte réglementaire という表現を用いる）が公権力の表明であろうと私人の意思の表明であろうとかまわないとする[138]。従って、就業規則は社会的細胞（celle sociale）である企業（entreprise）を構成する唯一の権力者たる使用者によって課される法律（loi）、即ち法規範であり[139]、また、労働協約も労使の合意から生ずる法規範であり[140]、共に客観的性質を有するのである[141]。そして、通常、労働契約と呼ばれるものは、当事者に法規範たる身分規程を適用するための意思の合致、即ち条件行為（acte-condition）なのである[142]。それ

---

131) L. Duguit, Traité de droit constitutionnel, t. 1 3.ᵉ éd., 1927, p. 415.
132) Ibid., p. 415 et s.
133) L. Duguit, Traité de droit constitutionnel, t. 5, 2ᵉ éd., 1925, p. 177.
134) G. Lyon-Caen, Manuel de droit du travail et de la sécurité sociale, 1955, p. 18.
 J. Rivero et J. Savatier, Droit du travail, 9ᵉ éd. mise à jour, 1984, p. 68.
135) セルには、デュギーの法律行為論のみならず社会連帯主義、客観法の理論にも影響を受けているかのような記述が見受けられる。G. Scelle, Précis élémentaire de législation industrielle, 1927, p. 349 et s.
136) Ibid., p.p. 174 et 175.
137) G. Scelle, Le droit ouvrier, 2ᵉ éd., 1929, p.p. 96 et 97.
138) G. Scelle, Précis élémentaire de législation industrielle, 1927, p. 175.
139) G. Scelle, Le droit ouvrier, 2ᵉ éd., 1929, p. 97.
140) Ibid., p. 98 et s.
 même auteur, Précis élémentaire de législation industrielle, 1927, p. 190.
141) Ibid., p. 174.

故に、セルは、労働契約ではなくて、採用（embauchage）あるいは労働擬似契約（pseudo-contrat de travail）という表現を用いようとする[143]。契約ではなくて条件行為である採用により人は労働者となり、身分規程が定める法的な権限（pouvoirs légaux et réglementaires）を用いることができるのである[144]。また、セルは、労働擬似契約は、労働者と企業との関係において、客観的な状態（situation objective）を実現するとも述べている[145]。従って、請負契約と採用の区別の真の基準は、従属性の基準というよりも、請負契約のみが古典的な契約概念に対応するので、主観的法状態（situation juridique subjective）か客観的法状態（セルは、situation objective と述べている）かということになる[146]。

しかし、セルのこの考えは、当時の現状というよりは将来の方向付けを述べたものと考えられる。セルによれば、最も発展した大工業においては、労働協約による規律により、もはや労働契約は存在していないと言うことができるのであるが、たとえば、小工業、商業、奉公人等の場合においては、まだ労働条件についての当事者による協議がしばしば存するために、一部契約的な手段が存在していることになる[147]。セルは、結局、職業及び地域において労働協約によってすべての使用者及びすべての労働者が同じ条件で規律されることが、生産条件を安定させ、個別的な契約による変動をなくし労働者の地位を安定化させること、即ち労働者の地位を完全に身分規程によって規律された状態（statutaire）にすることであると考えるのである[148]。

さて、セルがこのような考えを展開した背景を述べておこう。セルは、当時のサンディカリスムが必ずしも現実の集団的労使関係に対応していないと

---

142) Ibid., p. 174.
　　même auteur, Le droit ouvrier, 2ᵉ éd., 1929, p. 109.
143) G. Scelle, Précis élémentaire de législation industrielle, 1927, p. 174.
144) G. Scelle, Le droit ouvrier, 2ᵉ éd., 1929, p.p. 108 et 109.
145) G. Scelle, Précis élémentaire de législation industrielle, 1927, p. 181.
146) Ibid., p.p. 187 et 188.
147) Ibid., p.p. 175 et 176.
　　même auteur, Le droit ouvrier, 2ᵉ éd., 1929, p. 109.
148) G. Scelle, Précis élémentaire de législation industrielle, 1927, p.p. 193 et 194.

第3節　労働契約衰退論の展開　35

考え、従って、サンディカリスムの将来へ向けての発展の方向付けを示そうとする[149]。その第1は、工場から地域、全国に至るまで、職業の特質も考慮した様々な段階を有する階層的な労使同数の構成に基づく職業的組織を作り上げることである。そのような組織に立法者としての役割を与えて就業規則や議会の法律を労働協約あるいは協約法（loi conventionnelle[150]）に変えると共に、この組織に労使紛争の仲裁機関（organes de conciliation）としての役割を与え、争議を消滅させて紛争の平和的かつ長期に渡る解決を図ることをセルは考えるのである。その第2は、工場における労働組合のコントロール、企業管理への労働者の参加（la participation ouvrière à la gestion de l'entreprise）である。これは、労働者の労働力を資本と解し、従って、法的に労働者を株主（actionnaire）の如く取り扱い、企業管理に参加させようとすることなのである。このために、「絶えず意思に基づいて解約しうる期間の定めのない個別的労働契約」は、強制加入の労働組合（syndicat obligatoire[151]）あるいは労働者の代表集団が生産に必要な労働者を供給するシステムにとって代わられなければならないとセルは考える。彼によれば、このようなことこそ、現代経済の民主主義的形態なのである。結局、セルは、一方では、資本・専門家・労働者の、他方では、国家・専門家・労働者の協働（collaboration）という公式が徐々に階級闘争にとって代わらねばならず、また、協働は社会平和を目的とし帰結としなければならないとする。以上のような将来像に基づいて、かつて使用者の至上性と労働者の服従を作り出し、労使関係を細分化、個別化した契約という不安定で不統一な手段を用いるのではなくて、自主法たる労働協約を中心とする身分規程を条件行為によって、直接、労働者に適用することが最も適しているという考えをセルは述べたものと思われる[152]。従っ

---

149) G. Scelle, Le droit ouvrier, 2ᵉ éd., 1929, p. 216 et s.
　　même auteur, Précis élémentaire de législation industrielle, 1927, p. 349 et s.
150) Ibid., p. 350.
151) G. Scelle, Le droit ouvrier, 2ᵉ éd., 1929, p. 99.
　　セルは、「全構成員に、彼らの職業代表に対する民主主義の法則であるこの集団的コントロールを委ねる一般化された強制加入のサンディカリスムの可能性が現れるのを見る」と述べている。
　　même auteur, Précis élémentaire de législation industrielle, 1927, p. 350 et s.

て、セルの条件行為説の特徴を要約すれば、条件行為によって、㋐労働者に、従来の契約によっては説明し得ないような権利を与え、その地位を安定化させ、㋑企業というものを共同管理の目標として客観化して集団的に捉え、それに労働者を結び付けようとするということとなろう。

3 制度説
(1) オーリュー説

公法学者のオーリュー（M. Hauriou）は、制度理論（la théorie de l'institution）を提唱することによって、個人の間の個別的な関係しか法的には考慮しない契約理論に対抗して、個人と全体（集団）の関係についての理論付けを行った。19世紀にみられた個人主義に対抗する団体主義的な考えと言うことができる[153]。ここでは、まず、オーリューが人的制度（institution-personne）と呼ぶものについて説明を加えた後に、制度と労働契約の関係について検討を行う。

オーリューが述べる人的制度とは、社会的な集団、即ち、国家、労働組合、株式会社等の組織された集団（corps constitués）のことである[154]。このような制度の要素として、オーリューは次の3点を挙げている。㋐社会集団において実現さるべき仕事の理念[155]、㋑理念の実現のために役立てられる組織された権力[156]、㋒理念及びその実現に関して社会集団の構成員によって産み出される協和（communion）の表明、即ち理念に触れて感動した個人の意識の表明[157]である。つまり、一定の理念が実現されるためには、その実現に向けて

---

152) Ibid., p. 349 et s.
même auteur, Le droit ouvrier, 2ᵉ éd., 1929, p. 216 et s.
153) J.A. Broderick, La notion d'《institution》de Maurice Hauriou dans ses rapports avec le contrat en droit positif français, Archives de philosophie du droit, N° 13, 1968, p. 144 et s.
154) M. Hauriou, La théorie de l'institution et de la fondation, 1925, Aux sources du droit, 1933, p. 96.
155) Ibid., p. 98 et s.
156) Ibid., p. 102 et s.
157) Ibid., p. 105 et s.

努力する組織された権力、言い換えれば制度の機関の存在が必要である。しかし、そのような機関が存するだけでは制度としては不十分であり、まさに制度の理念に賛同することによってそのような制度に加入し、機関の行動を是認し、理念の実現に協力する構成員の存在も不可欠となる。さて、オーリューは、このような制度において組織された権力を認めることによって制度の階層的な性格を示す訳であるが[158]、同時に、そのような権力を組織する基礎として、権力の分立及び権力を行使する機関の多元性を述べて、権力の抑制と均衡についても配慮するのである[159]。また、制度は制度の法を産み出し構成員を規律する[160]。

　オーリューは、このような制度を契約と対立させる。それは次の4点に要約しうる[161]。(i)契約は、「現在の、束の間の、一時的な作用 (opération actuelle, éphémère, transitoire)」であるが、制度は際限なく永続しうる。(ii)契約については、その諾成的基礎は同意の交換である。これに対し、制度の創設 (la fondation de l'institution) のためには、制度の創設を意図する多くの個人の一方方向に向けられた意思表示が必要であり[162]、制度が創設された後に制度に加入する場合は、一方的意思表示をなして、すでになされた創設行為（オーリューは、このようにすでになされてしまった法律行為のことを彼独自の用語で法律事実 fait juridique と呼ぶ）に加わること（オーリューは、これを事実への附合 l'adhésion au fait と呼ぶ）である[163]。(iii)契約においては、2人の人間が法律効果を作り出すことができるが、制度においては、多数の人間の制度への加入が必要である。(iv)契約は、締結時に、予め将来の事項につきすべて定めてしま

---

158) Ibid., p. 102 et s.
159) Ibid., p. 103.
　　même auteur, Précis de droit administratif et de droit public, 6ᵉ éd, 1907, p. 11 et s.
　　オーリューは、代議制の原則も重要であることを併せて述べている。
　　même auteur, op. cit., Aux sources du droit, 1933, p. 102 et s.
160) M. Hauriou, Précis de droit administratif et de droit public, 6ᵉ éd., 1907, p. 15 et s.
　　même auteur, Principes de droit public, 2ᵉ éd., 1916, p. 128 et s.
161) Ibid., p. 199 et s.
162) M. Hauriou, La théorie de l'institution et de la fondation, 1925, Aux sources du droit, 1933, p. 119 et s.
163) M. Hauriou, Principes de droit public, 2ᵉ éd., 1916, p. 137 et s.

うので厳格であり、従って、状況の変化に対応できなくなった場合や、債務不履行の場合は解約されるおそれがあるために不安定であるのに対し、制度は、状況が変化した場合は、例えば制度の法たる規約を変更することによって柔軟に対処でき、また、ひとりの構成員の義務の不履行は、制度の解体ではなしにその者ひとりの脱退の可能性を生ぜしめるだけであって、制度自体は存続する。従って、制度は安定しているので新しい生活条件に対する発展力と適合力を有するのである。

さて、制度と労働契約の関係についてみていこう。オーリューは次のような問題意識から議論を始める。フランス革命期に、古い同業組合の制度 (anciennes institutions corporatives) に俸給生活者の契約に基づく地位がとって代わった。これは、労働者の解放なのであるが、オーリューによれば、労働契約は今度はその欠陥を示すことになった。即ち、労働契約は、使用者と労働者の間のあらゆる連帯を解体し、プロレタリアートの不安定な地位を作り出したのである。それ故に、新しい制度 (nouvelles institutions) 及び新しい身分規程 (nouveau statut) が、いたるところで熱心に再組織されることとなる[164]。使用者の一方的作成になる就業規則及び使用者と労働組合の間で締結される労働協約は、労働者が個別的に協議することなく附合する法 (lex) であって[165]、それらは工場 (usine) という成長しつつある制度に基づいているとオーリューは考える[166]。従って、制度の法と言うことができる就業規則や労働協約に労働者が附合するところの附合契約 (contrat d'adhésion) は、真の契約ではない。オーリューによれば、向い合う意思が平等な立場にあり、条

---

164) M. Hauriou, Précis de droit adominustratif et de droit public, 6ᵉ éd., 1907, p. 25.
165) M. Hauriou, Principes de droit public, 2ᵉ éd., 1916, p. 206 et s.
166) Ibid., p. 208.
オーリューが制度であると述べるのは、あくまでも生産の技術的単位である工場 (usine) であって、決して一定の経済目標に結びつけられた企業 (entreprise) ではない。
この点を指摘するものとして、
G.H. Camerlynck, Le contrat de travail, Droit du travail, t. 1, 2ᵉ éd., 1982, p. 16 note (23).
G.H. Camerlynck et G. Lyon-Caen, Droit du travail, 11ᵉ éd., 1982, p. 621.
N. Catala, L'entreprise, Droit du travail, t. 4, 1980, p. 147.

件が協議されうることが真の契約だからである[167]。それ故に、労働契約、即ちオーリューが述べるところの附合契約は、制度への加入たる事実への附合（l'adhésion au fait）のごまかしであって、契約関係（lien contractuel）は見せかけで結ばれているにすぎない[168]。オーリューによれば、制度はまだ法的な形態としては率直に認められていないために、このような見せかけが行われることになるのであり[169]、それは真の制度へ導く一時的な形態を構成しているのである[170]。即ち、オーリューは、社会的制度は少しずつ法的形態として力を奪い返すと共に、契約は現代法において最高に支配を行った後に衰退していき、契約が長期であり集団に関するあらゆる場合に、契約は制度に吸収されることになるであろうと考えるのである[171]。

19世紀にみられた個人主義的な学説は、契約に基づく個別的な関係しか考慮せず、また意思自治の原則によりすべての権利義務を個人の主観的な意思に基づかせたのであるが、この考えによれば、企業（entreprise）なり工場（usine）においては、使用者と個々の労働者によって形成された個別的契約関係の並置が存するにすぎない。まさに、個人の間の関係は契約によって自由に規律され、かつすべてが個人の間の関係に分解されることを主張するフランス革命の原則に基づいているのである[172]。しかし、オーリューは、この考えに対抗し、社会においては現実に組織された集団が存することに注目して、永続的で集団的な性格を有する「制度（institution）」という法概念を提唱したのである[173]。工場を制度と考えることは、個人と全体という観点から労働者が構成員となる集団的な社会的組織を法的に承認することである[174]。そ

---

167) M. Hauriou, Principes de droit public, 2ᵉ éd., 1916, p. 207.
168) Ibid., p. 208.
169) Ibid., p. 208.
170) Ibid., p. 206.
171) Ibid., p. 208.
172) E. Gounot, Le principe de l'autonomie de la volonté en droit privé, 1912, p.p. 232 et 233, p. 262 et s.
173) A. Légal et J. Brèthe de la Gressaye, Le pouvoir disciplinaire dans les institutions privées, 1938, p. 24 et s.
174) E. Gounot, op. cit., p. 290.

のような組織には権力を有する機関が存することになるが、このことは、使用者の権限を契約という個別的関係を形成する技術から解放し、制度という集団的な観点から直接に承認することなのである[175]。労働者は、制度の構成員となり、制度の法、特に労働協約によって直接規律されることにより契約的な不安定さは除去され、制度において一定の安定した地位を占めることになる。また、オーリューの述べる権力抑制の観点から、制度における労働者の経営参加の可能性も出現する[176]。

ただ、オーリューは、制度の理念に対して構成員が協和を表明することが人的制度における要素のひとつであると述べているが、このことは、全構成員が同一の対象へ向うことを示し、結局は、労働者の共通の仕事に対する積極的な協働と同じ規律への服従を意味することとなり[177]、労使協調的な性格を示す。従って、オーリューは、たとえ制度の法ということができる労働協約が存在していようとも、階級闘争の精神と争議が存在している限り、そして、使用者が労働者をいかなる企てにも参加させないために使用者と労働者の間に利益の連帯が欠けているという状態が存する限りは、まだ工場という制度は労働契約に化体しているとは言えないと考える。労使の利益の連帯の出現は将来のことと考えていたのである[178]。

(2) ルナール説

オーリューの死後も、彼に引き続いて制度理論を発展させた第一人者として、公法学者でトミスト（thomiste）[179]であり後にカトリックの僧侶に転じたルナール（G. Renard）の名を挙げることができる。オーリューは工場は制度であるとしか論じなかったが、ルナールはまさに企業は制度であると述べる

---

175) Ibid., p. 299 et s.
176) 工場が制度であるというオーリューの考えに賛同するグノーは、参加の1例として、工場評議会（conseil d'usine）というものを作って、労働者の集団に恒常的な代表を与えるべきことを示唆する。Ibid., p. 291 et p. 302.
177) Ibid., p. 290.
178) M. Hauriou, L'imprévision et les contrats dominés par des institutions sociales, 1926, Aux sources du droit, 1933, p. 141.
179) トマス・アキナスの流れを汲むトミスム、トミストについては、米谷隆三「ネオ・トミストの法学序説」法学新報第58巻3号1頁以下。

に至った[180]。また、契約と制度の対立を認める点については、ルナールはオーリューと共通点を有するが、契約についてはオーリューと多少異なる理解を示している。以下では、このようなルナールの理論をオーリューの考えと異なる点を中心に簡潔に考察することとする。

　ルナールは、人間が所属する環境から個人を切り離して考える個人主義も、環境のうちで一定のものしか考慮しない社会主義も、共に非現実的であると批判し、個人的であると同時に社会的である人間の複雑さを承認し社会的所属の多様性を認めるキリスト教的な哲学こそが現実的であり、そのようなキリスト教的な哲学を法秩序の中に置き換えたものが制度の理論であると主張する[181]。ルナールは、このような制度を契約と対立させる。(i)契約は競争によって規律されるが、制度は協働の体制である。(ii)契約は平等主義の作用であるが、制度は権力（autorité）の中枢である。(iii)契約は不動であるが、制度は適応し成長する。(iv)契約は不安定であるが、制度は安定した組織体である。(v)契約的秩序は対立する秩序の合力であるが、制度的な秩序は目的のまわりにおける方法と手段との調整である。(vi)契約は交換的正義（justice commutative）によって規律され、制度は配分的正義（justice distributive）、社会的正義によって規律される。要するに、ルナールによれば、契約は投機的行為であり、制度は協働の体制なのである[182]。そして、ルナールは、企業は制度であり、制度的性格は小企業におけるよりも大企業において顕著であると述べている[183]。従って、企業においては取締役会の長から走り使いの少年に至るまで奉仕者しか見出されず、取締役に対しては委任契約、労働者に対しては労務賃貸借という具合にそれらをすべて契約で説明しようとすることは企業を紛砕することなのである[184]。企業においては、それを構成する人間とこれ

---

180) G. Renard, La nature institutionnelle de l'entreprise, Anticipations corporatives, 1937, p. 21 et s.
181) G. Renard, Vue d'ensemble sur la théorie de l'institution, Anticipations corporatives, 1937, p. 3 et s.
182) Ibid., p. 15 et s.
183) G. Renard, La nature institutionnelle de l'entreprise, Anticipations corporatives, 1937, p. 24.
184) Ibid., p. 23 et s.

らの人間の間の個別的な契約以外の何かが存するのであり、まさにそのような企業の中枢をなすものが共通善（bien commun, オーリューの言葉によれば仕事の理念）なのである。この共通善の特徴を、ルナールは聖トマス・アキナスから引き出す。即ち、共通善は、(ア)個人の特別の善に優越し、(イ)個人によって参加され、(ウ)その参加は不平等にであり個人の間に階層を作り出すものなのである[185]。企業家は、いわば統治者として権限を行使するが、このような権限はそれが行使される人々の共通善に向けられることとなる[186]。また、ルナールは、使用者は最低の賃金と引換えに最大の労働を得るということ以外の何物かを、そして労働者は可能な限り最小の労働をなすことによって最も可能なものを稼ぐということ以外の何物かを配慮しなければならないということが問題となるとも述べている[187]。

　ルナールは、企業の制度化ということに関して、行政制度（régime administratif）を念頭に置いて論ずる[188]。制度（institution）たる行政制度においては、公務員は、それに編入されるのであって、労務賃貸借契約によって結び付けられているのではない。また、公務員は、役務の要求に従って適応する階層的な地位におり、その雇用、昇進、退職等の労働条件は、法律、規則等の身分規程（statut）によって規律されているために、まさに身分規程によって保護される「身分（état）」を有するのである。従って、公務員においては、契約の解約、即ち解雇の危険にさらされることなく、その地位は安定する[189]。以上のことを踏まえて、ルナールは次のように述べている。「私の信ずるところでは、労働者の地位が公務員の地位に似せられる傾向がなければならないのは、人間は、通常かつ真に人間的な生活を発展させるために、安定を必要とするからである[190]」。そして、労働者は公務員化されることとなり、「公務

---

[185] Ibid., p.p. 24 et 25.
[186] Ibid., p. 24.
[187] G. Renard, Vue d'ensemble sur la théorie de l'institution, Anticipations corporatives, 1937, p. 14.
[188] G. Renard, La nature institutionnelle de l'entreprise, Anticipations corporatives, 1937, p. 27 et s.
[189] Ibid., p. 29.
[190] Ibid., p. 30.

員か労働者か、制度か契約かを選択しなければならない[191]」という結果、「制度は事の勢いによって勝利する[192]」こととなる。

　以上のように、ルナールは、制度と契約を対立させるのであるが、同時に、制度の発展に伴って制度的契約（contrat institutionnel）というものが産み出されるということもまた承認する。それは、「不平等契約、柔軟でしなやかで可塑的な契約、不安定な債務ではなく恒久的な組織を産み出す契約」なのである[193]。即ち、ルナールは、制度と契約を対立させつつも、制度の創設行為、従って制度への加入[194]については契約でありうることを認めるのである。そのような契約の型として、ルナールは、協働契約（contrat de collaboration）と附合契約（contrat d'adhésion）を挙げているが、そのどちらも労働契約にあてはまるのである[195]。このようにルナール説の特徴は、制度と契約の対立の図式は明確に示しながらも、オーリューとは異って、制度の創設、加入については労働契約に一定の役割を持たせようとした点にみられると言ってよい。

(3)　**レガル＝ブレト・ドゥ・ラ・グレセイ説**

　法社会学的研究に基づき企業に関して制度理論を発展させ、デュギーの述べた法律行為論を制度理論と結合させ、かつ労働契約にも一定の役割を承認するというオーリューとはかなり異なる注目すべき考えを述べたものとして、レガル＝ブレト・ドゥ・ラ・グレセイ（A. Légal et J. Brèthe de la Gressaye、以下ではレガル＝ブレトと略す）説を見逃すことはできない[196]。

---

191) Ibid., p. 31.
192) Ibid., p. 32.
193) G. Renard, Vue d'ensemble sur la théorie de l'institution, Anticipations corporatives, 1937, p. 16.
194) オーリューは、制度は永続しうるので、新たに制度に加入することは、制度の創設を継続することであると述べている。
　　M. Hauriou, La théorie de l'institution et de la fondation, 1925, Aux sources du droit, 1933, p. 121.
195) G. Renard, Vue d'ensemble sur la théorie de l'institution, Anticipations corporatives, 1937, p. 16 et s.
196) カタラ（N. Catala）は、デュラン（P. Durand）に先立って企業を制度であると考えた先駆者としてレガル＝ブレトの名を挙げている。
　　N. Catala, L'entreprise, Droit du travail, t. 4, 1980, p. 146.

レガル＝ブレトは、集団生活の発展により人はますます孤立しては生きられないという状況認識から出発し[197]、各種の集団においては、集団の存続、目的の達成のために権力が必要とされ、構成員に対し権力を有する者が行為規範を課しあるいは制裁を行っているという事実を観察する。そして、企業においても、一般的に、使用者に、企業の良好な秩序を保障し企業の良好な運営を行っていくうえで必要なあらゆる手段を採ることが認められていることも指摘している[198]。従って、彼らは、このような観察が示す事実を法的観点から吟味し説明するために制度理論を用いようとするのである。即ち、彼らは、制度理論が社会学、社会的事実の研究及び現実に基礎を置いている点に注目し、制度理論の始祖たるオーリューが社会を観察することから始め、次いでそこから法的帰結を引き出したという点を重視するのである[199]。

レガル＝ブレトは、諸結社同様に企業もまた制度であるとする[200]。従来、使用者の規律権（pouvoir disciplinaire）、即ち指揮権、就業規則制定権、懲戒権は、契約、つまり労務賃貸借の観点から捉えられていた。例えば、そのうちの懲戒権を例にとれば、一方の契約当事者が他方の当事者を裁くということになるが、レガル＝ブレトによれば、契約はあくまで平等な個人を前提とするので、企業において「適用される懲戒的制裁は、本質的に債権及び契約法と無関係であるということ、及び規律的な関係は債権関係ではないということのしるしではないのか」ということになるのである[201]。つまり、「すべての集団は、達成さるべき目的、果たされるべき目的の観点から設立される。そ

---

197) A. Légal et J. Brèthe de la Gressaye, Le pouvoir disciplinaire dans les institutions privées, 1938, p. 1.
198) Ibid., p. 2 et s.
199) Ibid., p. 24 et s.
200) Ibid., p. 62 et s.
201) Ibid., p. 16.
なお、pouvoir disciplinaire あるいは droit disciplinaire という言葉は、制度理論においては、単に懲戒権という意味だけにとどまらず、さらに、制度における権力的作用一般を含む意味に用いられており、本節においては規律権と訳出する。この点については、
M. Hauriou, Précis de droit administratif et de droit public, 6ᵉ éd., 1907, p. 19 et s.
même auteur, Principes de droit public, 2ᵉ éd., 1916, p. 128 et s.

して、この目的が正当である以上、集団は、制裁の脅威のもとで構成員の個人的活動を目的に合致させるよう構成員を拘束する権限を有する。この権限は社会的なものであって個人的なものではない。というのも、それは集団の善（le bien de la collectivité）のために行使されるからである。それは規律権であって、公の組織におけると全く同様に私的集団において存在している」のである。従って、規律権は、まさに労働契約ではなくて、企業の性質それ自体に由来することとなる[202]。それ故に、制度たる企業においては、その機関が存し、目的達成のために規律権を行使することになるので、労働者の企業の長に対する従属性は、契約ではなくて制度に根拠を置くこととなるのである[203]。

　さて、制度への加入についてであるが、レガル＝ブレトは、新しい法律行為としてデュギーによって唱えられた理論に注目し、加入は、まさに制度の法を適用する条件行為（acte-condition）であると主張する[204]。しかし、更に、彼らは、制度と契約の対立を認めつつも、企業においては労働契約がなおも大きな地位を占めていることも同時に承認する[205]。彼らによれば、私的制度においては、協同組合型の制度（l'institution à forme corporative）と使用者型の制度（l'institution à forme patronale）の区別がなされうる。前者は、もともと全く平等であった個人が一定の理念、目的に向けて結合したもので、構成員のうちの一定の者が他の者に対して権力を行使するとしても、それは個人的にそのような権利を有するのではなくて、選出されることによって一定期間に限って委ねられた一定の職務を遂行する機関としてである。これに対し、後者は、企業のように、企業の所有権と企業危険の負担という観点から当然のこととして指揮権が固有の権利として承認されている場合、即ち、使用者が固有の権利として規律権を行使する場合であり、いわば最初から構成員の間に不平等が存するのである[206]。従って、前者の場合においては、全く完全

---

202) A. Légal et J. Brèthe de la Gressaye, op. cit., p. 12.
203) Ibid., p. 17.
204) Ibid., p. 45 et s.
205) Ibid., p. 17.
206) Ibid., p. 61 et s.

に制度の法を適用する条件行為がみられるのであるが[207]、レガル＝ブレトによれば、後者の場合には、使用者と労働者の間には一定の利害の対立が存し、その部分は共通目的に向けて協働するという制度の性格とは異なるので、契約によって規律されることになる[208]。

　この点を更に詳しく述べてみよう。企業家は資本から収益を上げると同時に、経済的職務（生産活動）及び社会的職務（労働者とその家族の生活の保障）をも行っているので、富の生産と生活の糧を提供することの２つが企業の理念であり、企業の繁栄が労使の共通の利益であるとレガル＝ブレトは考える[209]。従って、制度たる企業においては、理念を実現するために使用者が権力を行使し、労働者がそれに服するという関係、即ち、労働者が指揮権、就業規則制定権、懲戒権に服するという規律的な関係は、契約から生れた債権関係ではなく制度的な関係ということになる[210]。しかし、使用者と労働者の間には、やはり一定の利害の対立、特に、「使用者は自らのためのみに企業利益を留保し、これらの利益は賃金を減らすことにより増大させられるので、契約の特徴である利益の対立[211]」が存するのである。そこで、レガル＝ブレトによれば、金銭に評価されうる相互的な提供、即ち労働者によってなされる労働と使用者によって支払われる賃金とが双務契約たる労働契約の目的ということになる[212]。労働者について言えば、労働義務を負うのは労働契約に根拠を有するが、自由に独立して労働義務を履行するのではなく、使用者に従属してその指揮に従わなければならないのは、制度への加入に根拠を有することとなろう。また、制度にはその法、すなわち、就業規則と労働協約が存するが、それらは、すべて労働者を直接規律するとは限らない。就業規則に関していえば、レガル＝ブレトは二分説を採る。工場内の秩序と規律、従業員の安全衛生に関し懲戒的制裁によって裏付けられる規定、即ち使用者と

---

207) Ibid., p. 46 et s.
208) Ibid., p.p. 69 et 70.
209) Ibid., p. 65.
210) Ibid., p.p. 17 et 18.
211) Ibid., p. 69.
212) Ibid., p. 17, p. 68 et s.

労働者の規律的な関係に関する部分については、使用者が権力的に作成しうる法規範である。しかし、他方、賃金表、特別手当、家族手当、賃金支払方法、1日の労働時間、雇用期間、解雇予告期間の如き労働者と使用者との相互的な提供に関するものは法規範とは言えない。「たとえ使用者が共通の利益の観点から企業における秩序を保障するために従業員に対して権力を有するとしても、彼は、契約の締結時にしろ、その履行過程においてにしろ、彼らの相互の個人的な利益が対立する点、例えば賃金率について従業員に法規範を課すいかなる権力も有しないということは否定できない」ので、「就業規則の2つの部分は同じ法的性質を有しない」ことになる。結局は、労使の相互的な提供に関する部分は、契約的、即ち附合契約の内容となる条項なのである。従って、「使用者と労働者の間の金銭的な関係は、意思の合致たる契約によって規律され、規律的な関係は使用者の権力のみによって規律されるということを我々は結局認める」とレガル＝ブレトは述べている。労働協約に関しては、法形成的合意（convention-loi）、規律行為（acte-règle）であって契約ではなく、労働協約が実質的意味における法律（loi）であることは認めるが、それは制度の構成員を直接規律するのではなくて、先にみた労使の利益対立の故からか、「究極的に企業に採用されるであろうところのすべての人々と締結されるすべての労働契約を規律するであろうところの一般的、統一的、抽象的かつ恒久的な規範」であるとする[2.3)]。このように、一定の共通目的、理念の実現という点については制度理論を用いるが、現状をすべてそれで解決しようとせず、やはり労使の間に対立が存していることも直視し、その部分については契約によって規律しようとしたことは注目に値する。しかし、規律的な部分、即ち制度的な部分と契約的な部分の境目及び両者の関係が必ずしも明確には示されていない点に、レガル＝ブレト説の不十分さが残ると言えよう。

最後に、もう1点、レガル＝ブレト説の特徴を示しておこう。注目すべきなのは、彼らの次の指摘である。「労働者は一定の範囲において社員（associé）

---

213) Ibid., p. 68 et s.

の如く取り扱われてはならないのか否か、財政的あるいは商業的な部分ではないとしても、少くとも労働の組織、職業的技術及び労働者の懲戒に関して従業員代表に企業管理に参加することを認めてはならないのか否かがまさに問われうる」。このことからわかるように、彼らの制度理論には経済的民主主義的観点が含まれており、このことを見逃してはならないであろう[214]。

4 検 討

　20世紀初頭から第二次大戦までの時期における労働契約衰退論として条件行為説と制度説を概略的に整理をしつつ分析してきた。これらの説は、私人間の関係をすべて契約によって規律しようとする個人主義的な考えに対抗して、個別的労使関係の源泉としての労働契約の衰退を観察し、時代の変化に対応し現状に適合した新たな法概念を形成することによって対処しようとしたものであるが、次のような共通点を有する。即ち(ア)身分規程 (statut)、つまり法規範によって直接的に労使関係の全部又は一部を規律しようとすること、(イ)工場、企業といった集団的関係を重視すること（ただし、デュギーにおいては必ずしもこの点は明らかではない）、(ウ)労使協調的性格がみられること（ただし、レガル＝ブレトは労使の一定の利害の対立も重視している）の3点である。ただ、条件行為説においては、特に個別的労使関係が法規範によって規律されるという点を重視するため、企業の法的性格というものについては不明確なままなのであるが、これに対して、制度説においては、むしろ集団の法的性格、従って企業の法的性格を明らかにしようという点に重点が置かれるという具合いに、両説には差異がみられる。しかしながら、これは視点の相異にすぎず、レガル＝ブレト説が示すように両者は結合しうるものなのである。

　また、これらの説の大きな特徴として、経済的民主主義の観点を含んでいるということを見逃してはならない。条件行為説を発展させたセルは、企業の共同管理を行うことを提唱したし、制度説についても、個別的な関係を超える集団をひとつの実体として捉え、それに適合する法概念を形成し、これ

---

214) Ibid., p.p. 62 et 63.

第3節　労働契約衰退論の展開　49

に基づき一定の権力を正面から認めるが、この権力を目的達成に必要な部分に限定し[215]、かつ権力の抑制と均衡の観点から構成員に参加の道を開こうとするものであると言える[216]。要するに、従来、契約当事者間に大きな経済的差異が存し、そのため使用者が、個別的な関係しか作り出さない労働契約という手段によって巨大な権力を掌中にしていたのに対して[217]、これらの説は、大体において、集団的関係たる企業に目を向け、それに労働者を参画させ、法規範によって直接規律することにより契約からは出て来ないような権限を労働者に与え、よって使用者の専制を防止すると共に労働条件及び雇用の安定を図ろうとするものであると言うことができるであろう。しかし、労使の協働に目を向けるあまり、労使の対立という面が看過されることとなり、この点については大いに問題をはらむものと指摘しうる[218]。

　以上のように様々な論点を含む条件行為説及び制度説は、これらが新しい法概念を形成しようとする努力は明らかなのであるが、必ずしも完成された理論とは言い難い。例えば、制度説について述べれば、制度理論の細部においては論者によって必ずしも一致をみず、契約と制度の関係をとってみても考えに差異が存するのであり、従って、理論的に十分に詰められたものとは言えず曖昧さが残る[219]。また、これらの説は必ずしも実定法によって正面か

---

215) グノーは、オーリューの理論に賛同を示すのであるが、まさに次のように述べている。「我々は、重要なのは、仮定において使用者が有しないような権限を使用者に与えるかあるいは拒絶するかということではなくて、使用者が実際に行使する権限を公然と認めることであると答えるであろう。もしも、『必要によって課されるこの種の独裁権』を制限し規律したいならば、第1条件は、まずその存在を認めることである」。
E. Gounot, Le principe de l'autonomie de la volonté en droit privé, 1912, p. 299.
216) この点に関連するものとして、
G. Morin, Vers la révision de la technique juridique, A.P.D.S.J., 1931, p. 83.
217) G. Scelle, Précis élémentaire de législation industrielle, 1927, p. 351.
même auteur, Le droit ouvrier, 2ᵉ éd., 1929, p. 8 et s.
218) 戦後に、条件行為説と制度説を発展させ、企業制度論 (la théorie institutionnelle de l'entreprise) を唱えたデュランに対してもこの種の批判が激しく浴びせかけられている。
G. Lyon-Caen, Manuel de droit du travail et de la sécurité sociale, 1955, p. 221 et s.
219) R. Savatier, Les métamorphoses économiques et sociales du droit civil d'aujourd'hui, 1948, p. 68.
M. Despax, L'entreprise et le droit, 1957, p. 367.

ら承認されたとは言い難く[220]、むしろ問題提起に終った感があることも否めないのである。

第4節　総　括

1　各説の評価

　第一次大戦、経済恐慌、人民戦線等を通じて、経済への国家の介入、即ち国有化、統制経済等の政策がフランスにおいて浸透してくる。政府の意思は立法によって示されるが、20世紀初頭から一般的にみられた契約の自由の規制とあいまって法律による規律が強化される[221]。また、フランス労働総同盟（C.G.T）も、この時期に企業の国有化、企業及び国民経済レベルで労働者のコントロールがなされることを政府に対して主張したのであるが、これも経済の計画化や労働者の企業管理への参加を目指すものなのである[222]。従って、この時代の特徴である指導、統制、立法の増大は、その帰結として公法原理の浸透を導いた。すでにみた資本主義の第1期から第2期への移行とほぼ時を同じくして現れ、かつ公法学者にその源を発する労働契約衰退論は、このような時代背景のもとで発展してきたのである。まさに、第二次大戦の直前に、当時の時代状況と契約との関係について論ずる2つの論文が現れた。ひとつは、デルベ（L. Delbez）の「公法の獲得物：労働契約」（1939年[223]）であり、もうひとつは、ジョスラン（L. Josserand）の「契約の《公法化》」（1938年[224]）である。まず、前者から検討を始めよう。デルベによれば、経済秩序、

---

[220]　たとえば、M. Hauriou, Principes de droit public, 2ᵉ éd., 1916, p. 208.
[221]　G. Ripert, Aspects juridiques du capitalisme moderne, 2ᵉ éd., 1951, p. 39 et s.
　　　堀田和宏『フランス公企業の成立』（1974年、ミネルヴァ書房）参照。
[222]　この点については、中村睦男『社会権法理の形成』（1973年、有斐閣）135頁以下、広田功「フランス資本主義の歴史的特質」長部重康編『現代フランス経済論』（1983年、有斐閣）29頁以下。なお、第3節2(2)で述べたセルの考えもこのようなフランス労働総同盟の主張に対応するものと言えよう。
[223]　L. Delbez, Une conquête du droit public：le contrat de travail, Rev. dr. publ. 1939, p. 462 et s.
[224]　L. Josserand, La《publicisation》du contrat, Recueil Lambert, t. 3, 1938, p. 143 et s.

社会秩序、政治哲学及び学説等の変遷により、労働契約は契約の一般理論とは全く異なる外観を帯び、まさに私法から公法への移動がみられるのである。労働契約は、もはや当事者の自由な協議に従うのではなくて、法律及び㈦デュギー学派の理論によれば規律行為（acte-règle）たる協定（union）から生ずる労働協約、㈣オーリュー学派の理論によれば職業（profession）という制度（institution）の身分規程である労働協約によって規律されるので、契約ではなくて、公法の領域において親しまれている条件行為たる意思の合致（acte-condition accord）なのである。従って、労働契約に関しては、まさに法規範による規律の増大及び公法理論の浸透により、「すべての方向において公法の勝利（sur toute la ligne le triomphe du droit public）」であるとデルベは述べている[225]。次にジョスランであるが、彼は、契約一般の立場から公法の浸透について取り上げ、契約は様々な点において公法により規律され、統制され、管理されて「公法化」されるということを認めるのであるが、デュギー、オーリュー等が述べる公法の学説については批判を加える。公法学者は、公法の領域におびきよせるために、一定のものに契約の性格を否定し、制度（institutions）あるいは協定（unions）という公法の概念を用いた訳なのであるが、ジョスランは、これらの公法学者は、古典的な、即ちローマ法の契約概念しか考慮に入れてないことを指摘する。そして、ジョスランは、契約概念はローマ的な起源から逃亡し何世紀にも渡って柔軟になり拡大したという点を強調する。確かに、契約は、純粋に私的な事柄であることをやめ、社会・経済・財政政策の道具になる傾向がある。しかし、「このような発展から、契約の衰退及び消滅に賛成の結論を引き出さなければならないのか。我々はそうは考えない。我々が現実に目撃する現象は、文明化の、即ち、我々の権利と法状態の個人主義的な概念からより社会的な調整に導く理念の動きの未来にとって疑いもなく重要で決定的な証明にすぎない」とジョスランは述べるのである[226]。

　このようにみてくれば、両者の考えの違いは、契約概念を柔軟化、拡大化

---

225) L. Delbez, op. cit.
226) L. Josserand, op. cit.

して発展させていこうとするか、あるいは、古典的な契約概念を捉えて、それでは現状には対処できないと考え、それ故に、契約とは異なる新しい法概念を形成して現実に対応していこうとするかという点に存すると言ってよいであろう。

2 戦前における労働契約の優位性をめぐる議論

　労働契約衰退論の現実に対応する新しい法概念を形成しようとする試みにも拘らず、この考えは大勢を動かすまでには至らなかった。確かに、20世紀に入り、判例、学説は一斉に現実に対して目を向けたのであるが、判例及び大方の学説の努力は、契約とは異なる新しい法概念の形成にではなく、現実に適合した労働契約概念の追求に向けられ、労働契約衰退論は公法理論に基づく特異な少数説の地位にとどまることとなる。

　このようにして、古い労務賃貸借（louage de services）概念から脱却して形成され、法的従属性をメルクマールとする労働契約は、まさに個別的労使関係形成の手段として独自の特徴を有する契約であるとの地位を獲得する[227]。従って、労働契約については、すでに1913年において「今日1500万人のフランス人の憲章である労働契約」というような指摘がみられ[228]、その後においても、労働契約は様々の契約の中で最も多く用いられており、それは人間の大多数の生活を支えかつ経済及び産業機構の基礎をなすものであると考えられることとなる[229]。また、労働立法、労働協約を中心とする身分規定の発展により労働者の保護が図られ、まさに労働契約は社会化された契約（contrat socialisé）であるという風に認識され、その重要性が力説されるのである[230]。このようにして労働契約概念が根を張ることとなる。

---

227) A. Colin et H. Capitant, Cours élémentaire de droit civil français, t. 2, 7ᵉ éd., 1932, p. 657.
　　L. Josserand, Cours de droit civil positif français, t. 2, 9ᵉ éd., 1939, p. 747 et s.
228) P. Cuche, Du rapport de dépendance, élément constitutif du contrat de travail, Revue critique, 1913, p.p. 412 et 413.
229) A. Colin et H. Capitant, op. cit., p. 657.
230) L. Josserand, op. cit., p. 747 et s. なお、この意味で「契約から身分へ」という公式は「市民法から社会法へ」という動きと同義のものと位置づけることができよう。

ただ、労働契約という手段によれば、あくまでも、私人間の個別的な関係という観点からのみ労使関係を捉えることとなるために、「企業」という要素は、せいぜい芽生えとして従属性概念の中で反映されるにすぎず、集団的な関係たる企業というものを法的にいかに把握し、それに労働者をいかに参画させていくかという問題には十分には対処し得ないと言うことができよう。労働契約衰退論が提起した問題点につき、労働法の分野で華々しく議論が展開されることになるためには、第二次大戦後、1946年憲法が労働者の企業管理への参加を歌い上げることによって企業というものを正面から法的俎上に乗せ、かつ体系的に企業理論を構築しようとするリペール[231]、デュラン[232]等が本格的に「企業制度論 (la théorie institutionnelle de l'entreprise)」を主張・展開していくのを待たねばならなかったのである[233]。

要するに、法的従属性をメルクマールとする労働契約概念を形成し確立したことにおいて、第二次大戦前までの議論は、看過し得ない重要性を有すると意義付けることが可能であろう。また、大勢を動かすにまで至らなかったとはいえ、労働契約衰退論が、身分規程・企業と労働契約の関係をいかに捉えるべきかにつき新たなる視点から問題提起を行い、後に戦後のフランスで激しく議論の的となる企業制度論の理論的基礎ないしは原型を構築したことも大いに注目に値するのである。

---

231) G. Ripert, Aspects juridiques du capitalisme moderne, 2ᵉ éd., 1951, p. 265 et s.
232) P. Durand, La notion juridique de l'entreprise. Travaux de l'association Henri Capitant, t. 3, 1947, p. 45 et s.
　　P. Durand et R. Jaussaud, Traité de droit du travail, t. 1, 1947, p. 404 et s.
　　P. Durand et A. Vitu, Traité de droit du travail, t. 2, 1950, p. 199 et s.
233) 企業制度論をめぐる論争の現状については、次の各文献を参照のこと。
　　G.H. Camerlynck, Le contrat de travail, Droit du travail, t. 1, 2ᵉ éd., 1982, p. 16 et s.
　　N. Catala, L'entreprise, Droit du travail, t. 4, 1980, p. 146 et s.
　　J. Rivero et J. Savatier, Droit du travail, 9ᵉ éd. mise à jour, 1984, p. 184 et s.
　　J. Ghestin et P. Langlois, Droit du travail, 5ᵉ éd., 1983, p.p. 109 et 110.

おわりに

　以上においてなしてきた考察からわかるように、20世紀初頭から第二次大戦前までの時期においては、労働契約に関し様々な議論がなされており、まさにダイナミックな論争が展開されたのである。これを基礎として、第二次大戦後、更に激しく議論が進展していくこととなるが、本章においてはその過程に触れることをなし得なかった。従って、次章以下において、戦後のフランスにおいて注目を浴びている、(ⅰ)企業制度論の展開、(ⅱ)企業制度論と労働契約、(ⅲ)契約から身分へ（du contrat au statut）等の問題につき論述を進めていきたいと考える。

第2章　戦後フランスにおける労働契約衰退論についての一考察

はじめに

　第二次大戦後のフランスにおいては、一貫して労働契約[1]（contrat de travail）の重要性が学説及び判例によって確認され続けてきている[2]。例えば、労働契約によって労働義務を作り出すという観点から、「契約に付着される重要性は心理学的価値を有する。契約は、互いに拘束し合い、限られた範囲においてではあるが自分たちの相互関係を組織することができる2つの意思を表明する。契約に対する愛着は、同時に人格権に対する尊重と労働者雇用の権力的手段に対する嫌悪を特徴付ける」と述べられている[3]。これは、第二次大戦中、対独協力政策を断行したヴィシー政権が、徴用や労働者をドイツへ送り働かせるといった強制労働を行った[4]ことに対する批判及び反省として労働の自由の原則が強調された結果に外ならない。

---

1 ）フランス労働契約理論に関する主たる邦語文献としては、矢部恒夫「フランス法における労働契約概念について」法学雑誌28巻1号191頁以下、大和田敢太「フランスの労働契約」『労働契約の研究』本多淳亮先生還暦記念（1986年、法律文化社）508頁以下、三井正信「フランスにおける労働契約概念の形成とその展開(上)(下)」季刊労働法144号177頁以下、同誌145号202頁以下、ジェラール・クーチュリエ「フランス法における労働契約」（山口俊夫訳）日仏法学会編『日本とフランスの契約観』（1982年、有斐閣）149頁以下。また、労働契約概念一般及び労働契約論の現代的課題については、それぞれ、片岡曻『団結と労働契約の研究』（1959年、有斐閣）204頁以下、同『現代労働法の展開』（1983年、岩波書店）243頁以下を参照のこと。

2 ）主要な文献として、
G. Lyon-Caen, Défense et illustration du contrat de travail, Archives de philosophie du droit, N° 13, 1968, p. 59 et s.
G.H. Camerlynck, Le contrat de travail, Droit du travail, t. 1, 2ᵉ éd., 1982, p. 23 et s.

3 ）P. Durand, Aux frontières du contrat et de l'institution : La relation de travail, J.C.P. 1944, I, 387., P. Durand et A. Vitu, Traité de droit du travail, t. 2, 1950, p. 212.

さて、戦後においては、このように労働契約による雇用の原則に立ち帰るべきことが強調されると共に、戦時体制を払拭すべく様々な点において労働法改革が推進された[5]。まさに、このような戦後改革の基礎となったものが、対独レジスタンス活動を行った全国抵抗評議会（CNR）が解放前の1944年3月に採択していた綱領（CNR綱領）であった。ヴィシー政権は、先に述べたような強制労働を行うと共に、労働契約に基づく雇用についても戦時統制経済のもとで契約的なものは何も残っていないと評される[6]程に労働条件を規制しており、労働法は労働者保護を図るためよりもむしろ「経済活動の手段」として用いられる傾向にあった[7]。また、ヴィシー政権は、1884年以来フランスにおいて認められていた組合の自由を廃止して、権限がかなり制限され、国家と職業社会委員会という組織のコントロールに従う単一強制加入組合の原則を前面に押し出していた[8]。従って、CNR綱領は、戦後改革の方針として、伝統的なサンディカリスムの自由を再建すると共に、労働協約制度を改善していくことによって「労働権・休息権（droit au travail et au repos）」を確立すべきことを提唱し、併せてその他にも、労働者とその家族の尊厳を保ち人間らしい生活を満たしうるような賃金水準の保障、解雇規制も含めた雇用保障、そして、経済的民主主義の観点から企業における経営参加等の要求を掲げていた[9]。

このような状況のもとで、戦後の学説に課された課題は、単に労働契約の

4）戸塚秀夫＝徳永重良編『現代労働問題』（1977年、有斐閣）360頁（新田俊三執筆）、アンリ・ミシェル『ヴィシー政権』長谷川公昭訳（1979年、白水社）100頁、155頁以下、ジャン・デフラーヌ『ドイツ占領下のフランス』長谷川公昭訳（1988年、白水社）75頁以下、P. Durand et A. Vitu, op. cit., p. 365.
5）A. Rouast et P. Durand, Précis de législation industrielle, 4ᵉ éd., 1951, p. 29 et s., J.-C. Javillier, Droit du travail, 2ᵉ éd., 1981, pp. 108 et 109.
6）H. Teitgen, L'entreprise dans le régime de la Charte du travail, Col. Dr. Soc., XIII, 1942, p. 41.
7）P. Durand, Une orientation nouvelle du droit du travail, D.C., 1941, p. 29 et s.
8）P. Durand, Idéologie et technique de la Charte du travail, Col. Dr. Soc., XIII, 1942, p. 5 et s.
なお、ヴィシー政権下の労働立法については、田端博邦「ヴィシィ体制下の産業・労働統制」東京大学社会科学研究所編『ファシズム期の国家と社会5　ヨーロッパの法体制』（1979年、東京大学出版会）191頁以下。

重要性を主張するだけではなくて、CNR綱領が掲げるような要求に応えうる労働契約理論を作り上げることにあった。労働契約は、人が賃金と交換に使用者の権力あるいは指揮のもとで（法的従属性のもとで）労働を提供するよう義務付けられる約定であると定義され[10]、このような使用者と労働者の個別的契約関係は通常継続的な（successif）ものとして示される[11]。従って、一方で、労働者の保護を図りこの継続的な契約関係を維持するために、法律や労働協約によって規定される労働条件の保護と雇用の安定に資する法理論の形成が問題となった[12]。他方で、使用者の専制を防止し企業において経済的民主主義の観点から経営参加を実現するためには、個別的関係を超える集団的な関係たる企業を法的にいかなるものと捉え、労働者の参加権の法的性格をいかに考えるべきなのかが問題となり、このような企業参加問題と個別的な関係を組織するにすぎない労働契約概念との調整をいかにつけるかについて激しく論争が繰り広げられることとなった。

学説の大きな流れを示せば、労働契約衰退論と労働契約優位論の対立の図式がみられると言ってよい。前者は、労働契約の重要性は認めつつも前述の課題に応えるためには労働契約による説明では不十分なので、集団的な関係たる企業に関して独自の法的概念を形成することにより対処していこうとする考えである。これに対し、後者は、労働契約理論を戦後の状況に対応しうる形に再構成し、その変遷を主張することで課題に応えようとする考えである。

本章においては、論述の都合上、戦後のフランスの労働契約理論を全体的

---

9) CNR綱領については、戸塚＝徳永編・前掲書362頁以下、ワース『フランス現代史Ⅰ』野口名隆・高坂正堯訳（1959年、みすず書房）226頁以下、L'année politique 1944-1945, p. 429 et s., P. Durand et R. Jaussaud, Traité de droit du travail, t. 1, 1947, p. 112, P. Durand et A. Vitu, Traité de droit du travail, t. 3, 1956, pp. 30 et 31, A. Rouast et P. Durand, op. cit., p. 30, J.-C. Javillier, op. cit., p. 108.
10) 定義については、注1) の文献を参照のこと。
11) G. Lyon-Caen, Manuel de droit du travail et de la sécurité sociale, 1955, p. 181, J. Rivero et J. Savatier, Droit du travail, 9ᵉ éd. mise à jour, 1984, p. 80, P. Durand et A. Vitu, op. cit., t. 2, pp. 214 et 215.
12) この点については、G.H. Camerlynck, op. cit., p. 23 et s., p. 351 et s.

に論述することは不可能なので、まず第1段階の作業として、議論の発端となった労働契約衰退論を考察し、以て戦後フランス労働契約理論研究の序論としたいと考える。この労働契約衰退論は、戦後大著『労働法論（Traité de droit du travail)』全3巻を著わし[13]、フランス労働法理論の体系化を志したポール・デュラン（Paul Durand)[14]によって第二次大戦直後から1960年に彼が死に至るまで有力に唱えられたのであるが、その特徴は、企業制度論（la théorie institutionnelle de l'entreprise) なる理論[15]を提唱することによって、結果として労働契約の役割をかなり小さくしている点にあると言ってよい。従って、デュラン説に対しては相当に批判も存するところであるが、とにかく、デュラン以降の学説は、まさにこの企業制度論に対する評価あるいは賛否をめぐって議論を展開しているといっても過言ではなく、それ故に、何よりもデュランによって唱えられた企業制度論を詳細かつ体系的に検討することが、フランス労働契約理論を全体的に把握するために必要なのである。そして、本章における成果を踏まえたうえで、労働契約優位論の展開を考察することが次章における課題となる。いずれにせよ以下で行う労働契約衰退論に関する研究によって、我が国の議論に対しても有益な示唆を与えてくれると思われる、(i)労働法において企業概念を説くことの意義と問題点、(ii)労働契約の現代的意義について様々な論点が提示されることとなると考える次第である。

第1節　序　説

　経済学においては、企業（entreprise）は、基本的に、市場のために一定の

---

13) P. Durand et R. Jaussaud, Traité de droit du travail, t. 1, 1947, P. Durand et A. Vitu, Traité de droit du travail, t. 2, 1950, P. Durand et A. Vitu, Traité de droit du travail, t. 3, 1956.

14) デュランについては、菊池勇夫『世界の中の労働法』(1971年、一粒社) 173頁以下、R. Roblet, Paul Durand 1908-1960, Dr. Soc., 1960, p. 581 et s.

15) 企業制度論については、山口俊夫「ドゴール構想における『企業参加』の法思想的背景」季刊労働法69号57頁以下、中村睦男『社会権法理の形成』(1973年、有斐閣) 190頁以下。

財を生産するかあるいはサーヴィスを提供することを目的とする組織（organisme）であり、生産の経済的単位（l'unité économique de production）であると定義される[16]。そして、一般的には、労働者は、まさに特定の企業で働いているというように評される[17]。しかしながら、フランス革命以降19世紀を通じて、企業に関しては独自の法的概念は存在しておらず、専ら個人主義的な観点から、企業は所有権と契約によって説明されていた[18]。20世紀に入っても基本的にこの考え方は維持された。企業は、所有権的側面からみれば、企業活動のための財産が問題となるにすぎない。即ち、個人企業家が問題であろうと法人たる会社が問題であろうと、企業を構成する財産はそれらの個人なり法人に帰属し、企業家ないしは出資者の受任者がそれを用いて経済活動を行うのである。また個々の労働者は個別的に企業家ないし法人たる会社と労働契約を結ぶだけであり、労働者にとっては、企業は、いわば多数の個別的労働契約の並置にすぎない。要するに、「そのなかで個別的紐帯が融け合うより高度な別の法的社会的実態[19]」は存在しなかったのである。従って、「資本主義においては、労働者は企業の外にいるか、あるいはいずれにしても企業の臣民である」と指摘される[20]。即ち、会社という法技術を例にとれば、出資者たる社員（例えば、株式会社の場合は株主 actionnaire）を結合させるのであるが、労働者は会社と労働契約を結び、会社に対して単に債権者・債務者の関係に立つにすぎず、法的にみれば会社外の存在なのである。また当然のこととして個々の労働者は会社に対して劣位に置かれると共に、労働の提供に際しては法的従属状態に置かれることとなるのである。

---

16) P. Durand et R. Jaussaud, op. cit., p. 409, G. Ripert, Aspects juridiques du capitalisme moderne, 2ᵉ éd., 1951, pp. 265 et 266.
17) J. Rivero et J. Savatier, op. cit., p. 179.
18) J. Brèthe de la Gressaye, Les transformations juridiques de l'entreprise patronale, Dr. Soc., 1939, p. 2 et s., G. Ripert, op. cit., p. 268 et s., p. 280 et s., p. 299 et s., P. Durand, La notion juridique de l'entreprise, Travaux de L'association Henri Caitant, t. 3, 1947, p. 45 et s., P. Durand et R. Jaussaud, op. cit., pp. 404 et 454, H. Teitgen, op. cit., p. 36. 山口・前掲論文50頁。
19) P. Durand et R. Jaussaud, op. cit., p. 404.
20) G. Ripert, op. cit., p. 280 et s.
なお、P. Durand, op. cit., Travaux de L'association Henri Capitant, t. 3, p. 45 et s.

しかし、労働立法をみれば、徐々に、「企業」なるものが考慮されるに至った。例えば、1928年7月19日の法律は、企業譲渡による企業主の変更の場合においても労働契約は新しい企業主との間で維持されると定めた。また、1936年6月24日の法律は、従業員代表制度を設けたが、これによって「企業の労働者（les salariés de l'entreprise）は代表を選出するために結集する権利を獲得した」と評されている[21]。戦後になって、1945年2月22日のオルドナンスは、企業委員会を整備し、遂に1946年10月27日の憲法前文は、労働者の企業管理への参加を宣言するに至った[22]。

従って、従来の個人主義的な概念によるのではなく、労働者がその一構成員となり経営参加の対象となる企業についての新たな法的概念の構築が労働法の分野において切望されることとなった。確かに、戦前においても新たな企業概念を追究しようとする動きが存したが、一部の論者によって問題提起的に理論展開がなされたにすぎず大勢を動かすにまでは至らなかった[23]。ようやく、戦後になって、法的な企業概念・企業理論を本格的、体系的に形成し展開しようとする学説が登場した。この学説は、法的な企業概念を形成することによって、労働契約のみによる説明の不十分さを補い克服して「はじめに」で述べたような新たな課題に対処することが現実に合致する最良の方法であると考えて、有力に議論を展開していくこととなるのである。

第2節　企業制度論の展開

1　労働契約の衰退と企業概念の必要性

「はじめに」の冒頭で引用した労働契約の重要性を強調する考えは、ポール・デュランのものである。デュランは、確かにこのように労働契約の重要性は強調するものの、もはや労働契約の個別的労使関係の源泉としての役割

---

21) A. Brun et H. Galland, Droit du travail, t. 2, 2ᵉ éd., p. 177.
22) G. Ripert, op. cit., p. 272, p. 306 et s., P. Durand, op. cit., Travaux de L'association Henri Capitant, t. 3, p. 52, P. Durand et R. Jaussaud, op. cit., p. 454. 戦後の発展については、奥島孝康「戦後フランス企業法の動向」日仏法学12号1頁以下を参照。
23) この点については、三井・前掲論文(下)205頁以下。

は衰退していると考える。即ち、以下で示す3つの理由のために、彼は実際に労働契約が衰退していること（l'actuel déclin du contrat de travail）を観察する。要するに、(i)労働契約の内容は徐々に小さくなり、もはや労働条件は、法律、デクレ、就業規則、労働協約等を主たる内容とする身分規程（statut[24]）によって定められる。(ii)個別的労使関係に適用できる労働法の規定は、ますます契約一般法たる民法の規定とは異なる。(iii)労働法の一定の規定は、労働契約ではなくて現実の労働の提供という事実を規律対象としている[25]。

また、デュランは、企業に関して、従来通りの所有権と労働契約だけによる説明ではもはや社会意識や実定法の解釈に対応しない旨を、併せて強調する[26]。彼は、このような自己の主張の背景として、時代の変化を観察する。19世紀においては、個人主義及び自由主義的資本主義が全盛であった。そして、使用者と労働者の関係は、専ら個々の個別的契約関係として分析され、法的には、「階層的な特徴を有する組織化された社会を示す集団関係[27]」としての企業の存在は承認されなかった。しかし、デュランによれば、このような考えは、「経済的現実及び社会的現実[28]」を無視するものであり、まさに時代の変化がそのことを物語るのである。現代においては、個人主義は後退し、実際、経済生活については、社会学や連帯主義（solidarisme）が示すように、分業の発展などの理由により企業内における労使の相互依存、連帯、協働がみられる[29]。そして、自由な資本主義も危機を迎えて変質し統制経済（économie dirigée）政策なるものが出現し、経済への国家の介入が増大した。それに伴って、生産及び分配に協力したり国の雇用政策に協力する私企業の公的機能が重視されることとなり、経済活動を行う集団的組織たる企業の存在を法的にも無視し得なくなった。また、デュランによれば、企業は、国家が労働

---

24) ここでいう statut とは、労働者の法的地位を定める規範の総体のことである。この点については、三井・前掲論文(上)177頁。
25) P. Durand, op. cit., J.C.P., 1944, I, 387, P. Durand et A. Vitu, op. cit., t. 2, p. 199 et s.
26) P. Durand, op. cit., Travaux de L'association Henri Capitant, t. 3, p. 46.
27) P. Durand et R. Jaussaud, op. cit., p. 404.
28) ibid., p. 405.
29) ibid., pp. 405 et 454, P. Durand, op. cit., J.C.P., 1944, I, 387, même auteur, op. cit., Travaux de L'association Henri Capitant, t. 3, p. 47 et s.

者の生活条件を改善するために介入する対象領域でもある[30]。

　従って、もはや、所有権の法理と(i)契約は個人の間の関係を規律するにすぎないという個人主義の原則、(ii)すべての法律効果を個人の主観的意思に基づかせる意思自治の原則に支えられた契約理論では現状をすべて説明することができないと分析[31]することによって、デュランは、独自の法原理に従う法的集団としての企業概念を唱えた。そして、彼は、そのような企業への参入の法理を説いて労働者を企業の一構成員となすことにより労働者の企業への所属関係を重視して問題に対処していこうと考える。デュランがそのために依拠したものが、フランスにおいてオーリュー以来発展させられてきた制度理論 (la théorie de l'institution[32]) である。デュランの労働法理論が基礎を置いているのは、社会問題に目を向けつつ労使の協働を図ろうとする社会的カトリシズムの思想[33]であり、そのような彼の理論の中でも特に注目されるものが、企業制度論なのである。そもそも制度理論は戦前においてカトリックの法理論として[34]、法王、トミスト、社会的カトリシズムの法学者たちによって好意的に受け容れられていたのであり[35]、それをデュランが継受して、企業に適用し理論の体系化を図ったのである。その理由は、「資本と労働の間において正義と平和を保障することによって、それ〔制度理論〕は、中間団体、

---

30) P. Durand, Les fonctions publiques de l'entreprise privée, Dr. Soc., 1945, p. 246 et s.
31) P. Durand, op. cit., J.C.P., 1944, I, 387, même auteur, op. cit., Travaux de L'association Henri Capitant, t. 3, p. 45 et s. 早くからこの理を述べるものとして、E. Gounot, Le principe de l'autonomie de la volonté en droit privé, 1912, p. 232 et s.
32) この点について、ルネ・サヴァチエは次のように述べている。「伝統的な意味における契約は、経済的かつ社会的飛躍という二重の圧力のもとで破裂する途上にあるので、新しい法はその破片を拾い集め、それから制度を形成する。」R. Savatier, Les métamorphoses économiques et sociales du droit civil d'aujourd'hui, 1948, p. 64. なお、オーリューの制度理論については、三井・前掲論文(下)205頁以下。
33) 社会的カトリシズムについては、中村・前掲書166頁以下、西川知一『近代政治史とカトリシズム』(1977年、有斐閣) 149頁以下、J-B・デュロゼル『カトリックの歴史』大岩誠＝岡田徳一訳 (1967年、白水社) 128頁以下、P. Durand et R. Jaussaud, op. cit., p. 80 et s.
34) 小林珍雄「カトリック・コルポラチズム論 (承前)」カトリック研究20巻6号166頁以下。
35) J.A. Broderick, Preface, J.A. Broderick (ed.), The French Institutionalists, 1970, p. xiv.

特に職業団体を再生させるからであり、社会的カトリックの思想家は、それらを社会秩序のひとつと考える」からである[36]。

2 企業制度論の特徴
(1) 予備的考察

　制度理論は、19世紀の終り頃から20世紀の初めにかけて公法学者のオーリュー（M. Hauriou）によって唱えられ、以降一定の学者によって引続き有力に主張されてきた一種の団体理論である。19世紀のフランスにおいてはフランス革命に由来する個人主義的な考えが支配的であると共に、社会契約説及び一般意思の理論の影響により個人と国家の間の中間団体の存在は制限を受けていた。このような事態に対して、オーリューは、現実には社会において組織された集団が存在していることを観察し、また中間団体の承認により国家と社会の均衡を保つと共に社会的組織により国家権力の制限を試みようとして制度理論を提示したのである[37]。オーリューによれば、制度（人的制度）とは、個人と個人とを一時的に結合させる契約とは全く異なる原理により規律される組織された集団のことである。その構成要素は、(i)実現されるべき仕事の理念、（オーリューよりも後の理論では、目的あるいは共通善という言葉が用いられている）、(ii)理念の実現に努力する組織された権力（機関）、(iii)理念に共鳴して制度に加入し、機関の行為を是認すると共に理念の実現に向けて協力する構成員の存在の3点である。制度理論によれば、構成員は組織された集団の一員となるので個別的契約関係にみられるような一方的解約権にさらされるという不安定さは除去されると共に、制度は制度に固有の法を生み出し、それが構成員を直接に規律しその法的地位を定めるので、構成員の地位は安定する。オーリューは、この地位の安定性を物権に比している。また、

---

36) J. Brèthe de la Gressaye, The sociological theory of the Institution and French juridic thought, J.A. Broderick (ed.), op. cit., p. 22.
37) G. Gurvitch, L'idée du droit social, 1932, p. 647 et s., J.A. Broderick, La notion d' 《institution》 de Maurice Hauriou dans ses rapports avec le contrat en droit positif français, Archives de philosophie du droit, N° 13, 1968, p. 144, J. Brèthe de la Gressaye, op. cit., J.A. Broderick (ed.), op. cit., p. 15 et s.

オーリューは、組織された権力の存在を認めるのであるが、権力の分立及び権力行使の多元性を主張して権力の抑制と均衡を図り権力の濫用を防止しようとする[38]。この点において、制度理論は、集団と個人との均衡を図ること、即ち社会集団における個人の保護を図り個人の自由を促進することをも目指したのである[39]。以上のような諸点に留意することによって、オーリューは、制度の安定とその継続的発展を同時に図っていこうと考えるのである[40]。

しかし、制度理論については、新しい理論を構築しようとする努力にも拘らず、法理論としての曖昧さが指摘されており、また、オーリューの理論形成の後には、「制度理論に破壊の危機をもたらす[41]」と批判を受けた、トマス・アキナスの流れを汲むトミスト（thomiste）による制度理論の受容がみられたために、制度理論はオーリューの考えとは異なるものに変質した。即ち、トミスト的原理は、個人と集団との間の均衡を破壊し支配と服従、つまり、「ひとりの当事者の他の当事者に対する優位」をもたらしたとされる[42]。また、中間団体の自律性と制度の継続的発展を重視するオーリューとは異なり、トミストは、中間団体は認めつつも、宇宙（univers）、国家、職業、企業、個人という[43]「必然的に階層付けられた秩序」を重視すると指摘されている[44]。このように理論が混乱を極めるなかで、戦前においても労働契約の衰退を観察し工場ないしは企業に制度理論を適用しようとする動き（オーリュー、ルナール、レガル、ブレト・ドゥ・ラ・グレセイ等）が存したが、やはり、理論的明確性・体系性を欠いており、一般的に受け容れられるには至らなかったのである[45]。

---

38) オーリューの制度理論に関する文献としては、M. Hauriou, Précis de droit administratif et de droit public, 6ᵉ éd, 1907, p. 1 et s., même auteur, Principes de droit public, 2ᵉ éd., 1916, p. 108 et s., même auteur, La théorie de l'institution et de la fondation, 1925, Aux sources du droit, 1933, p. 96 et s.
39) J.A. Broderick, op. cit., J.A. Broderick (ed.), op. cit., p. xiii, G. Gurvitch, op. cit., p. 651.
40) J.A. Broderick, op. cit., J.A. Broderick (ed.), op. cit., p. xv, G. Gurvitch, op. cit., p. 651 et s.
41) ibid., p. 662.
42) ibid., p. 657.
43) G. Renard, Transcription juridique de ces conclusions, Anticipations corporatives, 1937, p. 261.
44) G. Gurvitch, op. cit., p. 657 et s.
45) 三井・前掲論文(下)205頁以下。

従って、デュランは、以上のような状況を十分に認識し、「たとえ、制度理論がオーリューの業績以来確実な社会学的基礎に基づいているとしても、その法的構造は同様には完全ではない[46]」と述べたうえで、その理論的不十分さを補い体系化をはかるために、戦前において制度理論とは別にもうひとつの労働契約衰退論の流れを形成し展開したデュギー（L. Duguit）、セル（G. Scelle）の条件行為（acte-condition）説及びドイツの経営共同体（Betriebsgemeinschaft）の理論、編入説（Eingliederungstheorie）等をも取り入れ、かつ労働契約は衰退したと言いつつも完全にその役割を否定するのではなく一定の重要性が存することも認めることによって制度理論のみでは説明できない部分を補い労働契約と制度理論の接合を図ろうとする。以上の理論の総合によって、彼は、「社会的現実及び経済的現実」に適合する法理論の形成を目指すのである。本章においては、このようなデュランの理論の解明に主眼を置くのだが、まず集団的関係としての企業の法的概念それ自体に説明を加えた後に、個別的労使関係の側面から労働契約と企業制度論の関係について考察をなし、最後に企業制度論の問題点やこの理論に対する批判等の指摘も含めた総括的検討を行うこととしたい。

(2) **企業の定義**

① さて、デュランによる企業の定義をみてみよう。企業は、「企業家によって目指される経済目標」を達成するという見地から調整された人的・物的そして無形の手段の結合、ないしはそのような「共通目的の観点から組織された集団」又は「社会」と定義される。彼によれば、このような企業は、その長と従業員を備えており、「制度（institution）」の特徴を有する[47]。

② 企業家によって定立される経済目標が、企業の全構成員が追求すべき共通目的として示されるので、企業は労使対立の場ではなく、「労働共同体（communauté de travail）」として示される[48]。即ち、「企業は個人の人格の展開

---

46) P. Durand, op. cit., J.C.P., 1944, I, 387.
47) P. Durand, op. cit., Travaux de L'association Henri Capitant, t. 3, p. 49 et s., P. Durand et R. Jaussaud, op. cit., p. 407 et s.
48) ibid., p. 405.

と社会集団全体の共通善（bien commun）に供せられる人間の社会」であり[49]、そこにおいては、「資本と労働の協働（collaboration）が組織される」のである[50]。このような労働共同体概念はデュラン独自のものではなく、その沿革は戦前にまでさかのぼることができ、概略を示せば次の通りである。一方で、すでにオーリューは、全構成員が制度の理念の実現に協力するという観点から労使協調的性格を強調し、「制度」を利益の共同体（communauté d'intérêts）と呼んでいた[51]。また、オーリューの死後も制度理論を発展させたルナール（G. Renard）も共通善の観点から「制度」を共同体と呼んでいた[52]。この流れに加えて他方で、戦前において、経済的危機に対処し、労働者を階級闘争から引き離すために、職業を組織して公法の団体となし労使の協働を目指そうとするコルポラティスム（corporatisme）の思想[53]の観点から、ペルー（F. Perroux）が自己が構想する組織された職業に「労働共同体」という名称を与えた。ただし、彼は「孤立して考えられた企業」では職業を組織することの目的にうまく対処することはできないと考えて、この名称を企業に対して与えることは拒否していた[54]。その後、第二次大戦中において、コルポラティスムに影響を受けたヴィシー政権によって制定された「労働憲章（la Charte du travail）」なる法律は[55]、職業だけではなくて企業をも共同体に形成しようと目論んだ。そして、(i)その第2条8項が企業を全構成員の共通善のために

---

49) P. Durand, op. cit., Travaux de L'association Henri Capitant, t. 3, p. 53.
50) P. Durand et R. Jaussaud, op. cit., p. 454.
51) M. Hauriou, L'imprévision et les contrats dominés par des institutions sociales, 1926, Aux sources du droit, 1933, p. 131.
52) G. Renard, Vue d'ensemble sur la théorie de l'institution, Anticipations corporatives, 1937, pp. 7 et 8.
53) この時代にみられたコルポラティスムについては、山口定「ネオ・コーポラティズム論における"コーポラティズム"の概念」思想692号115頁、高橋清徳「コルポラティスム論の歴史的射程」外尾健一＝広中俊雄＝樋口陽一編著『人権と司法』(1984年、勁草書房）317頁以下、石崎政一郎「フランスの『コルポラティスム』諸論(1)(2)(3)(4)・完」法学8巻10号＝11号、9巻1号＝3号、G. Lyon-Caen, Corporation, corporatisme, néo-corporatisme, Dr. Soc., 1986, p. 742 et s.
54) F. Perroux, Pour et contre la communauté de travail, A.P.D.S.J., 1938, N^{OS} 3-4, p. 68 et s.
55) 法文については、Dr. Soc., 1942, p. 32 et s. に掲載されている。

管理する義務を使用者に課し、(ⅱ)企業社会委員会（事業所社会委員会）なる組織を設けるべきことを定めた第23条及び第24条1項が企業の長と従業員の協働、労使の協働に言及したために、学説によって企業についても労働共同体という言葉が用いられることとなった[56]。すでにみた如く、もともと制度理論は、制度を共同体とはみなしていたのだが、企業に制度理論を適用しようとするブレト・ドゥ・ラ・グレセイ（J. Brèthe de la Gressaye, 本章で以下で言及する場合には、ブレトと略す）によって、ようやくこの時期に、企業に関して制度理論と労働共同体概念が接合されている[57]。デュランは、戦後の新たな課題に応えることを目指すと言いながらもこのような労働共同体概念を継受したのだが、この点については次のように言及し自己の考えの正当化を図っている。即ち、まず第1に、1で示したようにデュランによれば実際に企業においては労使の連帯がみられるのである[58]。また次に、デュランは、「労働憲章」それ自体については重大な欠陥が存し、ヴィシー政権が対独協力政策を採用したときに「失敗は決定的だった」ということは認め、組合の自由の廃止のようなヴィシー政権の労働政策には批判的な態度を採りつつも、戦後に目を転じてみれば、結局、「〔労働〕憲章の廃止は、国家によって引き起こされた社会的協働（collaboration sociale）の消滅を導き得なかった」と考える[59]。要するに、戦時体制を払拭すべく労働憲章が廃止され様々な戦後改革が行われたのだけれども、労働憲章のすべての内容が遺憾なのではなくて、体制に

---

56) G. Scelle, Comités d'entreprise et constitutionnalisme économique, Col. Dr. Soc., XX, 1943, p. 3.
J. Warnier, Attributions, fonctionnement et finance du comité social d'entreprise, Col. Dr. Soc., XX, 1943, p. 19 et s.
H. Multzer, Le comité social d'entreprise et la réforme de l'entreprise, Col. Dr. Soc., XX, 1943, p. 36.
57) J. Brèthe de la Gressaye, La Charte du travail en France et en pays étrangers, Col. Dr. Soc., XIII, 1942, pp. 17 et 21.
58) P. Durand et R. Jaussaud, op. cit., p. 405.
59) A. Rouast et P. Durand, Précis de législation industrielle, 4e éd., 1951, p. 81.
なお、P. Durand et R. Jaussaud, op. cit., pp. 112 et 455. は、労働憲章が「資本と労働の協働」を意図したことを示すと共に戦後における企業の説明として、相変らず企業は、「資本と労働の協働が組織される基本細胞」であると述べている。

は無関係の評価すべき部分があると考え[60]、協働が体制を超えて戦後においても存続している点を重視して、この部分については、戦後の課題に応えるために用いることが可能であると判断し、労働共同体概念の妥当性を主張するのである。

さて、デュランは、自説がギールケ (O. von Gierke) の団体論とは異なることを強調したオーリュー[61]とは違って、ギールケ以来の理論的伝統に支えられ特にナチスドイツ時代に強調されたドイツの経営共同体 (Betriebsgemeinschaft) 概念[62]も自己の理論の正当化の根拠にしようとする。デュランによれば、「固有の生命を与えられた有機体に企業を構成することは、比較法において明白な事実なのである」。デュランは、歴史的経緯を有するこのドイツの概念を重視することについても次のように釈明を行っている。「しかしながら、この学説の中に、労働に関する国家社会主義理論の反映しか見ないと問題を起こすであろう」。「概念の起源はもっと古く、その発展は、すべての政治的イデオロギーとは無関係に追求されうる」のである。従って、デュランは、ドイツ流の組織された共同体の概念はフランスにおいて親しまれている制度概念とひとつになると述べて、両者には、人間の力と物的手段の結合、内部秩序、共通目的といった同一の要素がみられるとし、ドイツの編入説と労働関係の理論（特に、ジーベルト、ニキッシュの考え）をフランスに導入することによって以前から曖昧なままで議論が分かれていた制度への加入の法理を説明しようとするのである[63]（この点については後に第3節において詳しく論じる）。

以上で述べてきたことからわかるように、労働共同体概念を主張するデュランの立場は、現代の労働法の発展方向は普遍的に共同体としての企業概念の形成を目指すものであり、一定の場合に特定の政治体制によって、この考えが、濫用されることがあるにすぎないと考えるものであると言うことがで

---

60) P. Durand, Au delà de la Charte, Dr. Soc., 1944, p. 221 et s.
61) M. Hauriou, op. cit., 1907, pp. XIV et XV.
62) 経営共同体概念については、西谷敏『ドイツ労働法思想史論』(1987年、日本評論社) 435頁以下。
63) P. Durand, op. cit., J.C.P., 1944, I, 387, P. Durand et A. Vitu, op. cit., t. 2, p. 199 et s.

第 2 節　企業制度論の展開　69

きよう[64]。

　③　デュランによれば、企業は「政治社会（société politique）」たる国家の中で国家のイメージで構成される[65]。従って、企業の長の権力は国家権力とのアナロジーで考えられる（この点については後述する）と共に企業の公的性格が強調される。

　この企業の公的性格について更に詳しく述べてみよう。デュランが本格的に企業制度論を展開し始めた第二次大戦後すぐの時期は戦前から引き続く統制経済・計画経済の時代[66]であり、従って、彼は、このような経済の要求に応えるために私企業の活動が公的職務となることを主張したのである。そのなかでも特にデュランが重視する点は次のようなものである。(i)社会政策的なものとしては、企業は国家の雇用政策に協力して労働者に雇用を得させたり、労働者に必要であると判断された生活レベルを賃金によって手に入れさせる責任があるということを指摘しうる。(ii)経済政策的なものとしては、統制経済においては生産・分配は公役務（services publics）であり、従って、「企業は国民共同体に必要な任務を遂行する」のである。また、企業は一定の経済状態の実現と通貨防衛に協力しなければならない[67]。デュランは、労働者が企業の公務員になると述べており[68]、その理由のひとつはこの点にあると言ってよい。

　このように企業の公的性格を示すことによって、企業を国家の経済政策・社会政策の対象として考え、企業に対する国家の介入を容易ならしめることとなる。要するに、企業を契約関係で説明することに比べれば、「制度〔とし

---

64) P. Durand, op. cit., Dr. Soc., 1945, p. 246, P. Durand, op. cit., Travaux de L'association Henri Capitant, t. 3, pp. 48 et 49. 同旨を述べるものとして、G. Ripert, op. cit., pp. 267 et 301, p. 306 et s.
65) P. Durand, op. cit., Travaux de L'association Henri Capitant, t. 3, p. 49, P. Durand et R. Jaussaud, op. cit., p. 423.
66) P. Durand et A. Vitu, op. cit., t. 3, p. 31. 広田功「フランス現代資本主義の歴史的特質」長部重康編『現代フランス経済論』（1983 年、有斐閣）27 頁以下、阪上孝「計画の観念とテクノクラートの形成」河野健二編『ヨーロッパー1930 年代』（1980 年、岩波書店）273 頁以下。
67) P. Durand, op. cit., Dr. Soc., 1945, p. 246 et s.
68) P. Durand et R. Jaussaud, op. cit., p. 454.

て企業を示すこと〕は、経済的領域及び社会的領域において法的活動を調整することを望む立法者にとって極めて便利」なのである[69]。

かつて、オーリューは、巨大となった国家権力を制限するために制度理論を唱えて中間団体の自律性を認めると共に[70]、国家も諸制度のうちのひとつであるとしてむしろ国家の方を制度の原理に従わせようとした[71]のに対して、デュランはトミストによる受容後の変質した制度理論を継受したため、やはり、国家と企業の間の階層的秩序を重視し、国家内に小国家のイメージで存在し公的性格を有すると共に国家の介入を受ける企業を構想したものと思われる。

(3) 企業組織の特色
① 企業の階層的性格

デュランによれば、企業は組織された集団であり、まず第1に階層的性格を有するものとされる[72]。

(1) 制度理論においては、実現されるべき理念、目的、ないしは共通善が基本的な構成要素とされるのであるが、デュランは、制度たる企業の目的は、特定の経済活動における利益の追求であり、それが企業を個別化する究極性を示すと考える[73]。企業は経済単位であり、その目的は企業の長によって追求される。従って、デュランによれば、企業の人的構成要素のうちで最も重要なものが企業の長（chef d'entreprise）なのである[74]。企業の長は、個人企業の場合は経営者たる個人、法人たる会社の場合には会社と委任契約を結んだ取締役となろうが、デュランは組織された権力の存在を必要とする制度理論の適用により、このような企業の長に巨大な特権を与えるべきことを主張する。企業は国家とのアナロジーで考えられたため、企業には、国家の行政官、立法者、裁判官の権限に類似した指揮権（droit de direction）、立法権（pouvoir

---

69) R. Savatier, op. cit., p. 65.
70) この点については、注37）を参照のこと。
71) M. Hauriou, op. cit., 1907, p. 5 et s.
72) P. Durand et R. Jaussaud, op. cit., p. 422.
73) P. Durand, op. cit., Travaux de L'association Henri Capitant, t. 3, p. 53.
74) ibid., p. 49.

législatif)、懲戒権（pouvoir disciplinaire）が存し、企業の長がこれら3つの特権を自由にする[75]。その理由付けは次のようなものである。「真の基礎は、企業の長が引き受ける責任の中に見出される。我々の経済組織において生産及び交換を保障する責任を負い、その経営の危険を冒し、企業の共通善を保障しなければならない企業家〔注・企業の長のこと〕は、これらの目的に達するために必要な手段を自由にしなければならない。このように企業の長の特権は彼の資格に固有のものであり、身分規程（statut）によって承認される必要はない[76]」。これは、ヴィシー政権下の「労働憲章」第2条7項の「使用者は、彼らの企業において彼らが保障する社会的、技術的そして財政的責任に対応する権力（autorité）を享受する」という法文に酷似している。既述のように、デュランは、対独協力政府の立法には様々な問題点が存するとして批判するが、それにも拘らずその中に一定の企業の法的概念形成の発展方向が存していると考える立場であり、労働憲章第2条7項がまさに政治体制とは無関係の発展方向を示すものであると考え、同法が廃止されても制度理論の適用により同じ帰結をもたらそうとするのであろう。かつては、企業の長の特権はすべて労働契約によって説明されていた。要するに、労働者は労働契約により使用者の権力のもとに置かれることに合意し、就業規則は労働契約の附款であり、また懲戒権は、労働契約によって使用者に与えられた労働者の契約上の義務違反に対する制裁権（droit de sanctionner）であると考えられていた[77]。しかし、デュランによれば、個人主義的な契約による説明ではもはや一定の労使の連帯が存する企業の現実に対応しないのである。また、これらの特権を企業の所有権の見地から説明しようとする考えに対しては、デュランは、次のような反論を加えている。即ち、彼は、物に対する権利である所有権では人に対する命令権を説明することはできないとし、また企業の長は必ずしも生産手段の所有者であるとは限らないという所有と経営の分

---

75) ibid., p. 56 et s., P. Durand et R. Jaussaud, op. cit., p. 423 et s. なお、この点については、片岡曻『労働者権と経営権』（1963年、労働法学出版）108—109頁。
76) P. Durand et R. Jaussaud, op. cit., p. 424.
77) この点については、A. Brun et H. Galland, op. cit., t. 2, p. 183 et s., G. Lyon-Caen, op. cit., 1955, p. 224 et s.

離という現象を援用するのである[78]。

　以上のことからわかるように、企業の長は卓越した地位を有し、「彼が指導する集団は平等主義の基礎を有しない[79]」。デュランは、戦前ドイツにおいて、このような労使関係を支配関係（Herrschaftsverhältnis）と考えたモリトール（E. Molitor）の考えを評価しており[80]、また、ジンツハイマー（H. Sinzheimer）の著書を引用し企業は支配団体（Herrschaftsverbände）であると述べている[81]。

　(2)　次に、制度の運営に固有のものとされる企業の長の特権について具体的に説明を加えることとする。

　(i)　指揮権[82]

　指揮権は、制度の創設に由来し[83]、企業の長の当然の特権とされる。この権限は、企業における良好な労働の組織に達するために企業の長が行使する。従って、デュランによれば、企業の長は企業の必要及び企業組織形態についての唯一の判断者（seul juge）であるとされ、秩序保障のために必要なあらゆる手段を採ることも認められる。

　企業の長は、この権限によって労働者に指揮、命令を行うため、この指揮権は労働者側からみれば労働者の従属状態を特徴付ける。要するに、労働者は、企業、具体的にはその構成要素である事業所に参入、即ち制度に加入することにより制度の一構成員となり指揮権に従うので、この結果、労働者の従属的地位（status subjectnis）が生ずることとなるのである。

　(ii)　立法権（就業規則制定権[84]）

　制度理論によれば、あらゆる制度はその法を自然発生的に生み出すので、

---

78) P. Durand, op. cit., Travaux de L'association Henri Capitant, t. 3, p. 50 et s., P. Durand et R. Jaussaud, op. cit., p. 424.
79) ibid., p. 422.
80) P. Durand, op. cit., J.C.P., 1944, I, 387.
81) P. Durand et R. Jaussaud, op. cit., p. 422.
82) ibid., p. 430 et s.
83) P. Durand, Le particularisme du droit du travail, Dr. Soc., 1945, p. 299.
84) P. Durand et R. Jaussaud, op. cit., p. 425. なお、この点に触れる邦語文献としては、石崎政一郎「就業規則の地位について―フランス法の考察―」法学16巻3号15頁以下。

「就業規則は、実質的意味における真の法、即ち企業が構成する職業社会を維持するために必要な法をなす」。そして、企業の長がその当然の立法者である。「というのも、彼は、その〔企業の〕諸要素を調整し、集団の共通善を保障することを職務（fonction）とするからである」。そして、労働者は、企業、具体的には事業所に参入し制度の構成員となることによって、この制度の法に従うこととなる[85]。

　(iii)　懲戒権[86]

　デュランが述べるところによれば、「懲戒権は、実際、規則制定権と指揮権の必要な補完物である。もしも、責任ある権力が集団の構成員に課される行為規範を裏付けることができなければ、社会集団の生命は危くされるであろう」のである。この懲戒権は、契約の締結ではなしに制度の創設を基礎とし[87]、企業の長によって、労働者が犯した非行（faute）を制裁するために行使される。

　② 企業の共同体的性格

　デュランが企業を労働共同体であると定義していることはすでに述べた通りだが、それを踏まえて以下では企業の共同体的組織的特徴を示してみよう。デュランは、次のように共同体の組織に言及している。即ち、「企業は、全構成員の共通善を保障しなければならない。使用者と労働者は同じ組織の一部を構成し、彼らの利益は連帯し、彼らの行動は共通の有益性に奉仕しなければならない[88]」。この指摘からわかるように、デュランの示す企業における労使協調的性格は強烈なものであり、「この労働共同体は、協働精神が活気付けるにちがいない自然な社会をなす[89]」ということとなる。企業をこのような共同体と構成し労働者を含む全構成員の共通善に言及することの帰結とし

---

85)　P. Durand et R. Jaussaud, op. cit., p. 151 et s.
86)　ibid., p. 436 et s. なお、この点に触れる邦語文献としては、片岡・前掲『労働者権と経営権』119頁以下、盛誠吾「懲戒処分法理の比較法的研究Ⅱ」一橋大学研究年報法学研究14号406頁以下。
87)　P. Durand, op. cit., Dr. Soc., 1945, p. 299.
88)　P. Durand et R. Jaussaud, op. cit., p. 423.
89)　ibid., p. 405.

て、デュランは、(1)労働者の地位の安定、(2)企業における労働者の代表の承認、(3)労働者の企業参加の承認という3点を引き出し、制度理論の利点を強調する。

(1) デュランによれば、労働者は伝統的な概念においては企業外的存在であったが、今日では共同体たる企業に編入される[90]。従って、労働者は正当な理由（juste cause）なしには企業から切り離され得ず、企業利益（l'intérêt de l'entreprise）によって正当化されない解雇は権利濫用であると主張することができるのである[91]。このように、企業制度論は、解雇制限法理を積極的に提示する[92]。労働者は企業の一部をなすのでその地位は安定する。デュランは、このような労働者の雇用の安定化の傾向を指摘することによって、新しい権利、即ち雇用の所有権（propriété de l'emploi）なるものが形成されつつあると述べている。このような雇用の所有権という概念を認めることは、デュランによれば、雇用の永続性を保障することにより人間の尊厳に寄与すると共によりよい企業組織を許すこととなる[93]。また、デュランは、労働者が企業組織の一員となりその地位が安定化することを、階層的組織内におりその地位が安定している公務員に比し[94]、労働者は、いわば企業の公務員（fonctionnaires de l'entreprise）となるとも述べている[95]。

(2) 労働者の代表を、制度理論の適用によって制度の機関として説明することにより法的に根拠付けることも可能である。労働者は企業の一部をなすので、資本と労働の協働が組織される基本細胞である企業において、固有の

---

90) P. Durand, op. cit., Travaux de L'association Henri Capitant, t. 3, p. 52, P. Durand et R. Jaussaud, op. cit., p. 454.
91) P. Durand, op. cit., Travaux de L'association Henri Capitant, t. 3, p. 52, P. Durand et A. Vitu, op. cit., t. 2, p. 96.
92) この点に関しては、石橋主税「解雇権の濫用」法政研究28巻4号437頁以下、野田進「フランス解雇法改正の法理論的背景」阪大法学118＝119号132頁以下。
93) P. Durand et A. Vitu, op. cit., t. 2, pp. 96 et 97. なお、G. Ripert, op. cit., p. 302 et s. も参照のこと。
94) G. Renard, La nature institutionnelle de l'entreprise, Anticipations corporatives, 1937, p. 27.
95) P. Durand et R. Jaussaud, op. cit., p. 454. 同旨を述べるものとして、G. Ripert, op. cit., p. 305.

第2節　企業制度論の展開　75

代表を備えた従業員団（personnel）という集団に集められるとデュランは述べている[96]。デュランが企業を国家とのアナロジーで説明していることは既述の通りだが、このことからすれば、デュランの言う従業員団はいわば国家における選挙人団に比せられるものと考えることができよう。従業員団の固有の代表とは、企業の良好な運営のための共同利益機関であるとデュランが考える企業委員会（comités d'entreprises）と使用者に対して従業員団の要求を表明することを職務とする従業員代表（délégués du personnel）の2つである[97]。このように、従業員団は代表を通じて企業組織に結び付けられるので、企業において受動的な役割を有するのではないこととなる[98]。とにかく、デュランによれば、これらの機関によって代表されることとなるので、「労働者は企業の市民になるために企業の臣民たることをやめた[99]」のである。

(3)　企業は、企業の全構成員の共通善を保障しなければならないとされるので、従業員団はその生活条件が依存する企業の運営に直接利害関係を有することが承認され、このことが経営参加、利益参加等の理由付けとされる[100]。要するに、企業は共同体故に、従業員団を経営管理に結び付ける当然の社会を構成するのであり、このような企業共同体は共同管理、利益参加へ傾くし、更には企業の社会化にも達しうるとデュランは考える[101]。また、労働者の企業運営への参加は、労働者の人格（la personnalité des travailleurs）の発展を認めることになるため、労働者にとって有益な刺戟剤たりうるとデュランは述べている[102]。以上のことから、(2)で述べた企業委員会に企業参加的機能が承認されることとなる。

　このように、労働者の経営参加への理由付けを企業制度論によって行う点にデュラン説の特徴が存するのであるが、同時に共通善という企業の共同体

---

96) P. Durand et R. Jaussaud, op. cit., p. 454.
97) P. Durand, op. cit., Travaux de L'association Henri Capitant, t. 3, p. 58.
98) P. Durand et R. Jaussaud, op. cit., p. 422.
99) P. Durand, op. cit., Travaux de L'association Henri Capitant, t. 3, p. 58.
100) P. Durand et R. Jaussaud, op. cit., p. 454.
101) ibid., p. 412.
102) ibid., p. 454.

的特色が労働者側の経営参加に限界を設けることともなる。共同体たる企業にとっては、共通善の実現が何よりも重大なのであるが、これは企業が経済目的を追求する集団であるということを考えると、経済活動を通じて企業を繁栄させることによって富を生産すると共に労働者及びその家族の生活を保障することとなろう[103]。従って、当然のこととして経済目的の実現に力点が置かれ、このような共通善が企業の長と従業員団の各々の特権の範囲と限界を定めることとなる。すでに述べた如く企業の長が企業運営に対して責任を負うため巨大な特権を自由にするのだが、これに対して、「従業員団は決定権を持たず、企業の階層的性格は変更されない」のである[104]。要するに、デュランによれば、労働者が使用者の権力のもとに置かれ従属状態にあるということは、労働者が経済的危険を引き受けないということの表羽なのであり[105]、結局は、労働共同体の機関とされる企業委員会は、共同決定の機関ではなくて[106]、あくまで協働（協力）機関（organe de collaboration, organe de cooperation）と位置付けられる[107]。以上のことからわかるように、デュランの述べる企業の共同管理、企業の社会化には大きな限界が存しているのである。

これに対して、デュランと同時期に企業制度論を展開したもうひとりの理論家であるリペール（G. Ripert）は、労働者も失業により危険を負うので、労働者の労働に株主の出資と同様の資格を認めて、労働者に一定の真の決定権（例えば、企業の変更に関する事項については従業員の同意なしには決定され得ない）を与えるべきことを述べると共に企業の長のみに委ねられる指揮権、立法権、懲戒権の観念を批判して、例えば、懲戒委員会というものを作って企業の長の権限を制限すべきであると主張している[108]。以上のことからわかる

---

[103] A. Légal et J. Brèthe de la Gressaye, Le pouvoir disciplinaire dans les institutions privées, 1938, p. 65.
[104] P. Durand et R. Jaussaud, op. cit., pp. 422 et 423.
[105] P. Durand et A. Vitu, op. cit., t. 2, p. 241.
[106] P. Durand, Réflexions sur la loi allemande du 14 octobre 1952, J.C.P., 1952, 1072.
[107] P. Durand et R. Jaussaud, op. cit., p. 470, A. Rouast et P. Durand, op. cit., p. 135.
[108] G. Ripert, op. cit., p. 308 et s. リペールは、労働法典に組み入れられた企業委員会に関する規定が企業委員会に諮問的役割しか与えなかったことを批判しているが、デュランはむしろこのような立法傾向に則った発言をしているものと思われる。

ように、企業制度論を採るからといって必ずしもデュランのような結論に至るとは限らず、むしろデュラン説よりもリペール説の方が、個人を保護すると共に制度の安定と発展のために権力の分立、権力の抑制と均衡を説いたオーリューの考えにより近いものと思われる。デュランは、このようなリペール説を批判しているけれども[109]、デュランの方がオーリュー的な発想を欠いており、トミスト受容後に変質した制度理論の適用として単純にひとりの人間（企業の長）に巨大な権力を認めてしまったことには問題があると言わねばならない。

第 3 節　労働契約と労働関係

　第 2 節では企業制度論の骨子を示し集団としての企業の特徴を説明してきたが、本節ではそれを踏まえたうえで企業における個別的労使関係がいかなる原理に従って規律されるのかを考察する。以下では、まずはデュランが企業における長と労働者の制度的関係として重視する労働関係（relation de travail, Arbeitsverhältnis）についての理論に説明を加えた後に、そのような労働関係概念を前提としたうえで衰退したとはいえなお労働契約に留保される役割を検討し、最後に労働関係と労働契約の交錯関係を示すこととする。

1　労働関係の理論[110]

　デュランは、制度における企業の長と労働者の関係を説明するために、戦前・戦中にドイツで強調された経営共同体概念及びそれと結びついた労働関係概念（特に、ジーベルト（W. Siebert）、ニキッシュ（A. Nikisch）の考え）を用いようとする[111]。フランスにおいては、制度理論が曖昧なうえに、この理論は必ずしも労働法のためだけに主張されたものではなかった。従って、デュ

---

109) P. Durand, Aspects juridiques du capitalisme moderne, Dr. Soc., 1947, p. 11.
110) 本項は、基本的に、P. Durand, Aux frontières du contrat et de l'institution : La relation de travail, J.C.P., 1944, I, 387 に基づいて論述するが、このデュランの論文には論文番号が付してあるだけで頁数が打たれていないので、以下の注ではいちいち引用することとはしない。

ランは、フランス法の不十分さを補うために、労働法に関して発展させられ、かつ労働関係の独自性を強調して労働契約の衰退を唱え労働契約から労働関係を切断して考えようとするドイツの理論に注目するのである。即ち、「〔ドイツでみられた〕労働契約と労働関係の対立は、フランスにおいて契約と制度の間でなされたそれを想い起こさせる[112]」ので、デュランは、「いかなる重大な障害も労働関係理論が基礎を置いている諸原則のフランス法における置き換えを妨げない[113]」と主張する。

さて、制度的な関係たる労働関係（relation de travail）概念を論ずるにあたり、まず、デュランの用語法について検討を加えておかねばならない。デュランは、次の2つの言葉を使い分けている。即ち、(i) relation de travail と (ii) relations du travail である。(i)が制度的な関係を示すものである。デュランは、これをドイツ語の Arbeitsverhältnis の訳語として用いているので、本書では(i)を労働関係と呼ぶことにする。これに対し、後にも述べるようにデュランは労働契約にも一定の役割を留保しており、(ii)は制度的な関係と契約関係を合わせたものを表わす。従って、(i)と区別する意味で(ii)については個別的労使関係ないし労使関係と呼ぶこととする。

以下では、デュランが、ギールケ以来ジーベルト、ニキッシュに至る理論の流れの中から抽出し自説に適するよう構成した労働関係概念を示すこととしよう。

デュランは、ドイツの編入説[114]の影響を受け、労働関係は労働者の労働共同体への参入（entrée）あるいは編入（incorporation）により発生すると述べている。ここで参入ないしは編入とは、一般的に最初に労働の実行が始まるときに生ずると解される。要するに、それは、労働者が初めて具体的な労働場所たる事業所に入り、企業の長の権力に服し労働を開始したときと言えるであろう（編入の法理自体については、次項で詳しく述べる[115]）。デュランによれ

---

111) この点については、孫田秀春「労働契約と労働関係の分析」討論——労働法——51号1頁以下。
112) A. Rouast et P. Durand, op. cit., p. 353.
113) P. Durand et A. Vitu, op. cit., t. 2, p. 209.
114) 編入説については、片岡・前掲『団結と労働契約の研究』241頁以下。

ば、このような共同体への編入は制度への加入以外の何物でもない。従って、編入から生ずる労働関係は、制度の原理及び後述のように共同体の法によって規律されるので、制度内において企業の長と労働者を結び付ける法的関係であると示される[116]。

共同体への編入により発生した労働関係の特徴として、次の2点を挙げることができる。

(1) 労働関係は、売買や物の賃貸借といった財産契約のために確立された規範に従わせることができない人間関係、企業の長と労働者の間に形成される人格的な関係であり、債権関係ではない。企業は労働共同体であり、そこにおいては目的に向けての労使の協働、協力が要請されるので、労使の連帯的結合が強調され、これが人格的な関係と捉えられる[117]。要するに、「労働関係は忠誠と連帯の基礎であって、それは契約であってはならない。労働者は企業の利益のために尽さねばならず、使用者は労働者に配慮しなければならない」のである[118]。

このような関係のもとで企業の長は自己の権力によって労働者の活動を命ずることとなる。言い換えれば、労働者は自己の労働力を企業の長に委ね、その命令に従うよう義務付けられる。デュランは、この点を労働者の人格の拘束と考え、「労働法の形成を引き起こしたのはこの労働者の人格の拘束である」と述べている[119]。

(2) 制度には制度の法、共同体の法が存在しており、労働者の労働条件はそれによって規律される[120]。この制度の法は、企業たる職業社会の善のために確立された身分規程(statut)であり、企業が国家とのアナロジーで考えら

---

115) P. Durand et R. Jaussaud, op. cit., p. 430.
　　P. Durand et A. Vitu, op. cit., t. 2, p. 206.
　　C. Freyria, Nullité du contrat de travail et relation du travail, Dr. Soc., 1960, p. 620.
　　G. Lyon-Caen, op. cit., Archives de philosophie du droit, N° 13, 1968, pp. 65 et 66.
116) P. Durand et A. Vitu, op. cit., t. 2, p. 210.
117) ibid., p. 200 et s.
118) G. Lyon-Caen, op. cit., Archives de philosophie du droit, N° 13, 1968, p. 66.
119) P. Durand et A. Vitu, op. cit., t. 2, pp. 216 et 217.
120) ibid., pp. 212 et 213.

れたため企業が国家内部で形成する「特別の社会」を規律するいわば公法的な法、即ち労働公法（droit public du travail）であると分析される[121]。このような身分規程は、第2節1で述べた如く、法律、デクレ、就業規則、労働協約等から構成される[122]。デュランによれば、制度の法は契約から独立しており[123]、それは労働関係に適用される。従って、契約関係が私法関係であるならば、労働関係は公法関係であるとして前者から区別される[124]。要するに、労働関係は労働者が労働共同体に参入することによって生ずるので、「労働者は――市民が国家の法に従うように――、この社会の法に従うであろう。というのも、彼らは共同体の構成員であり、彼らは実際に企業生活に参加したからである」ということになる[125]。

2 労働契約に留保される役割と労働関係との関係

1でみたように、デュランは、労働関係の理論により企業の長と労働者が律せられることを示す訳であるが、それでもやはり、(i)デュランは伝統的な契約概念を完全に払拭してしまうことに対してためらいを感じると共に、(ii)ドイツの理論の補充によっても制度理論がなおも不十分かつ未完成であると考える。従って、彼は、労働契約の衰退の主張にも拘らず、労働契約に一定の役割を留保すべきことを強調する[126]。それ故に、労働関係と労働契約が複雑に交錯することになる。この点に留意し、労働関係との関係も念頭に置きつつ、デュランが労働契約の役割として留保する点につき説明を加えることとする。

（1）「はじめに」で引用したように、デュランの考えによれば、労働契約は権力的雇用に対する嫌悪を示す。即ち、強制労働に対する歯止めとして労働

---

[121] P. Durand, op. cit., Dr. Soc., 1945, p. 299.
[122] P. Durand et A. Vitu, op. cit., t. 2, p. 207.
[123] ibid., p. 213.
[124] ibid., p. 206.
[125] A. Rouast et P. Durand, op. cit., p. 352.
[126] P. Durand, op. cit., J.C.P., 1944, I, 387.
P. Durand et A. Vitu, op. cit., t. 2, p. 210 et s.

契約による雇用を原則的なものとして宣言するのである[127]。

(2) デュランによれば、私法関係たる契約関係と公法関係たる労働関係は厳しく峻別されるので、両者がいかなる関係に立つのかを説明しなければならない。

デュランは、オーリューの理論以来、共同体への参入、即ち制度への加入の理論が不明確であることを認め、制度への加入の原因（cause）を労働契約で説明しようとする。要するに、労働契約が、参入や労働関係それ自体とは区別される共同体への参入義務及び労働関係形成義務を生じさせることを認めるのである。契約による雇用の原則が示す如く、労働契約が制度に加入し続けるために必要なのであって、労働契約が一般的抽象的かつ不確定な労働義務を労働者に課す[128]。そして、このような義務の履行として、後に、労働者が実際に制度に参入する、即ち企業の長の権力に服して労働を開始するという事実（労働の提供）により、初めて労働関係が生ずることになる。デュランは、これを所有権移転とのアナロジーで説明する。「この状況は、所有権移転に関する契約に対してローマ法及び一定の現代法によって作られた状況を想い起こさせる。債務創出行為は、そこにおいては移転行為から区別される。債務創出行為たる契約と所有権の移転を生じさせる物権行為が引き続くのと同様に、個別的労使関係においては、労働契約が制度へ参入する義務を課す。次いで、身分規程[129]の適用を決定する制度への参入が生ずる」。即ち、このことを敷衍すれば次のようになろう。「まず第1に、労働契約から生ずる債権関係が存在する。この関係は契約締結時に生ずる。それは私法の効果を……中略……生じさせる」。「しかし、債権関係は、編入から生ずる関係によって倍加される。即ち、この〔後者の〕関係は、労働者が事業所に編入されるときに――一般的に労働の実行が始まるときに――はじめて形成される。それは公法の効果を導く[130]」。

---

127) ibid., p. 212.
128) loc. cit.
   P. Durand et R. Jaussaud, op. cit., pp. 220 et 221, pp. 227 et 228, p. 430.
129) P. Durand, op. cit., J.C.P., 1944, I, 387.
130) ibid. この部分については、デュランは、モリトール説を重視している。

ここで、物権行為に比される編入ないしは参入について更に詳しく述べてみよう。デュランは、共同体への編入について、(i)労働者は自己の意思に反しては編入され得ないし、(ii)労働が企業の長が知らない間になされれば、それは法的意義を失うことになるという視点から、編入が行われるにあたり、以前になされた労働契約とは別個に、編入に向けての意思の合致ないしは合意（Einigung）を必要とすると考えるドイツの編入説を重視する[131]。ドイツにおいては、編入はひとつの事実過程であると解されるので、ここでみられる合意は法律行為ではなく、従って契約ではないとされる[132]。デュランは、モリトール説を引き合いに出し、次のように述べている。編入時に表明される意思は、「契約の締結のために発せられる意思とは区別され」、「その効力は、法律行為の有効性のために要求されるすべての条件に従属しない」のであって、それは単なる「事実上の意思（tatsächlicher Wille）」で足りる[133]。また、このような合意は債権債務を作り出すのではなく、すでに客観的に存在している共同体の法の適用に導くだけなので、デュランは、「フランス公法の用語によれば、合意は条件行為（acte-condition）として特徴付けられるであろう」と述べている[134]。

戦前のフランスにおいて、条件行為概念は、公法学者のデュギーによって提唱され、セルによって労働法の分野において発展させられていた。デュギーによれば、条件行為とは、特定の個人に客観的に存在している一定の法規範を適用する条件となる法律行為（acte juridique）のことであり、個人が自らの負担において、特別の、具体的な、一時的な債務を作り出す主観的行為（例えば、契約）とは峻別される。そして、セルは、デュギーの理論を発展させることによって次のように主張した。即ち、労働契約の内容が空になり、労働条件は身分規程によって規律される傾向にあるので、労働契約はもはや契約ではなく、法規範たる身分規程を労働者に適用する意思の合致、つまり条件行

---

131) ibid.
132) この点については、孫田・前掲論文7頁。また、戦後のニキッシュの説については、片岡・前掲『団結と労働契約の研究』250―251頁を参照のこと。
133) P. Durand, op. cit., J.C.P., 1944, I, 387.
134) ibid. この部分については、デュランは、ジーベルト説を念頭に置いて論じている。

為である¹³⁵⁾。このようなセルの見解に、ドイツの編入説との類似性を見て、そして条件行為を法律行為としたデュギーとは異って、それを事実的行為と解したところにデュラン説の特色があると言えるだろう。条件行為を事実的行為としたうえで、デュランは、セルの条件行為説を制度加入行為を述べたフランスの先例であると考えるのである¹³⁶⁾。ちなみに、制度への加入が事実的行為によっても生じうることは、すでにルナールによって主張されており、家族という制度においては生殖という事実から子供の制度への加入が生ずるのがその例とされる[137]。

従って、労働契約が無効であっても編入ないし参入の無効の問題は生ぜず、身分規程は編入の結果生じた労働関係を規律するので、労働者は身分規程の定める権利を主張することができる[138]。

(3) 労働契約には労働関係の調整、補完を行う役割が認められる。即ち、個別的労使関係においては、身分規程だけでは決定できない問題が存しており、その処理を労働契約に委ねるのである。労働契約は、個々の労働者が制度内においていかなる個別的地位に就くのかを定めると共に、労働の性質、労働場所、雇用期間等の個別的労働条件を決定することによって、身分規程により定められる労働条件を補完、調整するのである。言い換えれば、労働契約は、個々の労働者の個別的な労働条件を明らかにして労働者を制度内の個別的地位に就け、その地位において労働する義務（即ち、個別的地位における労働関係形成義務）を生ぜしめる。また、デュランは、このことに加えて、労働契約が身分規程よりも有利な条件を定めることもできると述べている[139]。

要するに、デュランは、制度と契約の対立に対応するものとして、理念型として、すべての労働条件が身分規程によって定められる条件行為的な労働

---

135) この点については、すでに別稿で詳述したところであるので、ここでは深く立ち入ることを避ける。従って、条件行為説の具体的説明及び展開については、三井・前掲論文(下)202頁以下を参照のこと。
136) P. Durand et A. Vitu, op. cit., t. 2, p. 210.
137) G. Renard, op. cit., pp. 18 et 19.
138) P. Durand et A. Vitu, op. cit., t. 2, p. 213.
139) ibid., p. 212.

者の雇入れと労使で労働条件について話し合いが行われる契約的双務的な雇入れを対立させることができると述べるのだが、この対立はあくまで理論的なものにすぎず、実際にはこれらの間には中間的な状況が存在するのであり、従って、そのような状況は部分的に契約的（partiellement contractuel）であると考えるのある[140]。

3　労働契約と労働関係の交錯

1及び2で述べた如く、個別的労使関係は、労働契約関係（私法的部分、財産的関係）と労働関係（公法的部分、人格的関係）の複合として示される[141]。従って、デュランは、「個別的労使関係（relations du travail）における契約の部分と制度の部分を区別する……中略……のは学説の義務であろう[142]」と述べている。以下では、今まで論じてきたこととも一部重複するが、整理の意味も含めて、デュランの述べる個別的労使関係の内容に分析を加えることとする。

(1)　労働者の、共同体への参入義務、労働関係形成義務、即ち労働提供義務は労働契約に基づく[143]。

(2)　労働の提供と賃金は対価関係にあると解されるので、伝統的な概念によれば、使用者の賃金支払い義務は労働契約上の義務と言いうるが、しかし、デュランは、賃金が身分規程により規律されるので、これが労働関係に基づく義務になる傾向を示している[144]（後述(4)を参照）。

(3)　企業の長の指揮権、立法権（就業規則制定権）、懲戒権は制度に由来するので、これに従う労働者の義務は労働関係に基づくものと言うことができよう[145]。指揮権について(1)との関係で言えば、労働契約は大きな不確実さを

---

140) loc. cit.
141) A. Rouast et P. Durand, op. cit., p. 353.
142) P. Durand, op. cit., Dr. Soc., 1945, p. 303.
143) P. Durand et R. Jaussaud, op. cit., pp. 220 et 221, pp. 227 et 228, p. 430.
　　P. Durand et A. Vitu, op. cit., t. 2, p. 212.
144) P. Durand et R. Jaussaud, op. cit., pp. 228 et 229.
　　P. Durand et A. Vitu, op. cit., t. 2, p. 598 et s.

含む抽象的な労働義務を作り出すにすぎないので、企業の長は、指揮権という制度的権力を行使することによって企業利益に合致するよう労働力を利用することができる[146]。要するに、労働者側からみれば、労働契約に基づいて労働義務を負うけれども、自由に独立して労働義務を履行するのではなく、企業の長に従属してその指揮権に従わなければならないのは制度への参入に根拠を有すると言えよう[147]。

(4) 労働公法たる身分規程は、労働関係を規律するので、身分規程が定める効果は労働関係に基礎を置いている[148]。また、労働契約は、身分規程を補充、調整する個別的労働条件を定め、身分規程よりも有利な条件を定めることもできる[149]。

以上のことからわかるように、労働者は、労働契約が無効であっても、過去の労働関係は消滅し得ないので、身分規程が規定する権利を行使することができる[150]。しかし、無効の場合には、当然のこととして契約によって予め定められた特別の条件は適用されないし[151]、また、労働義務、即ち参入義務も存しないこととなるので、労働者は企業を去らねばならず[152]労働関係は将

---

145) P. Durand, op. cit., Dr. Soc., 1945, p. 299.
　　même auteur, op. cit., Travaux de L'association Henri Capitant, t. 3, p. 56 et s.
　　P. Durand et R. Jaussaud, op. cit., p. 423 et s.
146) ibid., p. 430.
　　なお、デュランは、「制度の創設を基礎とする指揮権」と述べる一方で、「労働契約において、使用者は契約期間中、労働者の活動に対する継続的な指揮権を獲得する」とも述べている。後者の発言は、前者及び本文で述べたことと一見矛盾するかにみえるが、これは、すでに述べた労働契約による雇用の原則と関連付けて解せば、抽象的な労働義務を課す労働契約に基づいて制度に参入した労働者に対しては、その契約の有効期間中に制度内にいる限りにおいて、企業の長は制度に由来する指揮権を行使しうる旨を述べたものと思われる。
　　P. Durand, op. cit., Dr. Soc., 1945, p. 299.
　　P. Durand et R. Jaussaud, op. cit., p. 431.
147) この点については、戦前にみられた企業制度論の先駆をなすレガル゠ブレト説に類似していると言ってよい。三井・前掲論文(下)209頁参照。
148) P. Durand, op. cit., Dr. Soc., 1945, p. 299.
　　A. Rouast et P. Durand, op. cit., p. 352.
149) P. Durand et A. Vitu, op. cit., t. 2, p. 212.
150) ibid., p. 341.
151) ibid., p. 213.

来に向けて消滅する[153]。

(5) 労働関係は、その共同体的、人格的性格の故に、売買や物の賃貸借から生ずる財産的な債権関係から区別される。従って、労働者は労働共同体への参入を理由として、特別の誠実義務（obligation de bonne foi particulière[154]）、ないしは忠実義務（obligation de fidélité, obligo di fedelta, Treupflicht）を課されることとなり、それは、「使用者を害しうるあらゆる行為を差し控え、使用者の利益の保護を目指す行為を行う義務」であると示される[155]。それに対応して、企業の長は、「安全や労働条件の道徳性に注意すること」といった労働者の人格に関連する義務を負い[156]、また企業の全構成員の共通善を実現する責任を負う[157]。

(6) 企業委員会や従業員代表を通じて企業運営に参加する労働者の権利は、企業が共同体的性格を有するが故に労働関係に源を発することとなろう[158]。

(7) 雇用の安定に資する雇用の所有権は制度への編入の効果とされるので、労働関係に依拠していると言ってよいだろう[159]。

このように(1)から(7)までの検討が示すように、デュランの個別的労使関係理論においては、契約関係と労働関係の複雑な交錯がみられるのである。

第4節　検討と総括

第2節及び第3節で詳しく論述した企業制度論は、戦後のフランス労働法学界において大きな議論を呼び起こしたが、そのままの形で全面的にこの説に与する立場はほとんど存せず、総じて批判を受けることとなる。従って、

---

152) C. Freyria, op. cit., p. 620.
153) P. Durand et A. Vitu, op. cit., t. 2, p. 343.
154) ibid., p. 217.
155) ibid., p. 586 et s.
156) ibid., p. 217.
157) P. Durand et R. Jaussaud, op. cit., p. 424.
158) ibid., p. 454 et s.
159) ibid., p. 454.

第4節 検討と総括

その理由を明らかにするために、本節においては、デュランの理論の問題点がいかなるところに存したのかを検討したいと思う。以下では、まず、デュランがどのような立場で理論を展開したのかという企業制度論登場の背景を検討し、次いで、企業制度論の問題点及びそれに対して向けられた批判を明らかにし、最後に、総括を行うこととする。

1 ポール・デュランの立場（企業制度論登場の背景）

(一) 第二次大戦後のフランスでは様々な労働法改革が行われ、「その基礎は全国抵抗評議会綱領である[160]」ことは、「はじめに」において示した通りであり、デュランは、『労働法論』全3巻を以て戦後労働法理論の体系化を図り、CNR綱領が示した課題に応えるかのような理論展開を行っている。しかしながら、デュランの理論は、実は、戦前・戦中の議論の跡を大きく引きずっているのである。デュランの考えは、仔細に検討すれば、コルポラティスム (corporatisme) ないしはコルポラシオン (corporation) 理論[161]の流れの中に位置付けることができる。ここではまず、デュランに影響を与えたと思われる、コルポラティスム理論について論じてみよう。

20世紀の前半においては、世界恐慌にみられるような自由主義的資本主義経済の行き詰まりに対処し、激化する階級闘争を消滅させる[162]という2つの課題を一挙に解決しようとして、労使を一緒に職業毎に組織してひとつの公法の団体となすべしとの主張が、フランス及びヨーロッパ各国において一定広く展開された。この考えは、このように組織された団体に、職業を規律する権限を与えて労使の利益の対立を否定し一般利益を追求させると共に、一定の経済的権限を与えて自由競争にも制限を加えようとする。以上の立場がコ

---

160) P. Durand et R. Jaussaud, op. cit., p. 112.
161) この点については、注53)を参照のこと。
162) リヨン＝カーンは、この点について次のように述べている。「コルポラティスムの教義は、資本主義が勝負に敗けた時期のイデオロギーである」。「労働者階級を階級を超えて国家に統合することによって、労働者階級を、革命的教義から、階級闘争から、社会主義の警笛から引き離すことが問題である」。
G. Lyon-Caen, op. cit., Dr. Soc., 1986, p. 743.

ルポラティスムである[163]。そして、コルポラティスムが念頭に置く組織された職業、即ちコルポラシオンは、「〔職業の機関たる〕指導権力（autorité directrice）のもとで同一の職業（une même profession）を行うすべての人々の強制加入の集団（groupement obligatoire）」であると定義され[164]、その最も完成された形態においては、コルポラシオンは、一定の政治的権限、経済的権限、社会的職業的権限の3種の権限を有するものとされる[165]。ちなみに、ここで言う「職業」とは各産業のことであると解してよい。

フランスにおいては、コルポラティスム思想の系譜としては様々な潮流が存したが[166]、代表的なものとして、アクション・フランセーズ（Action française）に代表される右翼・ファシズムの流れ[167]とカトリックの流れ[168]の大きく2つが見出された。ファシズムとコルポラティスムの間には必然的関係があるとされるが[169]、ここで問題となるのはカトリックの流れである。その代表者としてブレトの考えをみてみよう[170]。

社会的カトリシズムの立場に立つブレトは、1938年にレガル（A. Légal）との共著[171]において、また1939年にはドロワ・ソシアル（Droit Social）誌の論文において[172]、企業を制度理論を用いて説明し、企業は「制度」であると述べた。しかし、それ以前に、1931年に、彼は立法論として職業の強制的組織

---

163) 各国の状況については、J. Brèthe de la Gressaye, op. cit., Col. Dr. Soc., XIII, p. 16 et s.
164) ibid., p. 17.
165) P. Durand, op. cit., Col. Dr. Soc., XIII, p. 8.
même auteur, op. cit., Dr. Soc., 1944, p. 223.
166) この点については、田端・前掲論文192頁、高橋・前掲論文317—318頁。
167) この点については、木下半治『フランス・ナショナリズム史㈠』（1976年、国書刊行会）140頁以下、337頁以下、G. Lyon-Caen, op. cit., Dr. Soc., 1986, p. 743.
168) この点については、小林珍雄「カトリック・コルポラチズム論」カトリック研究20巻5号58頁以下、6号155頁以下。
169) この点については、木下半治「ラ・トゥール・デュ・パンとコルポラティスム㈠」国家学会雑誌52巻2号33頁以下。
170) 中村・前掲書177頁以下はブレトのコルポラシオン理論を社会的カトリシズムの理論として紹介している。
171) A. Légal et J. Brèthe de la Gressaye, Le pouvoir disciplinaire dans les institutions privées, 1938.
172) J. Brèthe de la Gressaye, Les transformations juridiques de l'entreprise patronale, Dr. Soc., 1939, p. 2 et s.

を説いており、制度理論を組織された職業、即ちコルポラシオンに適用し公法の「制度」となすべしと主張した[173]。この職業に関する彼の立法論的主張は第二次大戦中にまで及んでいる。

ブレトによれば、コルポラティブな理念自体は、すでに19世紀から社会問題の解決を目指す社会的カトリックの集団によって研究されてきた伝統的なものであるとされる。フランス革命以来、労働及び生産体制は、資本の力と労働者大衆の力の無秩序の作用に委ねられていたために様々な弊害を生み出してきた。それ故に、このようなコルポラティブな理念に依拠することによって、「現代の革命の第1の仕事は、従って、自由な資本主義とプロレタリアートから発した社会問題を解決することである」とブレトは述べている[174]。そこで、彼は、立法論として次のような考えを示した。まず、労使のそれぞれの代表から構成される企業評議会という機関を設けて企業を職業の基礎、即ち下部機構とする。次いで、これらの企業を集めて各職業、即ち産業を組織して公法の「制度」とする。そして、この職業レベルにおいては、その内部において、特に労働者側の利益を擁護するために自由な結社、即ち複数の任意加入の自由な組合を維持し、そのような労使の各々の組合が、コルポラシオンを司どる評議会、即ち職業の機関に代表を送るというシステムを構想していた。企業は共同体であり、そのような企業と連結した職業は諸企業の共同体となる[175]。要するに、ブレトによれば、コルポラシオンは、企業を基礎とし、「まさしく職業の全要素を集め、共通善によって要求される規範を課すことができる権力〔を有する機関〕のもとにそれらの要素を置くために公的で単一で強制加入[176]」であるということになるが、職業内では任意加入の組合を維持し、そのような組合に職業の機関に代表を送るという重要な役割を

---

173) J. Brèthe de la Gressaye, Le syndicalisme, l'organisation professionnelle et l'État, 1931, p. 353 et s.
174) J. Brèthe de la Gressaye, op. cit., Col. Dr. Soc., XIII, p. 16.
175) ibid., p. 19.
    même auteur, Les bases de l'organisation professionnelle : le corps électoral, le syndicat, l'entreprise, Dr. Soc., 1941, p. 6.
176) ibid., p. 2.

持たせる点[177]に特色がある。

　以上で、ブレトのコルポラシオン理論を検討したが、デュランの先駆をなすブレトの、企業を制度理論を用いて説明する考えは、このコルポラティスムの文脈で主張されたのである[178]。現実にはまだ決定的には組織されているとは言えない職業に比べれば[179]、すでに「企業はそれ自体社会的集団、即ちコルポラティブな制度（institution）である」とブレトは考えている[180]。企業の理念は構成員の間に社会的絆紐を形成するので、それは共通善をなし、また、共通善の観点から権力を行使する機関（企業の長）も存在している[181]。従って、企業は、すでに制度であるが故に職業団体の基本細胞となるのであり、これを更に企業評議会を設けて組織していくことで将来コルポラシオンを打ち立てていこうとブレトは構想するのである[182]。そして、このような考えの帰結は、「企業及び職業の共通善を社会の一般善と一致させなければならない[183]」ということになる。

　(二)　次に、フランスにおけるコルポラシオン理論の実現とされるヴィシー政権下の立法とそれを取り巻く状況について検討を加えてみよう。

　1940年にドイツとの休戦の後、フランスにおいてはペタン元帥（Maréchal P. Pétain）を国家主席とするヴィシー政権が誕生する。ペタン元帥の独裁政権であり対独協力政策を断行したヴィシー政権の性格については色々と議論がなされているが、とにかく他のファシズム諸国と同様にコルポラティスムに影響を受けており、従って、階級闘争システムと断絶して共同体的職業的連帯組織を作る目的から、1941年10月4日に「労働憲章」なる法律を制定した[184]。この法律の第2条4項は、労使を含む職業活動に参加するすべての人々は、「職業の他の構成員に対して、コルポラティブな組織が基礎を置く基

---

177) ibid., p. 4, pp. 8 et 9.
　　même auteur, op. cit., Col. Dr. Soc., XIII, pp. 19 et 20.
178) J. Brèthe de la Gressaye, op. cit., Dr. Soc., 1939, p. 2 et s.
179) ibid., p. 3.
180) J. Brèthe de la Gressaye, La corporation et l'État, A.P.D.S.J., 1938, N°s 1-2, p. 81.
181) J. Brèthe de la Gressaye, op. cit., Dr. Soc., 1939, p. 4.
182) J. Brèthe de la Gressaye, op. cit., Dr. Soc., 1941, p. 4 et s.
183) J. Brèthe de la Gressaye, op. cit., Dr. Soc., 1939, p. 6.

本原則である協働及び連帯を忠実に実行しなければならない」と定めており、この法文がまさに労働憲章の考えの基本的性格を示すものと言えよう。

　様々なコルポラティスムの潮流の「共通項を抽象レベルにおいて統合する[185]」という姿勢がペタン元帥においてみられることが指摘されており、このため、ブレトも、19世紀以来の社会的カトリック集団によるコルポラシオン理論研究の伝統を踏まえて、労働憲章は成熟に達した古い考えであり国民的伝統に則うものであると一応は評価している[186]。しかし、労働憲章によって示された構想は次の2点において根本的にブレトの考えとは異っていた。

（ⅰ）労働憲章は共同体思想に鼓舞されており、企業と職業を共同体に形成することを目論んだ。しかし、立法の準備作業中にコルポラシオン的組織の基礎を企業に置くか否かについて争いがみられ、結局は、企業に基礎を置くという考えは敗れて、企業は機構上職業から切り離されることとなった[187]。即ち、企業を下部機構とするのではなくて、地方（local）、地域圏（régional）、全国（national）という地域的な各階層において職業組合（syndicat professionnel）を基礎として職業社会委員会（地方社会委員会、地域社会委員会、全国社会委員会）なる職業の機関を設けて、各職業、即ち産業を組織したのである。確かに、法文が企業の全構成員の共通善ということに言及したために（労働憲章第2条8項）、企業は共同体であると解され、また、労使の協働を目指す企業社会委員会（事業所社会委員会）なるものが設けられた[188]（同法第23条以下）。ところが、これらはあくまでも、かつて直接に企業から出発して職業

---

184) この点については、田端・前掲論文参照、
　　P. Durand et A. Vitu, op. cit., t. 3, p. 18 et s.
　　A. Rouast et P. Durand, op. cit., p. 77 et s.
　　なお、G・リヨン＝カーンは、コルポラティスムとファシズムの関係について次のように述べている。「この教義は、まさに、ムッソリーニ、ヒトラー、フランコ及びサラザールより以前のものである。しかし、それは彼らの気をそそり得ただけである」。
　　G. Lyon-Caen, op. cit., Dr. Soc., 1986, p. 743.
185) 田端・前掲論文196頁。
186) J. Brèthe de la Gressaye, op. cit., Col. Dr. Soc., XIII, p. 17.
187) P. Voirin, Contribution à l'étude du comité social d'éntreprise ou d'établissement, Col. Dr. Soc., XIV, 1942, p. 20.
　　P. Durand et R. Jaussaud, op. cit., p. 459.

を組織しようとして拒絶された考えの残滓であるとされ[189]、また、企業社会委員会は、職業社会委員会とは異なり、職業の機関ではなくて従業員代表的性格を有するにすぎず[190]、いかなる資格においても地方、地域圏、全国レベルで設置される職業社会委員会の基礎ではないとされる[191]。

(ii) 職業社会委員会には、すでにコルポラシオンの定義でみたところとは異なり、社会的職業的権限しか与えられておらず、また、この委員会は単一強制加入組合の基礎に基づいていた[192]。

このように、ブレトが戦前から主張していたコルポラシオンとは異なる構想が示されたので、ブレトは、これに対して失望と批判を表明し、このような状況の中では、労使の協働を目指すヴィシー政権の理念を実現するためには、むしろ、コルポラシオンそれ自体よりも彼が職業の基本細胞と考えていた企業の方が重要であるということを強調することが必要であると考えだしたのである。即ち、「特に社会的観点からみてすべての職業問題はまず初めに企業の領域において提示されるので」、職業の細胞である企業に支えられることなしに、「企業の外に人々を結集させる組合に職業組織が支えられるだ

---

188) この委員会を規定する労働憲章第7編第1章のタイトル及び第25条では企業社会委員会（comités sociaux d'entreprises）という言葉が用いられているが、実際にはこの委員会は原則として事業所毎に設けられることになっていたので、第23条、第24条、第26条では事業所社会委員会（comités sociaux d'etablissements）という言葉が用いられている。また、各種文献においても両者の表記がまちまちに用いられており、用語法において統一性を欠いている。従って、本書においては、各種文献を直接に引用する場合を除いては、「企業社会委員会（事業所社会委員会）」というように統一的に表記することとする。なお、企業社会委員会（事業社会委員会）については、田端博邦「フランスにおける労働者参加制度(1)」社会科学研究26巻6号11頁以下を参照のこと。

189) P. Durand. op. cit., Col. Dr. Soc., XIII. p. 7.
P. Voirin, op. cit., p. 20.
P. Durand et A. Vitu, op. cit., t. 3, p. 25.

190) P. Durand, op. cit., Dr. Soc., 1944, p. 226.
P. Durand et R. Jaussaud, op. cit., p. 459.

191) M. XXX, Genèse et tendances de la Charte du travail, Col. Dr. Soc., XIII, 1942, p. 62.

192) ただ、ここで言う「単一」とは職業毎に、労働憲章に規定される方法で定められる区域（circonscription territoriale）毎に、そして、使用者、現業労働者、事務労働者、職長、技術者・管理職の各カテゴリー毎に単一（unique）という意味である（労働憲章第9条以下）。

けならば、職業組織は、従って、不完全であろう」。そして、「正義、誠実、信頼及び友愛に基づく階級間の恒久的平和の身近かな結論を準備するために、ペタン元帥の政府がフランスにおいて生じさせることを望む社会的協働の新しい風土を今から打ち立てうるであろうのは、もしも使用者と労働者がそれを望むならば、従って、企業社会委員会においてである」と彼は述べるのである[193]。また、同時期に、彼以外にも職業それ自体よりも企業を重視すべきという考えがいくつかみられた。例えば、ヴワラン（P. Voirin）は、「企業運営の参加者の間においては共通善の実現のために必要欠くことができない協働の観点から社会的職業的利益の結合が形成される」ため、「企業は、実際、職業の細胞であ」り、職業それ自体よりも生き生きとした現実である旨を強調した[194]。また、ミュルツェ（H. Multzer）は、企業に関心を示さなければ、新しい組織を生み出すことによって対応することが望まれる困難をかえって解決しない破目に陥ると考え、そして、人が働くのはコルポラシオンにおいてではなくて企業においてであると述べ、企業を基本細胞としている[195]。このように、すでにヴィシー政権下において、労働憲章の問題点が指摘され、職業よりも企業を重視すべきであるという流れが出現していた点に注目すべきである。

　(三)　さて、以上のような前提に加えて、ここで、社会的カトリシスムの立場に立つデュランの労働憲章に対する見解を検討しなければならない。

　彼の見解には、時期的にみて大きな変化がみられるのであるが、まずは、デュランが1942年に著した「労働憲章のイデオロギーと技術」なる論文から検討を始めよう[196]。デュランは、労働憲章が示す「階級闘争から協働へ」というイデオロギーを検討し、このイデオロギーに基づいて労働憲章が採用したのが、争議及びロックアウトの禁止、旧組合の解散と単一強制加入組合の原則、共同体的精神と共同体的機関の採用、コルポラティブな教義の採用等

---

193) J. Brèthe de la Gressaye, op. cit., Col. Dr. Soc., XIII, p. 22.
194) P. Voirin, op. cit., p. 20.
195) H. Multzer, op. cit., p. 34.
196) P. Durand, op. cit., Col. Dr. Soc., XIII, p. 2 et s.

の施策であるとする。そして、「その大きな特徴において考察されるならば、憲章のイデオロギーは共感と好意の感情を生じさせる。それは、憲章がフランス人の生活に、新しくて社会平和に否定のしようもない程貢献しうる要素をもたらすということである」と述べている。しかし、デュランは、昔の多元主義的で自由なサンディカリスムを重視するため、ヴィシー政権が示した組合の自由の制限及び単一強制加入組合の原則についてはその行き過ぎを批判する。また、コルポラティスムに向けての発展についても、職業社会委員会が社会的職業的権限しか有さず、政治的権限と経済的権限を欠いている点を不十分であると考え、それと共に職業生活への国の影響が強い点を指摘し、これも問題としている。そのうえで、これらの問題点があろうとも、やはりデュランは、階級闘争の消滅という目的を大いに評価し、労働憲章のもたらす社会進歩の可能性について言及している。それ故に、デュランは、労働憲章の問題点及び技術的不備を立法者が是正すべきことを示唆し、このような是正がなされたならば、「従って、労働憲章は、『フランスの労働組織の大原則に社会的かつ革新的精神をしみ込ませ』、社会平和を伴って、全立法者の中で至高の目的を実現するというその起草者たちの大望に完全に対応しうるであろう」と考えるのである。

　しかし、1944 年解放直前に、デュランは、匿名で発表した「憲章を超えて[197]」という論文において、労働憲章に対する評価の視点を大幅に変えている。即ち、デュランは、労働憲章が第 2 条 4 項で示した労使を含む職業活動に参加するすべての人が忠実に協働と連帯を実行する義務、同条 8 項が定める全構成員の共通善のために企業を管理する使用者の義務等の労使協働及び企業共同体の形成を目指す原理、原則面については相変らず評価するものの、労働憲章によって規定された内容が仲々実現されず、また実現された部分についてはそれがうまく機能していない点を批判する。それ故に、結局は、労働憲章が革新として新たに設けた部分は廃止すべきであると考え（デュランは、コルポラティブな幻想と述べている）、今後の社会再組織の方針としては、加入の

---

197) P. Durand, op. cit., Dr. Soc., 1944, p. 221 et s.

自由と集団的多元主義によって特徴付けられるサンディカリスムを復活させると共に、労働憲章の中でも戦前の労働法の発展を継続する部分があるのでそれを修正して発展させるべきことを主張する。デュランが述べる戦前からの発展を継続するとされるものの中で、本章との関係で特に注目されるのが企業社会委員会（事業所社会委員会）である。デュランによれば、これは、形態、権限は異なるものの、戦前に設けられた従業員代表制度の発展の中に挿入されるものであり、従って、彼は、この委員会は企業の長と従業員との間の恒久的な関係の機関を設けたものであると評価している。そして、デュランは今後の改革の方向付けとして、この委員会に企業の共同管理への参加権能を与えるべきことを示唆するのである。

　戦後になり、デュランは、労働憲章につき、「このコルポラティブな組織の試みは重大な欠陥に汚されており、初めから抵抗を生じさせた[198]」と述べるに至った。しかし、国家が労使の間に社会的協働を生じさせた点[199]及び労使協働の機関とされた企業社会委員会（事業所社会委員会）が「新たな側面（aspect nouveau）」を労働者代表制度にもたらした点[200]を指摘し評価している。

　㈣　以上の考察から、デュランは労使の協働という点を重視していることがわかる。要するに、ヴィシー政権下の労働憲章の技術上の問題点及び失敗を批判しつつも、同法の労使協働及び共同体の形成を目指す一般原則には賛同を示すのである。これは、法思想的には制度理論を重視する社会的カトリシスムのコルポラティスムの影響を受けていると言ってよい。

　すでに、ヴィシー政権下において、(i)ブレトは、職業よりも企業を重視して労使の協働を図るべしという方向に説を変えていたし、(ii)デュラン自身も、労使協働の理念を重視しつつも労働憲章批判を行い、新たに労働者側に企業の共同管理権限を与えることを主張していたという2点が示すように、コルポラシオンよりも企業における労使協働に力点を置こうという傾向がみられた。そして、戦後になり労働憲章が廃止されると共にコルポラティスムも批

---

[198]　P. Durand et R. Jaussaud, op. cit., p. 112.
[199]　A. Rouast et P. Durand, op. cit., p. 81.
[200]　P. Durand et R. Jaussaud, op. cit., p. 460.

判を受けたために、デュランは更に引き続いて労働憲章批判を行うと共に、戦後の新たな課題に応えるような形で企業制度論を展開した。そして、これによって企業における労使の協働を図ろうとしたのである。つまり、コルポラティスム及び労働憲章の失敗に鑑み、新たに企業レベルにおいて社会的カトリシスムが目指した労使協働の理念及び共同体の形成を実現しようとしたものがデュランの説であると言えよう。

ただ、デュランの先駆をなすブレトの制度理論は、企業について十分に体系的に展開されたものとは言えず、また、労働憲章が企業を共同体にしようとした試みについても、「企業はいかなる根本的な構造変換の対象にもならなかった[201]」との指摘が示すように、必ずしも企業の法的概念の形成に結び付かなかったと言うことができる（例えば、ヴワランは、共同体と言うためには経済単位（unité économique）としての企業で十分であるとしている[202]）。そこで、デュランは、理論の体系化のために、経営共同体概念を唱えた戦前のドイツの理論に注目しこれに依拠することともなったのである。

従って、デュランが企業制度論を展開するこのような立場は大いに批判を受けることになる。

2　企業制度論に対する批判

本項では、デュランの企業制度論の内容及びその理論的背景につきこれまで詳しく論じてきたことを踏まえて、企業制度論の主要な問題点とそれに対する批判を示すこととしたい。

（1）デュランの企業制度論は、新しい課題に応えると言いつつも、結局はコルポラティスムの流れを汲むものであると共に、ヴィシー政権が示した労使協働、共同体の形成という原則をデュランが評価してそのうえで自己の理論を展開している点がまず第1に大きな問題であると言えよう。

（2）制度理論の曖昧さは度々指摘されているところであるが[203]、デュランの企業制度論自体についても必ずしも理論的に詰められたものとは言え

---

201) ibid., p. 459.
202) P. Voirin, op. cit., p. 19.

第4節　検討と総括　97

ず[204]、またオーリューが示した考えともかなり異なるものとなっている。このことに加え、ドイツの理論を導入しようとしたことも問題とされている。即ち、「第二次大戦後のドイツでは、それはもはや経済状況に即応しないとして捨て去られたのに対し、逆にフランスではそれが根を下し」た[205]と批判され、ナチスドイツ時代に強調された「指導者原理（Führerprinzip）」的傾向がみられることも指摘されている[206]。確かに、「P・デュランが位置付けられるのは〔ドイツと〕同様の様相においてではなくて、社会的カトリシズムの潮流においてである」のだけれども、「この理論の、『指導者原理』のような一定のナチの考えとの親和性は明らかである」とされる[207]。

(3)　デュランが企業を共同体として示す場合に重視する共通善についても、社会闘争の鋭さを弱め、労働者に真の利益を忘れさせるごまかしであるとして労使対立を看過している点が批判されている[208]。また、実際には企業においては労使の間に連帯が存しないか、あるいは企業が危機に瀕している場合などに相対的にしか存在しないということをデュランが見落して理論を展開している点も指摘されている[209]。

---

203) R. Savatier, op. cit., p. 68.
　　M. Despax, L'entreprise et le droit, 1957, p 367.
204) G.H. Camerlynck, Rapport de synthèse, Le contrat de travail dans le droit des pays membres de la C.E.C.A., 1965, pp. 150 et 151.
　　また、G・リヨン＝カーンは、デュランの述べる「企業概念に関しては、それは曖昧である」と批判すると共に、「純粋に学説上の構成」であると評している。
　　G. Lyon-Caen, op. cit., Archives de philosophie du droit, N° 13, p. 66.
　　même auteur, L'entreprise dans le droit du travail, Études droit contemporain, 1966, p. 324.
　　même auteur, op. cit., 1955, p. 223.
205) ジェラール＝リオン・カーン「労働法におけるイデオロギー」（山口俊夫訳）日仏法学9号24頁。
206) G. Lyon-Caen, op. cit., 1955, pp. 223 et 224.
　　なお、指導者原理については、詳しくは、西谷・前掲書440頁以下参照。
207) J.-C. Javillier, Droit du travail, 2ᵉ éd., 1981, p. 222 note (13).
208) G. Lyon-Caen, op. cit., 1955, p. 224.
209) G.H. Camerlynck, La réforme sociale de l'entreprise, D., 1967, Chr., XV.
　　même auteur, op. cit., 1982, pp. 18 et 19.
　　G. Lyon-Caen, op. cit., Études droit contemporain, 1966, p. 336.

従って、一般的に、企業は共同体ではなく[210]、現実には、企業の長は共同体の機関（管理者）としての職務権限を与えられていない考えとられる[211]。さらに、デュラン説を論破するために、企業の長は資本の所有者の受任者であり、資本の利益の範囲内で活動するテクノクラートであるという点を強調する学説も存する[212]。

また、このような企業の長と労働者の間には、国家におけるような治者と被治者の自同性は存しておらず、労働者には決定権は認められない。それ故に、特定の経済目標を追求するにすぎない企業を国家とのアナロジーで考え議論を展開していくことにも問題があると言わねばならない[213]。

(4) 労働関係概念についても激しく批判がなされている。労使は共同体的人格的結合関係にいるのではなくて、あくまでも利益の対立する、賃金と労働の提供の交換的な関係にいるのであり[214]、デュラン流の人格的結合を重視して構成される労働者の忠実義務と使用者の労働者の人格に対して配慮する義務及び共通善実現の責任を認めることは法的社会的現実から遠ざかることであると指摘されることとなる[215]。

また、デュランは、労働関係の理論によって労働契約が無効の場合でも労働法の規定ないしは身分規程の適用を認めることができるという利点を強調しているのであるが、これに対しては、「実際、ここでは遡及効なしに無効が作用すると述べる方がより簡単である」と反論が加えられている[216]。即ち、デュラン流の労働関係概念を用いるのではなくて、労働者保護のために民法の無効の原則を修正して対処すべきことが有力に主張されているのであり、実際、この無効の不遡及の法理は、判例によっても支持されている[217]。

---

210) ibid., p. 333 et s.
même auteur, op. cit., 1955, p. 223.
211) G.H. Camerlynck, op. cit., 1982, p. 22.
212) G. Lyon-Caen, op. cit., Archives de philosophie du droit, N° 13, p. 67.
213) J. Savatier, Pouvoir patrimonial et direction des personne, Dr. Soc., 1982, p. 7 et s.
214) G. Lyon-Caen, op. cit., Archives de philosophie du droit, N° 13, p. 66.
G.H. Camerlynck, Rapport de synthèse, op. cit., 1965, p. 147.
215) ibid., pp. 147 et 148.
216) G. Lyon-Caen, op. cit., Archives de philosophie du droit, N° 13, p. 63.

(5) デュランの理論は、労働契約についても併せて重視するとしても、実際はそれはごく小さな部分にとどまっている。むしろ、制度理論の占める割合が大きいために、企業の長は自己の追求する経済目的の観点から巨大な権力を自由裁量的に労働者に対して行使しうるという帰結に至る。要するに、テトジャン（H. Teitgen）が述べるように、契約関係は利益対立の否定ではなくて利益対立の承認ということなので[218]、契約の部分を小さくし、共同目標に向けて労使の協働を重視する企業制度論を用いることの意味は、まさに共通善を追求するとされる企業の長の自由な権力の行使を承認することなのである。従って、このような立場は、「純粋な契約技術において説明することが困難な一定の使用者の権力の拡大を正当化する」ものであると評されることになる[219]。

また、デュランの理論は、企業の長の巨大な特権をストレートに承認する反面、労働者側に決定権は認めず、しかも階層性は強度のまま維持されるため、労働者の組織された集団である従業員団の存在とその代表についての根拠付けは行うものの、結局は労働者の対抗力を弱め無視する結果となっている[220]。デュランは、労働者は企業の市民になると論じたが、これに対しては、このように企業の長の巨大な権力に従い強度の従属状態に置かれたままでどのようにして労働者が企業の市民になれるのか、という疑問を呈示しうる[221]。

従って、デュラン説に対する反論として、新たな契約の復権が力強く唱えられる（この点については後述する）[222]と共に、重要なのはあくまでも企業に

---

217) G.H. Camerlynck, G. Lyon-Caen et J. Pélissier, Droit du travail, 13ᵉ éd., 1986, pp. 209 et 210.
218) H. Teitgen, op. cit., p. 36.
219) G. Lyon-Caen, op. cit., 1955, pp. 221 et 222.
なお、この点に関連して、「契約理論によって説明され得ないであろう異常（anomalies）を制度理論によって正当化することができる」と述べる A. Rouast et P. Durand, op. cit., p. 353. を参照のこと。
220) J. Savatier, op. cit., p. 8 et s.
221) M. Despax, L'influence du droit du travail sur l'evolution des rapports sociaux dans l'entreprise moderne, Annales Institut d'Études du travail de Lyon, 11ᵉ Vol., 1972, p. 38.
222) G. Lyon-Caen, op. cit., Archives de philosophie du droit, N° 13, p. 60.

おける労働者側の対抗力を形成していくことである[223]と述べられることとなる。

(6) 身分規程による労働契約の衰退というデュランの考えは、一面的でかつ狭いものと言えよう。

フランスにおいては有利原則が認められているために、身分規程が定める労働条件はあくまで最低基準にすぎない。また、身分規程と労働契約の関係については、例えば、すでに戦前において、契約衰退論や制度理論に反対するジョスラン（L. Josserand）の次のような見解がみられた。「独自の身分規程（statut original）によって規律されるので、かつては労務賃貸借と呼ばれた契約は、その独自性（autonomie）を獲得した。それは労働契約になった」。即ち、身分規程こそが労働契約に独自性を与えるとの観点に立っているのである[224]。労働契約は附合契約化するけれども、身分規程の主たる内容となっている法律及び労働協約には使用者も拘束され、それ故に、身分規程により労働者の保護が図られることになる。この観点から、ジョスランは、労働契約を社会化された契約（contrat socialisé）とも呼んでいる。要するに、ジョスランは、労働契約に関して契約概念の衰退ではなしに社会的な視点からの変遷を説いていたのであり[225]、デュランのように単純に衰退を主張することには大いに批判の余地が存する。

(7) 企業制度論は、結局は、企業の公的性格を強調する点において統制経済時代にその政策に適合するような理論として唱えられると共に[226]、企業の経済目的を追求する企業の長の経済活動と経済的権限に比重を置いた理論であると言うことができよう[227]。従って、このような観点をストレートに労働法理論に導入しようとしたデュランの立場は問題あるものと指摘しうる。

3　総　括

(1) 以上で検討してきたことから明らかなように、様々な問題点が存する

---

[223] J. Savatier, op. cit., p. 8 et s.
[224] L. Josserand, Cours de droit civil positif français, t. 2, 9ᵉ éd., 1939, p. 749.
[225] この点については、三井・前掲論文(上)187頁、(下)211頁参照。

ために、企業制度論は、そのままの形ではそれ自体として全体的には受け容れることができないというのが一般的にみて学説のほぼ一致した見解である[228]。それ故に、「かくして現在目撃されるのは契約の復権（réhabilitation du contrat）である」、「労働契約の衰退よりもむしろその新しい青春について言及しなければならないだろう[229]」との指摘が示すように、(1960年にデュランが没したこともあり、特にそれ以降有力かつ強力に）労働契約優位論が登場してくることとなる。企業制度論は古典的学説となったのである。しかし、この労働契約優位論をめぐる考えも、企業制度論に対する評価ないしスタンスで大きく２つに分かれる。

（ⅰ）ひとつは、企業制度論を批判しつつも、なお現代においては、もはや「企業」という要因を無視し得ないと考えて、企業制度論は、その問題点を改めれば[230]、企業参加等についての労働法における「発展の意味を理解するこ

---

226) P. Durand, op. cit., Dr. Soc., 1945, p. 246 et s.
  なお、リヨン＝カーンは、統制経済時代について、「結局は、一定の経済状況、即ち統制経済（dirigisme）と賃金の権力的凍結のそれによって悩まされたように思われる。この時代においては契約的自由はもはや何も存していなかった」と述べるのだが、その後においては、「しかし、自由主義への回帰と規制の波の後退は明らかである」として、デュランとは異なりあくまで労働契約の優位を説いている。
  G. Lyon-Caen, op. cit., Archives de philosophie du droit, N° 13, p. 62.
  また、私企業の活動が公役務であるとの考えは、すでにヴィシー政権下の学説によって強調されていたということに注意すべきである。この点については、M. Martin, Le service public dans l'activité privé, Dr. Soc. 1942, p. 241 et s.
227) P. Durand et R. Jaussaud, op. cit., p. 422 et s.
  デュラン説に対する批判的考察については、G.H. Camerlynck, op. cit., 1982, p. 22.
228) 本文で述べたことは、あくまでデュランの理論がそれ全体として考えれば問題のあるものだということであり、デュランの理論が各個別分野において個別的、部分的に影響を与えてきたことは度々指摘されているところである。
  G.H. Camerlynck, op. cit., 1982, p. 17.
  例えば、懲戒権論の分野におけるデュラン理論の影響については、盛・前掲論文415頁以下参照。
229) G. Lyon-Caen, op. cit., Archives de philosophie du droit, N° 13, pp. 60 et 67.
  なお、この点に触れるものとして、大和田・前掲論文510頁。
230) 例えば、カメルランク（G.H. Camerlynck）は、「その長の権力の増大を正当化するよう運命付けられた権力的なネオ経営家族主義（néopaternalisme autoritaire）から解放されるという条件において、構成員たる労働者の保護の技術（technique de garantie et de protection）を見出すために」企業制度論を援用しうると考えている。
  G.H. Camerlynck, Contrat de travail, Traité de droit du travail, t. 1, 1re éd., 1968, p. 22.

とを認める[231]」とする説である。要するに、これは、労働契約の衰退は認めないけれども、労働契約変遷の指導理念として企業制度論のうちの一定の部分を取り入れていこうとする立場であると解することができよう[232]。

　(ⅱ)　もうひとつの考えは、(ⅰ)のような説に対して、「法的な魔法の杖のひとふりで〔労使の〕紛争を覆い隠すことを欲するであろう法律家が多数いる[233]」と批判を行う。そして、あくまで企業制度論は、「現実的根拠に基礎を置いていない[234]」と分析し、この理論を労働法に持ち込めば、「はっきりしない有機体的社会学によって形而上学の匂いをもって労働法は濫用されるがままになる[235]」として、企業制度論を完全に否定しようとする[236]。

　これら(ⅰ)、(ⅱ)の説がデュラン以後のフランス労働契約理論の展開を支える2大支柱となっていると言ってよいであろう。

　(2)　さて、本章において、フランスで議論の的となった企業制度論と労働契約との関係についてかなり詳しく検討してきたが、そこから得られたことは、とにかく次のように要約しうるであろう。即ち、安易に企業概念を労働法に持ち込むことは、企業秩序定立権を含め使用者側の巨大な権力をストレートに承認し、労働者側にとって遺憾な結果に至るおそれがあるということである。

　なるほど、企業委員会等の理由付けとして企業制度論を重視ないし援用する考えも存するが、G・リヨン＝カーン（G. Lyon-Caen）が示すように別の説明も可能である。即ち、彼によれば、企業委員会は、例えばストライキや組合と同様の資格において労働者の法的防禦手段と考えることができるのであって[237]、従って労使は対抗関係にあることが前提とされ、単純に企業をひ

---

231) loc. cit.
232) この立場に立つ代表的な論者として、カメルランクの名を挙げることができる。
　　G.H. Camerlynck, op. cit., 1968, p. 16 et s.
　　même auteur, op. cit., 1982, p 16 et s.
233) J.-C. Javillier, op. cit., p. 218.
234) G. Lyon-Caen, op. cit., Archives de philosophie du droit, N° 13, p. 66.
235) G. Lyon-Caen, op. cit., Études droit contemporain, 1966, p. 323.
236) この立場に立つ代表的な論者として、G・リヨン＝カーンの名を挙げることができる。
　　G. Lyon-Caen, op. cit., Archives de philosophie du droit, N° 13, p. 59 et s.

とつの共同体と捉え企業委員会をその機関とする説明は回避しうるのである。要請されるのは、企業の組織体的法理を形成しそれを前面に押し出すことではなくて、あくまで労働者保護の視点から労働契約理論を展開して労働者の利益確保に努めることに外ならないであろう。この点については、「はじめに」において述べたように我が国の問題を考えるうえで大きな示唆たりうると解すことができよう。

おわりに

デュランの理論の全体像を明かにし、総括を行って、「労働契約優位論」の展開にわずかに触れたところで本章を閉じる。戦後の労働契約理論は、デュラン以後めざましい発展を遂げており、それ故に、その状況を明らかにしていくことが次章の課題であり、フランス労働契約理論の現代的展開の解明の一端として、引き続き「労働契約優位論」の展開につき検討を行うこととしたい。

---

237) G. Lyon-Caen, op. cit., 1955, p. 135.

第3章　フランス労働契約理論の現代的展開

はじめに

　現代フランスにおける労働契約（contrat de travail）の重要性を示す見解として、ブラン＝ガラン（A. Brun et H. Galland）の著書の有名な次のような1節を掲げることができる。即ち、「この法（労働法）の基礎は契約的でなければならない。というのも自由が展開するのは契約においてであるから[1]」。この指摘は、労働契約が労働法の重要な基本的概念であることを示すのみならず、第二次世界大戦以前から戦後しばらくの時期に渡って展開された労働契約衰退論に対する強烈な反論を構成する[2]。確かに、労働契約を規律する法律や労働協約の発展、そして集団的な関係たる企業の出現に伴うそれに適合した法的処理の必要性は、個別的な関係しか形成せず、また法律、労働協約を主たる内容とする身分規程（statut[3]）の適用によりその内容が徐々に空になり稀薄化する労働契約の役割の否定ないしは衰退を強調する学説を登場せしめる結果となった[4]。特に、第二次世界大戦後のフランスにおいては、労働法改革の指針として雇用条件・労働条件の安定及び経済的民主主義

---

1) A. Brun et H. Galland, Droit du travail, 2ᵉ éd., t. 1, 1978, p. x.
　　なお、この点に触れる邦語文献としては、大和田敢太「フランスの労働契約」『労働契約の研究』本多淳亮先生還暦記念（1986年、法律文化社）509頁。
2) G.H. Camerlynck, Le contrat de travail, Droit du travail, t. 1, 2ᵉ éd., 1982, p.p. 17 et 18.
　　特に、カメルランクは、ブラン＝ガランが、「自由主義的資本主義経済において個別的契約の優位（la primauté du contrat individual）を守ることに配慮する」という立場を採る点を指摘している。
3) ここで言う statut とは、労働者の法的地位を定める規範の総体のことを意味する。P.-D. Ollier, Le droit du travail, 1972, p. 29. なお、この点に関連して、後述注7) の文献(上) 177頁参照。
4) G.H. Camerlynck, op. cit., p. 11 et s.

はじめに

の観点からの労働者の企業参加といった項目が具体的に呈示されたので、それに応えるためには契約理論では不十分であると考えて集団的な関係たる企業に関する新たな法理論を形成することにより、独自の法原理によって規律される企業への労働者の所属関係を重視し、その結果、労働契約の役割を小さくして現実に対処していこうとする企業制度論（la théorie institutionnelle de l'entreprise）なる労働契約衰退論が一定の論者によって激しく展開された[5]。しかしながら、戦前の衰退論は、公法理論に基礎を置く特異な説として一般的に支持が得られるまでには至らなかったし、戦後の学説も、強烈なインパクトを与えたとはいえ、理論上かなりの問題点を有していたため一斉に非難を浴びることとなった[6]。従って、労働契約衰退論は急速に力を失っていくと共に、労働契約優位論が華々しく展開され、この流れが基本的に有力な地位を獲得することになるといってよい。

さて、本章は、戦前までの労働契約概念の形成とそれをめぐる理論展開を扱った第1章（「フランスにおける労働契約概念の形成とその展開[7]」）、戦後すぐの時期からしばらくの間有力に展開された企業制度論を論じた第2章（「戦後フランスにおける労働契約衰退論についての一考察[8]」）に引き続き、フランス労働契約理論の歴史的変遷を取り扱うものであり、具体的には労働契約優位論の展開並びに労働契約理論の現代的課題の検討を行うものである。ここで論

---

[5] G. Ripert, Aspects juridiques du capitalisme moderne, 2ᵉ éd., 1951, p. 265 et s.
P. Durand et R. Jaussaud, Traité de droit du travail, t. 1, 1947, p. 404 et s.
P. Durand et A. Vitu, Traité de droit du travail, t. 2, 1950, p. 199 et s.
例えば、この点に関し、注目すべきものとして、リペールの次のような見解が存する。即ち、彼によれば、「企業の中には共同体的制度（institution communautaire）がみられる」（G. Ripert, op. cit., p. 301.）のであって、従って、「〔労使の個別的関係しか形成しない労働〕契約の観念のうちで何が残っているのか」（G. Ripert, op. cit., p. 305.）との問題が提示される。

[6] G.H. Camerlynck, op. cit., p. 17 et s.

[7] 三井正信「フランスにおける労働契約概念の形成とその展開」㈠季刊労働法144号177頁以下、㈡同誌145号202頁以下（以下では、三井・前掲論文Ⅰと略す）。

[8] 三井正信「戦後フランスにおける労働契約衰退論についての一考察」㈠法学論叢125巻4号31頁以下、㈡同誌126巻2号55頁以下（以下では、三井・前掲論文Ⅱと略す）。なお、本章で述べることの予備知識として、これら注7）、8）の文献を併せてお読みいただきたい（具体的には本書第1章、第2章を参照）。

ずる労働契約優位論は、労働契約衰退論が提起した問題点に契約の衰退ではなしにその変遷を主張することでもって対処しようとする立場であり、それ故に、旧来の理論では解決し得ない様々な問題に新たに立ち向うこととなる。従って、本章で行う労働契約優位論の検討によって、企業問題（企業参加、企業における集団関係の法的把握）、身分規程と労働契約の関係、労働条件の安定並びに雇用保障等の諸問題に取り組むフランス理論の努力の跡が明らかになると共に、それらの優位論の限界及びそれらの理論では対処できない更なる現代的課題が浮かび上ってくる。これら諸点についての研究は、同様の問題に対処して行かねばならない我が国の状況に対して、長い議論の歴史を有するフランスの理論展開の見地から少なからぬ示唆を与えてくれるものと信ずる。以下では、まず、第1節で労働契約優位論登場に関する概略を示した後に、第2節、第3節で労働契約優位論の代表的な流れを検討し、第4節で労働契約優位論の到達点とその限界を考察する。そして最後に、優位論の理論的限界を踏まえたうえで、第5節で特に1980年代以降フランスで問題となっている規制緩和（déréglementation, dérégulation）、弾力化（flexibilisation）、不安定化（précarisation）等の動きに伴って生じた問題も含めて、従来の理論展開では十分に対処しきれない労働契約論に課される新たな法的課題を取り扱い、その理論的混迷の一端を紹介する。

第1節　労働契約優位論の展開

　第二次大戦後まもなく、フランスにおいては、ポール・デュラン（Paul Durand）が有力に主張・展開した企業制度論＝労働契約衰退論が大論争を引き起こした[9]。デュランの理論は、戦後フランス社会復興の目的のひとつとされた雇用・労働条件の安定及び労働者の企業参加という課題に対応すべく

---

9 ）デュランの企業制度論の全体像に関しては、詳しくは、三井・前掲論文Ⅱを参照されたい。なお、以下におけるデュラン理論に関する説明は、注で別の文献を引用する場合を除いては、原則としてデュランの以下の著書に基づいて論ずるものである。
　P. Durand et R. Jaussaud, Traité de droit du travail, t. 1, 1947, p. 404 et s.
　P. Durand et A. Vitu, Traité de droit du travail, t. 2, 1950, p. 199 et s.

展開されたものである。その特徴は、個別的契約関係とは異なる集団的関係たる企業の法的概念を新たに提唱し、その独自の企業に関する法理で労使関係を規律、処理し、以て労働契約の役割の衰退を強調する点にある。即ち、「企業は所有権と労働契約から引き離される[10]」とデュランは述べているが、これは、所有と経営の分離という現象を考慮すると共に、労働契約では説明できずかつそれとは異質な集団的法理が企業を動かしていると考えて、あくまで一定の経済目的を追求する人的集団としての企業概念を法的に確立、展開しようとするデュランの姿勢を示すものに外ならない。彼によれば、企業は組織された集団である「制度（institution）」として捉えられると共に国家とのアナロジーで考えられ、そこから国家権力に類似した企業の長の権力（指揮権、就業規則制定権、懲戒権）の承認並びに労働者の参加の法理が導き出される。また、企業は、資本と労働の協働（collaboration）が組織される労働共同体（communauté de travail）として示される。労働者が労働契約の締結とは別個に、それ以後に、このような共同体に実際に参入したあるいは編入されたという事実から、制度への加入が生ずる（労働契約は単に参入を義務付けるだけであり、あくまで制度への加入の原因にすぎないとされる）。従って、このような制度への加入により、(i)この労働者は企業の長の権力に従うことになると共に、(ii)労働者の共同体への所属関係たる「労働関係（Arbeitsverhältnis, relation de travail[11]）」が生じ、これが、企業の法、労働公法（droit public du travail）と考えられる身分規程（statut）によって規律される。労働条件規整

---

[10] P. Durand, La notion juridique de l'entreprise, Travaux de l'association Henri Capitant, t. 3, 1947, p. 53.

[11] デュランが述べる「労働関係（relation de travail）」とは、あくまで制度的共同体的関係のみを意味し、また、フランスにおいても各種文献で relation de travail という表記が用いられる場合、デュラン流の意味に限定されて使用されていることが多い。従って、フランスでは、一般的に、労使の労働契約に基づく個別的関係については、relations du travail, rapports de travail 等の表現がデュランの用語法と区別して用いられている。そこで、本書では、デュラン流の制度的共同体的関係のみを「労働関係」という言葉を用いて表わし、通常の労使の個別的な契約関係を意味するものとしては「個別的労使関係」ないし「労使関係」という言葉をあて、両者を区別することとする。なお、デュランの労働関係論については、P. Durand, Aux frontières du contrat et de l'institution : la relation de travail, J.C.P. 1944, Ⅰ, 387.

は、このように公法的規整から生ずるものとされ、それ故に、労働契約が無効であっても共同体へ参入したという事実が存する限りは身分規程による規律の対象となるため、過去に労働者が獲得した身分規程に基づく権利（例えば、既往の労働に対する賃金請求権）は保持される。また、労働者が共同体に編入されることにより、「雇用の所有権」なるものが生じ、その地位は安定化することとなる。このような共同体への所属関係たる「労働関係」の存在こそが、デュランによれば、まさに労働法の特殊性（particularisme）を特徴付けるものであるとされる[12]。従って、契約法理とは異なる企業法理による規整、及び労働契約ではなしに「労働関係」を規律する身分規程（法律、労働協約、就業規則等）の発展により、労働契約は実際に衰退したとの評価を受ける。このデュランの学説は、公法学者のオーリュー（M. Hauriou）を始祖とする制度理論（la théorie de l'institution[13]）を企業に適用することを基礎に、フランス理論の不十分さを補充するためにドイツの経営共同体（Betriebsgemeinschaft）概念、編入説（Eingliederungstheorie）、ニキッシュ（A. Nikisch）・ジーベルト（W. Siebert）流の労働関係理論を導入し[14]、企業理論の体系化をはかろうとする点に特色を有する。

さて、このようなデュランの理論は、確かに先に示した戦後復興の課題に応えることを意図して主張されたものではあるが、次のような様々な問題点を有していた[15]。(i)デュランの理論は、契約の役割を極小化して契約が含む

---

12) P. Durand, Le particularisme du droit du travail, Dr. Soc. 1945, p. 298 et s.
13) オーリューの制度理論については、M. Hauriou, La théorie de l'institution et de la fondation (1925), Aux sources du droit, 1933, p. 96 et s. 三井・前掲論文Ⅰ(下)205頁以下参照。オーリューよりも後の制度理論の変質については、三井・前掲論文Ⅱ(一)41頁参照。
14) カメルランクは、デュランとドイツの理論の関係につき以下のように述べている。「彼（デュラン）の考えは、密接に、彼が自分の概論の中で詳細に分析する労働関係（relation de travail）に関するドイツの哲学的概念に結びついており、彼自らこの精神的な繋りを強調する」(G.H. Camerlynck, op. cit., p. 16.)。
15) この点について具体的には、三井・前掲論文Ⅱ(二)75頁以下参照。また、ロシャク（D. Loschak）は、デュラン流の制度理論に対する非難を要約し、「不十分な〔理論〕形成、それが実定法を説明できないこと、あるいはまたそのイデオロギー的前提」が非難されたとしている。D. Loschak, Le pouvoir hiérarchique dans l'entreprise privée et dans l'administration, Dr. Soc. 1982, p. 26.

交換的対立的要素を除去し、制度的共同体的関係たる「労働関係」を強調することによって企業における労使の協働（collaboration）を図ろうとする。従って、この理論は、労使関係を企業の経済目的の観点から企業の長の権力、裁量に委ねる結果ともなっている。即ち、企業は労働共同体であると考えられたために、労使の連帯（solidarité）や共通善（bien commun）に向けての労使の協働に力点が置かれると共に労使対立が看過され、しかも、「労働関係」は結合的人格的関係であると示される。また、共同体の共通善を実現するのはあくまで企業の長の責任であるとされたため、この長の権力は強大なままであり、これに対して従業員の参加権能は制限的なものとされる。このような理論は、戦前・戦中のコルポラティスム（corporatisme）の流れを引くものでありかつナチス時代のドイツの理論の影響も強く受けているためナチスドイツにおいて唱えられた「指導者原理（Führerprinzip）」との類似性が指摘されている[16]。そして、併せて、企業の経済目的の重視、労使協働の強調、使用者の権力の承認といった要因のため「使用者側のイデオロギー[17]」であるとの批判を受けることともなる。(ⅱ)デュランの理論自体が不十分、不完全なものであり一定の曖昧さを有する[18]。(ⅲ)この理論によっても実定法の現状を説明できるものではない[19]。

　以上で示したような問題点が存するために、デュラン以降の学説は、一定のニュアンスを伴いつつも企業制度論に対して一斉に非難ないし批判を行うこととなる[20]。また、もともと理論の原点に目を向けてみれば、制度における機関の権力の存在は承認するけれども、それを抑制・均衡して制度の理念あるいは目的の達成に必要な部分に限定し構成員の保護を図る[21]と共に制度

---

16) J.-C. Javillier, Droit du travail, 2ᵉ éd., 1981, p. 222.
17) ジェラール・リオン゠カーン「労働法におけるイデオロギー」（山口俊夫訳）日仏法学 9号21頁以下。
18) G. Lyon-Caen, Défense et illustration du contrat de travail, Archives de philosophie du droit, N° 13, 1968, p.p. 66 et 67.
　　G.H. Camerlynck, Rapport de synthèse, Le contrat de travail daps le droit des pays membres de la C.E.C.A., 1965, p. 150 et s.
19) G.H. Camerlynck, op. cit., 1982, p. 19 et s.
20) ibid., p.p. 17 et 18.

の構成員に参加の道を開くというのがオーリュー等にみられる初期の制度理論の趣旨であった[22]。従って、デュランの理論にも、(ア)企業の長の資格に固有の権力の承認、(イ)共通善の観点からの企業の長の権力の制限並びに従業員の参加の根拠付けという2つの側面があることは一応指摘しうるが、実際には(ア)の側面のみがクローズアップされ[23]、(イ)の側面が看過ないしは軽視された形で理論展開されたため、遺憾な方向で判例に影響を与えたと言うことができる。例えば、この点について、カメルランク(G.H. Camerlynck)が、デュラン流の考えが破毀院判決によって採用された懲戒に関する事例を分析した結果、「結局、使用者の特権の確認によってしか示されなかったし、労働者保護の分野においてそこから何ら新しい積極的な結果が引き出されることはなかった」ということを強調し批判していることが注目される[24]。

かかる状況のもと、デュラン説に対抗して労働契約優位論が登場し積極的に理論展開を図ることになる。このような労働契約優位論の傾向を示すものとして、ジェラール・リヨン＝カーン(Gérard Lyon-Caen)の次のような指摘を挙げることができる。即ち、「このように現在目撃されるのは契約の復権(réhabilitation du contrat)である」。「その(労働契約の)役割は、労務賃貸借(louage de services)契約が資本主義の黎明期に有していた役割とは同一視できない」。「現代法が促すのはその役割の再評価(réévaluation)である[25]」。これらのG・リヨン＝カーンの見解からも明らかなように、労働契約優位論は、時代に即応した新たな理論形成の必要性を感じ、よって契約理論の変遷を唱えてそれに対処していこうとするのである。そこで、労働契約優位論は、労

---

21) M. Hauriou, op. cit., p. 102 et s.
   E. Gounot, Le principe de l'autonomie de la volonté en droit privé, 1912, p. 299 et s.
22) ibid., p.p. 291 et 302.
   G. Morin, Vers la révision de la technique juridique, A.P.D.S.J. 1931, p. 83.
23) G. Lyon-Caen, Manuel de droit du travail et de la sécurité sociale, 1955, p. 222 は、企業制度論は、「使用者の一定の権限の拡大を正当化するために」労働法において唱えられたものである点を批判している。
24) G.H. Camerlynck, Le contrat de travail en droit français, Le contrat de travail dans le droit des pays membres de la C.E.C.A., 1965, p. 408.
25) G. Lyon-Caen, op. cit., Archives de philosophie du droit, N° 13, 1968, p.p. 60 et 67.

第 1 節　労働契約優位論の展開　111

働契約衰退論の主張者が自説を展開する根拠として依拠した諸要因と労働契約の関係をいかに解するかという理論的課題を負うことになる。それは、具体的には以下の2点に要約することができよう。(i)労働契約と身分規程 (statut) との関係をいかに考えるべきか。即ち、身分規程の発展により、契約当事者自らによって直接に議論を行ったうえで決定されるような契約内容は空になると共に、労働契約は一般契約法たる民法とは異なる身分規程に基づく原理により規律される傾向にある。このことを示す「契約から身分へ (du contrat au statut[26])」という現象を認めたうえでこれをどう捉えるか。(ii)労働契約と企業 (entreprise) との関係をいかに考えるか。即ち、(ア)集団的関係たる企業における法律関係の把握、(イ)従業員の企業参加問題、(ウ)使用者の諸権限（指揮権、就業規則制定権、懲戒権）の法的性格、(エ)雇用・労働条件の安定（「企業への所属の保障」）といった諸論点と契約理論をいかに調整するか。

以上(i)、(ii)の要素のうち特に(ii)の企業問題をめぐって学説は大きく2つに分かれているといってよい。ひとつは、(a)企業制度論が一定の理論的問題点を含んでいる点を捉えてこれを批判するけれども、企業制度論の中には一定部分労働法の将来の発展方向を示す要素もまた同時に含まれていると解し、これらの発展方向を示す要素のみを労働契約変遷の指導理念として採り上げ考慮ないし援用していこうとする立場であり、もうひとつは、(b)企業制度論を完全に否定・排除しようとする立場である。近年に至るまで引き続き有力に主張されてきているこれら優位論のうち、まず第2節で(a)説を、次いで第3節で(b)説を検討する[27]。即ち、労働契約優位論の論客のひとりであるG・リヨン＝カーンは、「労働契約の衰退 (déclin du contrat de travail) よりもむしろその新しい青春 (sa nouvelle jeunesse) に言及しなければならないであろう[28]」と述べているが、その「新しい青春」とはいかなるものなのかを明らかにすることが以下第2節、第3節の検討課題なのである。

---

26)　G. Lyon-Caen, op. cit., 1955, p. 177.
　　G. H. Camerlynck, De la conception civiliste du droit contractuel de résiliation unilatérale à la notion statutaire de licenciement, J.C.P. 1958, Ⅰ, 1425.
　　même auteur, Contrat de travail, Traité de droit du travail, t. 1, 1re éd., 1968, p. 257 et s.

第2節　企業制度論考慮型労働契約優位説

　本節では、労働契約優位論に立ちつつも、一定企業制度論を考慮していこうとする考えを検討する。この立場に立つ論者としては、ブラン=ガラン（A. Brun et H. Galland[29]）、リヴロ=サヴァチェ（J. Rivero et J. Savatier[30]）等の名を挙げることができようが、ここでは代表的な立場として比較的体系的に理論を展開しているカメルランク（G.H. Camerlynck[31][32]）の説を総合的な形で採り上げ検討を加えることとしたい。

1　企業制度論に対する批判

　カメルランクは、ヨーロッパ各国の分析[33]及びフランスの現状分析[34]を行った結果、デュランの理論に対してまずは激しい批判を浴びせている。即ち、カメルランクは、「ポール・デュランは、個人主義的かつ契約的な言葉ではなく、制度的かつ共同体的な言葉で分析されなければならない独自の企業構造を築き上げる[35]」と規定したうえで、この共同体としての企業概念が「曖昧さ（ambiguïté）」を有し現実と合致していないことを問題としている。

　(1)　カメルランクは、現実の個別的労使関係が、デュランの述べたような結合的あるいは制度的な関係ではなく、あくまで「〔財貨の〕交換契約（contrats

---

27)　以下で検討するのは、具体的には、(a)説の代表的なものとしてカメルランク説、(b)説の代表的なものとしてG・リヨン=カーン説である。
　　なお、この点に関しては、最近の労働契約理論に関する論文で、ジャモー（A. Jeammaud）が、労働契約の力強い再評価（réévaluation）を行った論者として、G・リヨン=カーンに加えてカメルランクの名を挙げているが、このことからも、労働契約優位論の展開をみるうえでこれら二者の理論が大きな重要性を有することがわかるであろう。
　　A. Jeammaud, Les polyvalences du contrat de travail, Études offertes à Gérard Lyon-Caen, 1989, p. 299, note（3）.
28)　G. Lyon-Caen, op. cit., Archives de droit du philosophie, N° 13, 1968, p. 67.
29)　A. Brun et H. Galland, Droit du travail, 1re éd., 1958, p. 6, p. 759 et s.
　　mêmes auteurs, Droit du travail, 2e éd., 1978, t. 1, p. x. et t. 2, p. 177 et s.
30)　J. Rivero et J. Savatier, Droit du travail, 9e éd. mise à jour, 1984, p. 75 et s., p. 177 et s., p. 458 et s.

d'échange）で出会うような」債権関係（lien d'obligation）のままであり[36]、また「賃金と〔使用者側の経営〕利益との間の避けられない対立」が存することを強調する[37]。従って、デュラン流の労使対立を看過して唱えられた労使協働的共同体的視点における、(i)労働者側の(ア)「忠実」義務（obligation de 《fidelité》）、(イ)使用者利益保護義務（devoir de sauvegarder les intérêts de l'employeur）、(ii)使用者側の(ア)援助義務（obligation d'assistance）、(イ)労働者利

---

31) 本節でカメルランクの考えを分析するために依拠した彼の文献は次のものである。なお、以下でこれらの文献を引用する場合は、各文献の末尾に付した略号を用いて行う。
G.H. Camerlynck, De la notion civiliste du droit contractuel de résiliation unilatérale à la notion statutaire de licenciement, J.C.P. 1958, I, 1428 [1]
même auteur, Le règlement des différends touchant l'exercice du pouvoir disciplinaire de l'employeur, y compris le renvoi, Dr. Soc. 1964, p. 80 et s. [2]
même auteur, Rapport de synthèse, Le contrat de travail dans le droit des pays membres de la C.E.C.A., 1965, p. 9 et s. [3]
même auteur, Le contrat de travail en droit français, Le contrat de travail dans le droit des pays membres de la C.E.C.A., 1965, p. 311 et s. [4]
même auteur, La réforme sociale de l'entreprise, D. 1967, p. 101 et s. [5]
même anteur, Contrat de travail, Traité de droit du travail, t. 1, 1re éd., 1968 [Ⅰ]
même auteur, Le contrat de travail, Droit du travail, t. 1, 2e éd., 1982 [Ⅱ]
même auteur, Le contrat de travail, Droit du travail, t. 1, 2e éd. mise à jour, 1984 [Ⅲ]
G.H. Camerlynck et M.A. Moreau-Bourlès, Le contrat de travail, Droit du travail, t. 1, 2e éd. mise à jour, 1988 [Ⅳ]
さて、本節では、カメルランクが基本的に同一の考えを体系的に展開し続けたように思われる1982年の『労働契約論 第2版』（G.H. Camerlynck, [Ⅱ]）までの諸文献を考察対象として彼の理論を抽出し検討を行うこととする。従って、それ以降のオルー法も含めた諸立法による改正点及びそれに対する彼の見解は注において補足すると共に、以後の文献で彼の基本的考えに大きな変化がみられるように思われる点については、別途これを取り上げ第5節3で詳しく検討する。
32) カメルランクの解雇理論に関する研究として、野田進「フランス解雇法改正の法理論的背景」阪大法学118＝119号113頁以下、また本書とは全く異なる視点からカメルランクの労働契約理論を取り扱うものとして、野田進「労働契約理論における民法の一般原則」阪大法学149＝150号199頁以下参照。
33) G.H. Camerlynck, [3], p. 139 et s.
34) G.H. Camerlynck, [4], p. 405 et s. ; même auteur, [Ⅰ], p. 18 et s. ; même auteur, [Ⅱ], p. 18 et s.
35) G.H. Camerlynck, [2], p. 81 ; même auteur, [4], p. 404 ; même auteur, [Ⅰ], p. 17 ; même auteur, [Ⅱ], p. 16.
36) G.H. Camerlynck, [3], p. 147.
37) G.H. Camerlynck, [4], p. 405 ; même auteur, [Ⅰ], p.p. 18 et 19 ; même auteur, [Ⅱ], p. p. 18 et 19.

益配慮義務（devoir de veiller sur les intérêts du salarié[38]）等を認めることは法的現実及び社会的現実から遠ざかることであるとの批判を彼は提示している[39]。

(2) また、カメルランクは、フランスの実定法の現状をみるとき企業共同体論には一定の問題点が存していることを指摘する[40]。彼によれば、企業が共同体であるというためには、少なくとも、以下のことが必須の前提条件であるとされる。即ち、㋐まず第1は、企業が、使用者によって追求される個人的な利益とは区別された固有の目的を追求する組織（organisme）であることが必要である[41]。また、更に、㋑「従業員と管理者の間の力強く感じられ、受け容れられた連帯（solidarité）」あるいは利益の連帯（solidarité d'intérêts）が存在していること、㋒労働者の共同体への所属の保障が図られていること、㋓懲戒や解雇に関しても含めて、使用者の一方的決定を排して、労働者の共同体の管理への参加が保障されていること、㋔そして何よりも、企業の長の権限が、共同体たる企業の良好な運営を保障するために行使される共同体の機関としての「職務的（fonctionnel）」権限であるということ、従って、その権限は、長によって恣意的かつ自由に行使されるものではなくて、厳格にこの「合目的性（finalité：即ち、企業の良好な運営の保障）」の観点から客観化され条件付けられて制限を受け、かつ懲戒や解雇に関しては構成員たる労働者保護のために一定事前手続が整備されていること等も必要であるとされる[42]。そこで、カメルランクは、現状分析を行ってみてこれらの要求項目が現実に満たされているのかどうかを検証しようと試みるのである[43]。

（i）経済的社会的領域に目をやれば、労使の利益は対立しており、労使の連帯も存しない[44]。

（ii）法技術の領域に目をやれば以下の3点が主たる問題点として示される。

---

38) この点について詳しくは、三井・前掲論文Ⅱ(二)64頁参照。
39) G.H. Camerlynck, [3], p.p. 147 et 148.
40) ibid., p. 150；même auteur, [4], p. 405；même auteur, [Ⅰ], p. 18 et s.；même auteur, [Ⅱ], p. 18 et s.
41) この点が、カメルランクの諸著作を通じて基底に流れる共同体論の基礎のように思われる。例えば、G.H. Camerlynck, [1]；même auteur, [2], p. 82 を参照。

即ち、(ア)まず第1に解雇である。カメルランクによれば、解雇は、何より
も「労働者の企業への所属に対する侵害 (atteinte à l'appartenance du salarié à
l'entreprise)」であると捉えられる[45]。従って、所属の保障を図るという観点
からすれば、解雇は、使用者が自由裁量的一方的に行うのではなくて、客観
的に枠付けられ制限されて、「企業の良好な管理を保障するために企業の長
に認められた職務 (fonction) の行使」たるべきであり、従業員側の関与も含
めた手続的保障も必要となる[46]。この点に関しては一定の立法的発展がみら
れた[47]。1973年には個別的解雇に関する法律が制定され、これは手続的保障、
解雇の真実かつ重大な理由の必要という改革をもたらした。しかし、(a)一定
の制限を受けるとはいえ、使用者はやはり一方的解約権を保有したままであ

42) これらの項目は、カメルランクがすべて一括して示しているのではなくて、以下のカ
 メルランクの各文献の該当箇所を総合して明らかとなるものである。G.H. Camer-
 lynck, [1]；même auteur, [2], p. 82；même auteur, [4], p.p. 404 et 407；même, auteur,
 [5], p.p. 101 et 102；même auteur, [Ⅰ], p.p. 17, 20, 437 et 438,；même auteur, [Ⅱ], p.
 p. 17 et 21.
 なお、カメルランクの諸論稿における主張を検討すれば、本文で挙げたことに加えて、
 企業の長の諸権限の行使に対して十分に行政及び司法のコントロールが及びうること
 も企業が共同体であるための要件であるとカメルランクが考えていることが明らかと
 なる。
 また、詳しく検討する余裕はないが、カメルランクが示す諸項目から引き出される企
 業共同体像は、労働者の保護に厚く、労働者の参加権能を大きく認めようとし、かつ
 企業の長の権限を大幅に制限しようという点において、デュランが提示するものとは
 かなり異なっていると言いうる。デュランの共同体像については、三井・前掲論文Ⅱ
 (一)43頁以下参照。
43) カメルランクのフランス現状分析についての検討を行うにあたって、以下では特別に
 示す以外は、G.H. Camerlynck, [Ⅱ], p. 18 et s. に依拠することとする。なお、この文献
 以前に現状分析を行って、企業制度論に対して同一の帰結を述べるものとして、G.H.
 Camerlynck, [3], p. 150；même auteur, [4], p. 405 et s.；même auteur, [Ⅰ], p. 18 et s.
44) カメルランクは、たとえ、労使に連帯が存するとしても、それは企業が経済的打撃を
 受けた時などに存する「相対的連帯 (relative solidarité)」にすぎず、好況時には労使
 の利益対立により打ち消され消滅すると考えている。
 G.H. Camerlynck, [Ⅱ], p.p. 18 et 19.
45) ibid., p. 354.
46) G.H. Camerlynck, [1]；même auteur, [Ⅰ], p. 263；même auteur, [Ⅱ], p. 353.
47) フランスの解雇法改正については、中村紘一「70年代フランスにおける雇用保障立法」
 季刊労働法107号83頁以下、73年法については、山口俊夫「フランスの新解雇保護
 法」学会誌労働法44号190頁以下、75年法については、保原喜志夫「フランス法にお
 ける経済的理由による解雇の規制」季刊労働法113号110頁以下等を参照。

ること、(b)「企業の長の特権を保護しようと配慮する」判例は、単に「表面上 (en apparence)」真実かつ重大な理由を持ち出すことを強いるにすぎないこと、(c)真実かつ重大な理由が欠如しているために違法とされる解雇については、強制復職を伴う無効ではなしに、単なる賠償の支払いという効果しか付着させられないこと等が問題点として挙げられる。また、1975年には経済的解雇に関する法律が制定され、一定の保護（例えば、一定の事項についての企業委員会への諮問、解雇に関する事前の行政許可制度[48]）が設けられたが、使用者は、解雇予定者数に関する企業委員会への諮問の後には、やはり解雇対象者を自由に選択する権利を有したままである[49]。

(イ) 身分規程 (statut) に関しては、就業規則は使用者によって一方的に作成されるままであり、カメルランクによれば、このような就業規則制定権は、あくまで使用者の「自由裁量権 (pouvoir discrétionnaire)」であると評されることになる（企業委員会は純粋に諮問的意見を述べるにすぎない[50]）。また、懲戒については、判例・学説の中には「使用者の資格に固有の (inhérent à la qualité d'employeur)」懲戒権の存在を認めるものがある。しかし、カメルランクによれば、このように企業制度論に影響を受けて定義された懲戒権ならば、本来、共同体的視点から権限を託された「職務機関 (l'organe fonctionnel)」た

---

[48] 経済的解雇に関する行政庁の事前の許可によるコントロールは1986年に廃止された。この点に関して、G.H. Camerlynck et M.A. Moreau-Bourlès, [Ⅳ], p.8 は、「企業の長の権限を増大させるだけである」と述べている。

[49] カメルランクは、企業の長が自由裁量的に解雇対象者を選定することは、「連帯の有機体的要請 (un impératif organique de solidarité)」に反すると考えている。G.H. Camerlynck, [1]

[50] フランスにおいて労働者を企業の市民にし、かつ労働者を企業の変革主体にすることを目指して推進されたオルー法改革において、就業規則法制について、作成の義務付け、記載内容の限定、企業委員会等の意見を聞くこと等大きな改革がもたらされた。いわゆるオルー4法のうちのひとつである1982年8月4日の法律が就業規則に関するものであるが、G.H. Camerlynck, [Ⅲ], p.4 は、この改革は、やはり企業の法的性質についての論争に「いかなる新たな光ももたらさない」と論じている（特に、ibid. p.3 は、就業規則が相変わらず「使用者のイニシァティブにおいて一方的に作成された文書のままである」ことを強調している）。なお、オルー法改革の具体的内容については、保原喜志夫「オルー法とフランス労働法の新展開」日本労働協会雑誌302号37頁以下参照。

る企業の長が制度の良好な秩序と実効性を保障するために行使すべきものとなるはずである。従って、このように懲戒権に認められる「合目的性（finalité）」は、その行使を厳格に条件付けなければならないこととなるし、また、労使同数からなる懲戒委員会の介入も含めた手続的保障も必要となる[51]。しかるに、労働法典は、懲戒に関し、懲戒の対象となる労働者の非違行為及びそれに対応する制裁も、懲戒委員会のような懲戒に関与するいかなる「『共同体的』機関（organe《communautaire》）」も、企業の長が遵守すべきいかなる手続も規定していない[52]。

(ウ) 企業管理についても、労働者を企業管理に結び付けるべきことを宣言する1946年憲法の前文により示される原則は、企業委員会が、企業内福利厚生等の一定の事項に関してを除いて、諮問的役割しか有しない（即ち、カメルランクによれば、「あらゆる形態の共同管理（co-gestion）が遠ざけられた」）という意味において死文（lettre morte）化した。従って、資本主義経済において企業の長は、企業を作り、変更し、あるいは閉鎖する裁量権を有すると共に、企業管理について、「〔労働者の実質的関与なしに〕自分ひとりで」決定する[53]。

以上のような状況のもとで、カメルランクは、「結局、企業は、個別的労使関係の主たる源泉としても補助的な源泉としても取り扱われ得ない」と結論を下す[54]。そして、労働共同体としての企業の構造が首尾一貫していない、即ち、共同体としての企業概念が曖昧であるとして、企業をアプリオリに共同体であると解するデュランの理論を批判するのである[55]。要するに、企業

---

51) G.H. Camerlynck, [1]; même auteur, [2], p.82; même auteur, [Ⅰ], p.438; même auteur, [Ⅱ], p.21.

52) 注50）で述べた1982年の法律は懲戒に関しても就業規則への記載、手続的規制及び裁判所のコントロールを含め大きな改革をもたらしたが、G.H. Camerlynck, [Ⅲ], p.4 et s. は、これについては一定評価を行っている。即ち、カメルランクは、使用者の権限が、「企業利益において行使される職務（fonction）」に近づくのでよりよく究極付けられる（finalisé）と述べて、従来の彼の見解をこの点についてのみ変更している。

53) この点についても、G.H. Camerlynck, [Ⅲ], p.6 は、オルー法改革全体を批判的に検討したうえで、「政府それ自体、改革案を示すことによって経営担当者の統一性及び企業の長の管理責任を尊重する意思を確認した」ことを問題としている。

54) G.H. Camerlynck, [3], p.153.

55) ibid., p.150.

の現状をみれば、カメルランクの想定する共同体像とは大きなギャップが存しているのである。そこで、カメルランクによれば、企業の長は、「その（企業の）所有者でかつ主人のままであ」り[56]、それ故、「いかなる資格においても〔機関としての〕職務権限を与えられた共同体たる企業の管理人ではない」との評価を受ける。そして、労働者は、「〔共同体たる〕企業の一部を成さ」ず、あくまでも自分のために尽くしていることとなる[57][58]。

2　労働契約と身分規程

　さて、以上で、カメルランクのデュラン理論に対する批判をみたが、次に、それでは、具体的に、カメルランクは、デュランが労働契約衰退の根拠として示した身分規程（statut）の発展をどう捉え、労働契約と身分規程の関係をいかに考えていたのかを考察する必要がある。

(1)　古典的契約概念と現代的契約概念

　カメルランクは、個別的労使関係について、19世紀に優勢であった民法的古典的契約概念の虚偽性、即ち、「個別的契約という自由主義的虚構（fiction libérale du contrat individuel[59]）」を指摘する。このような契約は、契約当事者に関する厳格な相互性、自由、平等という民法の原則に支配されており[60]、カメルランクによれば、「最高かつ平等な2つの意思という哲学的公準の中からその源泉を取り出す契約的神話（mythe contractuel）」との評価を受ける[61]。19世紀においては、自由経済、レッセ・フェールのもと労使関係への国家の法律による介入は差し控えられ、かつ団結禁止立法のもと労働組合、労働協約の発展も期待すべくもなかった。従って、個別的労使関係に適用しうる唯一の法源（seule source du droit）としては民法典が予定する個別的契約

---

56) G.H. Camerlynck, [Ⅱ], p. 19.
57) G.H. Camerlynck, [4], p.p. 409　et 410 ; même auteur, [Ⅰ], p.p. 21 et 22 ; même auteur, [Ⅱ], p.p. 22 et 23.
58) G.H. Camerlynck, [Ⅲ], p. 6 は、結局、オルー法改革によっても資本主義企業の本性は変わらないと述べている。
59) G.H. Camerlynck, [Ⅰ], p. 14 ; même auteur, [Ⅱ], p. 14.
60) G.H. Camerlynck, [1] ; même auteur, [Ⅰ], p. 257 et s. ; même auteur, [Ⅱ], p. 348 et s.
61) G.H. Camerlynck, [1]

第2節　企業制度論考慮型労働契約優位説　119

（労務賃貸借《louage de services》）が存するのみであり、「適法になされた合意は当事者にとっては法律の代わりとなる」と定めた民法典1134条がこのことを保障していた。それ故に、以上のような状況のもとでは、他律的規範（特に、法律及び労働協約）の総体を意味する「職業的身分規程（statut professionnel）」という観念は容れる余地はなかったのである[62]。

　かくして、力において優る使用者に直面する労働者は、「個別的契約という自由主義的虚構」のもとで、使用者と個々の労働者の個別的対話に帰着する「労使関係の細分化[63]」により悲惨な状況に置かれることになった[64]。そこで、これに対処し労働者の保護を図るべく、ようやく19世紀末葉より立法による国家の介入が始まると共に、団結禁止も解かれ労使関係における交渉の中心も集団的領域に移行し、法律、労働協約を中心とする身分規程（statut）が形成されることになる[65]。

　さて、カメルランクは、身分規程の形成こそが労働契約変遷の要因であるとして、この身分規程の役割を重視する。例えば、カメルランクは、1958年に著した解雇に関する自己の論文で、期間の定めのない契約は、当事者の双方からいつでも自由に一方的に解約できるという民法の相互性の原則が、労働協約によって労働者の保護を図るような形で変更される傾向があり、従って、労働者の「退職（démission）」の自由は保持されつつも使用者の行う「解雇（licenciement）」は前者とは区別されて規制を受ける方向での発展がみられることを強調している。そして、このことに加えて、法律もまた様々に「解雇」に関して規制を加えてきているという状況を示している。それ故に、こ

---

62) G.H. Camerlynck, [Ⅰ], p. 8 et s.; même auteur, [Ⅱ], p. 8 et s.
63) G.H. Camerlynck, [Ⅰ], p. 14; même auteur, [Ⅱ], p. 14.
64) G.H. Camerlynck, [4], p. 394; même auteur, [Ⅰ], p. 12; même auteur, [Ⅱ], p.p. 11 et 12.
65) G.H. Camerlynck, [4], p. 394 et s.; même auteur, [Ⅰ], p. 12 et s.; même auteur, [Ⅱ], p. 12 et s.
　なお、この身分規程の形成について、民法学者のジョスラン（L. Josserand）が、「労働者の、社会的経済的必要の圧力のもとで形成されなければならなかった労働の一般的身分規程（statut général du travail）」と述べている点が注目される。
　L. Josserand, Cours de droit civil positif français, t. 2, 9ᵉ éd., 1939, p.p. 747 et 748.

れら身分規程における発展によって、かつての民法の厳格な相互性の原則に支配された自由な一方的解約（résiliation uniratérale）という概念とは異なり、「退職」と区別された、一定の規制を受けつつある「解雇」という概念が明確化される傾向にある。そこで、彼は、このような「解雇」概念の民法規範からの離脱及び独自性の獲得故に、そして、とはいうものの解雇規制はまだ十分なものと言えないので、労働協約の発展に加えて、更に法律を発展させて改革を押し進め、個別的理由による解雇と経済的理由による解雇の区別、解雇手続の整備等も含めた確固とした解雇規制法制を確立すべしとの立法論を展開した[66]。従って、彼は、この論文に、「一方的解約という契約法の民法的概念から解雇という身分規程によって規定された概念へ（De la conception civiliste du droit contractuel de résiliation uniratérale à la nction statutaire de licenciement）」というタイトルを付している[67]。これは明らかに「契約から身分へ（du contrat au statut）」ということを意識した表現である[68]。しかし、彼が実際に主張したいことは、労働契約の衰退ではなしに、労働契約に関する法理は契約一般法たる民法から離れて身分規程によって定められる傾向にあるということであり、従って、別著において、解雇のみならず労働契約法理全般に渡り、労働者を悲惨な状態に置いていた古典的契約概念からの解放、つまり、「一般債権法を鼓舞する契約の自由と平等という伝統的な自由主義的概念（concepts libéraux classiques de liberté et d'égalité contractuelles inspirant

---

66) カメルランクは、1982年の『労働契約論 第2版』において、立法の発展により、一定自己の立法論的主張が実現したことに言及している。即ち、法律（loi）は徐々に「使用者の一方的解約権を制限してきた」のであり、「自由と相互性という伝統的な民法原則から解放された新しい解雇理論（une théorie nouvelle du licenciement）」を作り上げたことを彼は認めるのである。詳しくは、G.H. Camerlynck, [II], p.13.
67) G.H. Camerlynck, [1]. この論文と同一趣旨のことを述べるものとして、G.H. Camerlynck, [I], p.257 et s.; même auteur, [II], p.348 et s.
なお、カメルランクの具体的主張内容については、野田・前掲「フランス解雇法改正の法理論的背景」136頁以下参照。
68) ジェラール・クーチュリエ「フランス法における労働契約」（山口俊夫訳）日仏法学会編『日本とフランスの契約観』（1982年、有斐閣）153—154頁参照。なお、本文で述べたことからも明らかなように、これは「市民法から社会法へ」の流れと同義と考えてよいであろう。

le droit commun des obligations）からの解放」がみられることを強調している。即ち、労働契約は、「社会法（droit social）の文脈及び要求に基づく民法典の規範の際立った修正をまさにその法制度の中で受けた」のであり[69]、労働条件の最低基準の設定も含めて「法源の階層及びそれらの引き続く介入によって、システムのダイナミズムは、実際、労働者の地位の改善に向けられる[70]」ことになる。これは、まさしく身分規程による労働契約理論の変遷を述べたものに外ならない。このような労働者保護の方向における発展のおかげで、労働契約は「技術的優位性（primauté technique）」を保持することができた、即ち、法技術として衰退するのではなくその優位性を保つことができたとカメルランクは考えるのである[71]。そして、彼は、身分規程の中でも特に立法者に道を開く労働協約の役割に注目しており[72]、また、労働協約を「社会進歩の注目すべき道具（instrument remarquable de progrès social）と評価している[73]。

(2) **労働契約の重要性**

このように「技術的優位性」の保持が確認された労働契約は、当然その重要性を有し、以下のような３つの基本的役割を果たす。即ち、(i)労働契約は当事者の選択の自由を示し、心理学的価値を有する。(ii)労働契約は労働者（salarié）の地位を獲得するための通常の法形態であり、そのメルクマールたる法的従属性は労働法の保護規定の適用領域を定める。(iii)労働契約は、労働者の職業資格（qualification）及びそれに対応する賃金を定めることによって身分規程を調整して各個人にその個別的最終的適用を行うと共に、身分規程よりも有利な条件を定めることができる。従って、カメルランクによれば、「様々な点において個別的労使関係を規律する発生論的かつ規範的源泉（source génétique et normative）として個別的契約によって演じられる役割は、実際、法及び事実の領域において基本的なままである」ということになる[74]。

69) G.H. Camerlynck, ［Ⅰ］, p. 25 ; même auteur, ［Ⅱ］, p. 26.
70) G.H. Camerlynck, ［4］, p. 411 ; même auteur, ［Ⅰ］, p. 23 ; même auteur, ［Ⅱ］, p. 24.
71) G.H. Camerlynck, ［Ⅰ］, p. 25 ; même auteur, ［Ⅱ］, p. 26.
72) G.H. Camerlynck, ［Ⅰ］, p.p. 29 et 30 ; même auteur, ［Ⅱ］, p. 36.
73) G.H. Camerlynck, ［Ⅰ］, p. 29 ; même auteur, ［Ⅱ］, p. 35.

さて、この点を踏まえたうえで、注目すべきは彼の次のような見解である。「『条件行為』たる労働契約の締結は、広くすでに制定されており、解雇のメカニズムがその不可欠の一部をなす身分規程（statut）への必然的な附合を導く[75]」。要点は、カメルランクが労働契約の優位を説いたうえで労働契約を条件行為であると述べていること、つまり労働契約を条件行為と結合させている点である。かつては、条件行為（acte-condition）概念は、契約に対抗する概念として労働契約衰退論の立場から有力に主張されていた[75]。即ち、当事者が自らの主観的意思により一時的な債権債務を作り出すにすぎない契約とは異なり、条件行為は、すでに客観的に存在する特定の法規範をある個人に適用するための条件となる法律行為であり、条件行為によって設定される個人の法的地位は、そのような法規範によって直接に規律される、安定した、従って法規範が存続する限り維持される客観的なものとして示された[77]。そして、身分規程の発展により労働契約は衰退し、労使の個別的合意はすでに存在する身分規程を適用する条件行為にすぎなくなると説かれた[78]。かかる労働契約衰退論には様々な問題点が存しており、激しく批判を受けた。しかしながら、これに対し、カメルランクは契約と条件行為を対立するものと考えることを否定したのである[79]。つまり、彼は、労働契約は身分規程の発展により附合契約化するけれども、身分規程によって解雇規制も含めて労働者の地位が安定化するという点に着目して労働契約を条件行為であると述べたものと思われる。このことをもう少し具体的に説明するためには、プラン＝ガランの次のような見解を示すことで十分であろう。即ち、労働契約は附合契約化

---

74) G.H. Camerlynck, [Ⅱ], p. 23 et s. なお、同旨を述べるものとして、même auteur, [4], p. 410 et s.; même auteur, [Ⅰ], p. 22 et s.
75) G.H. Camerlynck, [1]; même auteur, [Ⅰ], p. 263; même auteur, [Ⅱ], p. 352. なお、本文での引用は第3の文献に依った。第1、第2の文献では「身分規程（statut）」の部分は、「職業的身分規程（statut professionnel）」となっている。
76) この点について、詳しくは、三井・前掲論文Ⅰ(下)202頁以下。
77) L. Duguit, Traité de droit constitutionnel, 3ᵉ éd., t. 1, 1927, p. 311 et s., p. 328 et s.
78) G. Scelle, Précis élémentaire de législation industrielle, 1927, p. 174.
79) この点がまさにデュランの理論とは根本的に異なるカメルランクの考えである。このことに関連して、P. Durand, Aux frontières du contrat et de l'institution : la relation de travail, J.C.P. 1944, Ⅰ, 387.

第 2 節　企業制度論考慮型労働契約優位説　123

するが、その特徴は、強者が弱者に一方的に条件を課すのではなしに、「二当事者が、予め用意された公式の前で屈するよう義務付けられる」ところの双方的附合（l'adhésion bilatérale）であり、労働者の保護を図る身分規程には使用者も従わざるを得ないのである[80]。

　以上のことから、カメルランクは、「まさに労働契約概念は拡大された。労働契約は可算的（comptable）で窮屈な民法的概念から解放された」と述べている。即ち、労働契約に関する基本原則が身分規程によって民法規範から離れて独自性を有するということに加えて、労働契約の内容が身分規程によって規律されることにより労働者保護が図られるため、「個別的契約から生じた絆（lien）は全く遠ざけられあるいは禁じられたのではなくて、安定させられ、引き延ばされ、そして豊かになった」のである。確かに、民法的な契約概念の見地からすれば、本来、労働契約の唯一の直接的双務的な目的（seul objet synallagmatique immédiat）は、労働の提供であり、それが実際に履行されることに応じて相関的に賃金債権が生ずることとなるのだが[81]、カメルランクは、そのような原則には捉われない労働契約の豊かさの例として、必ずしも実際の労働の提供には直接関係のない一定の利益が法律や労働協約によって付着せしめられる年功権（ancienneté）の存在を示している[82]。そしてまた、カメルランクが労働契約の変遷における立法者に道を開く労働協約の重要性を述べていることは前項で指摘した通りだが、「結局、労使関係の集団的領域への移行は、個人の契約的地位（statut individuel contractuel）を改善する使命を有する」とも述べるのである[83]。

　要するに、カメルランクが結論付けるところによれば、「数世紀の間、労働契約は資本主義経済において労働者搾取の手段を構成した」のだけれども、

---

80) A. Brun et H. Galland, Droit du travail, 2ᵉ éd., t. 1, 1978, p. 139.
81) G.H. Camerlynck,［Ⅰ］, p. 25 ; même auteur,［Ⅱ］, p. 26.
82) G.H. Camerlynck,［Ⅰ］, p. 26 ; même auteur,［Ⅱ］, p. 27. なお、この労働者の年功権に法律、労働協約等によって付着される利益の例としては、㋐年功特別手当（prime d'ancienneté）、企業利益への参加、㋑従業員の代表機関（従業員代表、企業委員会）に関する集団的領域における選挙権、被選挙権の条件、㋒解雇時における解雇予告期間、解雇手当、集団的解雇の順序等における諸利益、を挙げることができる。G.H. Camerlynck, G. Lyon-Caen et J. Pélissier, Droit du travail, 12ᵉ éd., 1984, p. 91.

「〔労働者に〕有利な結果をもたらす発展は、その（労働契約の）名誉を回復させる。即ち、労働法の改良された構造内のその正当な場所に位置付けられるので、それは広範な範囲において労働者のために保護及び社会進歩の道具となった」のである[84]。

3 労働契約と企業

さて、カメルランクは、労働契約の優位性を示したうえで、労働契約による「労働者の企業への所属（l'appartenance du salarié à l'entreprise）」に言及し、また、労働契約の変遷による労働者の地位の安定化につき「このように企業に組入れられた協働者の雇用保障（la sécurité de l'emploi d'un collaborateur ainsi intégré à l'entreprise）」の増大であるとも述べている。そのうえ、やはり、企業概念（la notion d'entreprise）、「労働関係（relation de travail）」概念を保持すべきことも併せて示唆している[85]。果たして、このような主張をカメルランクはいかに彼の企業制度論批判及び労働契約優位論と調和させるのであろうか。

カメルランクの企業制度論＝企業共同体論に対する批判は、本節1で詳述したところであるが、それをここで再び要約すれば次の2点となろう。即ち、(ｱ)ひとつはデュランの理論自体が全体としてみれば一定の問題点を含んでいるということであり、(ｲ)もうひとつは現状分析を行ってみて現状の企業が到底共同体とは言えないということである。従って、カメルランクが、企業概念に関して強調するのは、あくまで、(i)「将来に関しては（Quant à l'avenir）」、(ii)「牧歌的な共同体概念に関するいくらかの留保（quelques réserves）」をなし

---

83) G.H. Camerlynck, [4], p. 412 ; même auteur [Ⅰ], p.p. 24 et 25 ; même auteur, [Ⅱ], p. 26. また、G.H. Camerlynck, G. Lyon-Caen et J. Pélissier, op. cit., p. 168 も参照。
なお、ここで言う statut は、規範の総体というよりもむしろ個人の法的地位を意味する。この点については、L. Duguit, Les transformations du droit public, 1913, p. 115. 併せて、三井・前掲論文Ⅰ(上)177頁も参照のこと。
84) G.H. Camerlynck, [4], p. 413 ; même auteur, [Ⅰ], p. 25 ; même anteur, [Ⅱ], p. 26. また、G.H. Camerlynck, G. Lyon-Caen et J. Pélissier, Droit du travail, 12ᵉ éd., 1984, p. 168 も参照。
85) G.H. Camerlynck, [Ⅰ], p.p. 25 et 26 ; même auteur, [Ⅱ], p.p. 26 et 27.

うるということである[86]。そこで、彼は、デュランの企業制度論を将来的見地から「予測（anticipation[87]）」あるいは「潜在的性質に富む学説上の構成[88]」と解し、この理論は労働法の発展の意味（le sens de l'évolution）を理解することを認めると考えるのである[89]。

それ故、以下では、カメルランクによるデュラン理論の評価部分の具体的内容を明らかにしなければならない。まず、カメルランクが述べるデュラン理論の「発展の意味」の第1のものを示せば次の点であろう。つまり、「ポール・デュランの考えは、企業に全体としての有機的信用を与えることによって、それでもやはり、その時代に強く根を下ろしていた個人主義的概念に対抗して有利な結果をもたらす反応を示した」ということである[90]。カメルランクは、かつて1964年に出版されたヨーロッパ石炭鉄鋼共同体（C.E.C.A.）の各国の労働契約理論を比較して論ずる報告書の中のフランス法の部で、リヴェロ＝サヴァチエ説を引き合いに出し、彼らが「我々が加担するであろう（nous nous rallierons）ニュアンスある能度を彼らの提要の中で採る」と述べたあと、将来の展望として彼らの労働法教科書の一部を引用している[91]。この部分は、1982年に出版された『労働契約論　第2版』の中では次のような

---

86) G.H. Camerlynck,［Ⅱ］, p. 23.
　　なお、野田・前掲「フランス解雇法改正の法理論的背景」140頁は、カメルランクの解雇理論がデュランの企業制度論との関係でいかなる理論的系譜に位置するのかにつき「明確な解答を準備しえない」としている。そして、その理由のひとつとして、カメルランクが一方で「企業制度論に否定的評価」を示しながら、他方で「企業制度論に同調するかにみえる論稿」を発表し、彼の考えに「振幅」が見受けられる点を指摘している。しかし、このような指摘は問題であろう。即ち、カメルランクは、あくまで、諸著作において、デュラン理論について「現状分析」と「将来的ヴィジョン」を明確に区別して論じており、「将来」についてのみデュラン説の援用をはかろうとするのである。従って、野田論文が述べるカメルランクの考えの「振幅」というものは、カメルランクの企業制度論に対するフランスの現状と共同体像との乖離についての指摘と将来的立法論的援用の主張の差異にすぎない。
87) G.H. Camerlynck,［3］, p. 150.
88) G.H. Camerlynck,［4］, p. 410 ; même auteur,［Ⅰ］, p. 22. なお、同旨を述べるものとして、même auteur,［1］; même auteur,［2］, p. 82.
89) G.H. Camerlynck,［4］, p. 410 ; même auteur,［Ⅰ］p. 22.
90) G.H. Camerlynck,［Ⅱ］, p. 23.
91) G.H. Camerlynck,［4］, p.p. 405 et 410.

表現に変えられている。即ち、「J・リヴェロとJ・サヴァチエは、彼らの提要の中で、適切な表現（heureuse formule）によって、ニュアンスある態度を採った」となっている[92]。とにかく、ここで問題とされているリヴェロ＝サヴァチエ説は立法を導く理念として企業制度論を重視しようとするものであり、具体的には次のようなものである。彼らによれば、現状を制度理論を用いて説明しようとするデュラン説も企業制度論を完全に否定しようとする立場も共に「全体的な現実に応えているようにはみえない」のであり、従って、企業制度論に対する評価としては、「実定法の一定の方向を最も正確に特徴付けるように思われるのが、それ（企業制度論）である。即ち、それは歪める以上のことを前もってするということが期待されうる」と述べるのである[93]。これは、前項で示したことと併せて解せば、労働契約が個人主義的な民法概念から離脱することに役立った身分規程（statut）の発展を促し方向付けるのが企業制度論に外ならないということになろう。

　従って、次に、「発展の意味」の第2のものとしては、立法の発展方向を具体的に示すカメルランクの以下の見解を指摘しうるであろう。即ち、「その（企業の）長の権力の増大を正当化するよう運命付けられる権力的なネオパターナリズム（néopaternalisme autoritaire）から企業を解放するという条件で、そこに反対に構成員たる労働者の保護の技術（technique de garantie et de protection）を見る」ことにより企業制度論を援用しうるとカメルランクは考えているのである[94]。すでに第1節で述べたところではあるが、もともと制度理論を企業に適用することの意味は、企業の長の権力を制度の機関の権限として正面から認めるが、それを企業の目的達成に必要な部分に制限して労働者の保護を図り、かつ労働者の企業参加への道を開こうとするものであった。そして確かに、デュランの企業制度論は労働者の企業参加の根拠付けを行った点に意義を有するとされるのであるが、その側面は不十分でかつ弱いものであったため、結局は使用者側の強大な権力を正面から認める結果となり、

---

92) G.H. Camerlynck, ［Ⅱ］, p. 18.
93) J. Rivero et J. Savatier, Droit du travail, 9ᵉ éd. mise à jour, 1984, p. 184 et s.
94) G.H. Camerlynck, ［Ⅰ］, p. 22.

契約的技術では説明不可能な使用者の権力の拡大を正当化するものであるとして激しく非難を浴びた。これに対して、カメルランクは、制度理論のもともとの初期の意味を再確認し、それを労働者保護の点から展開しようとするのである。それ故に、カメルランクが目を向けるのは、(ア)立法による従業員代表（délégués du personnel）制度、企業委員会（comités d'entreprise）の創設、(イ)国有化企業における労働者の利益参加、(ウ)職業的懲戒的身分規程の適用あるいは企業の経済的管理及び利益参加に従業員を結び付けようと試みる労働協約〔が存在すること〕、等であり、たとえこれらが不十分なものであろうとその「方向性」を評価し、これらが発展（évolution）の「前兆を示す（présagent）」と述べるのである[95]。要するに、これらの更なる積極的な労働者の保護を図る形での参加的発展へ向けての立法的促進こそがカメルランクの企業制度論援用の焦点なのである。ここでは、紙幅の関係から、カメルランクの懲戒制度に関する将来へ向けての立法論的提言のみを取り上げて検討してみよう[96]。即ち、懲戒権に制度的性格を認めることは、「その発展の指導方向（lignes directrices de son évolution）」を捉えることを許すとカメルランクは考える。具体的には、労働者が一部をなす共同体に対する義務違反、そしてその共同体の良好な運営を危くする義務違反を処分することを目的とするので、懲戒権は、企業の良好な運営を保障するという企業の長の共同体の職務機関としての権限であり、そのため企業の長の恣意的行使は排除され、この権限は徐々に組織され制限されていく。そして、それには、非行（fautes）及びそれらの重さに均衡した制裁の確定的列挙、労働者の利益を保護するための手続の採用（例えば、最低限の保障として、カメルランクは、従業員代表あるいは組合代表に伴われた対象者の意見聴取、労使同数から成る懲戒委員会への対象者の出頭、課される制裁に対する司法的コントロールを挙げている[97]）が伴う。更に、直接の利害関係当事者集団、企業、職業の各段階において設けられる組織に訴える懲戒紛争解決の新しい技術の発展も付け加えられる。

---

95) loc. cit.；même auteur, [4], p. 410.
96) G.H. Camerlynck, [2], p.p. 81 et 82. なお、この点に関連して注42）を参照のこと。
97) G.H. Camerlynck, [Ⅰ], p. 438.

最後に、第3番目として、カメルランクが企業を単に経済的単位としてのみ捉えることに反対している点を指摘できよう。彼によれば、「専ら企業を最大限の利益を確保しなければならない生産の経済的単位と考えるシステムは今日時代遅れのように思われる」のである。それ故に、企業は、経済的単位であるのみならず、「その内部において人間の基本的な機能、即ち、まさに人格の発露たる職業活動が解放される社会的単位」であるべきだとされ、これが進行中の発展の意味として理解される[98]。従って、彼は、1967年に著した「企業の社会的改革（La réforme sociale de l'entreprise）」なる論文において、このような方向へ向けての自己の立法論的企業改革構想の第1段階を示す[99]。彼が述べるところによれば、企業を共同体に構成しようと改革を図るためには、まずその前提として、労働者が構成員となるであろう共同体へのその労働者の所属の保障が必要なのである。即ち、「『共同体としての』企業（l'entreprise《communautaire》）」の第1の敵は解雇である。というのも、十分な解雇規制が存さず使用者によって一方的に自由裁量的に解雇されるならば（カメルランクは、このことを、「使用者の絶対主義（absolutisme patronal）」と述べている）、労働者側はその「奥深い不安感（sentiment profond d'insécurité）」故に、あらゆる協働（toute collaboration）を排除するからである。このような状態のもとでは、「いかなる企業『精神』もいかなる企業『意識』も存しない」ことになる。そのため、労使の連帯は欠如し、これは、カメルランクの言葉をそのまま引用すれば、「真の共同体の形成にとって通常かつ必要欠くべからざる要素が欠けている」ことなのである。以上の理由から、カメルランクは立法による解雇規制の必要性を説き有力に立法論を展開していくこととなる。要するに、本節1で示したようなカメルランクが前提として考える方向での解雇規制こそが企業への所属を保障するものに外ならないのである。その後、フランスにおいては、カメルランクの視点からすればまだ不十分なものでは

---

98) G.H. Camerlynck, [Ⅱ], p.p. 23 et 354.
99) G.H. Camerlynck, [5], p. 101 et s. カメルランクの主張の具体的内容については、ここでは詳しく触れる余裕がないので、野田・前掲「フランス解雇法改正の法理論的背景」144—145頁参照。

あるが、解雇規制立法が制定されることになる。このような立法の発展方向も念頭に置いて、彼は、将来的見地から1982年の『労働契約論　第2版』では「密接な連帯が結合させ、法が組織しようと努力する人々の間の真の労働共同体（véritable communauté de travail）と考えられる企業」と述べることとなる[100]。

　さて、とにかくここで、彼の考えを要約すれば次のようになろう。即ち、現状においては、到底デュランの述べるように企業を共同体であるとは言えないが、しかしながら、デュラン理論のうちの一定部分を考慮して、それを指導理念として援用し展開していくことによって立法改革を促し、将来に向けて労働共同体を作り上げようとする立場がカメルランク説である。

　このようなカメルランクの企業理論と、すでに示した労働契約優位論との接合の帰結は、労働契約による労働者の企業への所属ということになり、将来のヴィジョンとしては、例えば、ブレーズ（H. Blaise）が述べる次のような見解に近いものと思われる。即ち、「労働者をその使用者に結び付けていき、従って、この労働者が企業が構成する労働共同体の構成員になることを認める絆紐が生ずるのはこの契約（労働契約）によってである」。つまり、労働契約の締結とは区別され、後に実際に企業あるいは事業所に労働者が赴いて企業の長の権力に服したときに生ずるとされるデュラン流の制度への加入たる編入（incorporation）ないしは参入（entrée）の概念を排除し、労働契約こそが「労働者の企業への組入れ（l'intégration du salarié dans l'entreprise）」を行う法律行為であるということを承認するのである[101]。従って、カメルランクが、「労働関係（relation de travail）」概念を保持すべきことを示唆しつつ[102]、「しかしながら、もしも、それを労働契約関係に対立させるのではなくて、労働契約あるいは類似の約定から生ずる法律関係として定義するならば、労働関係

---

100) G.H. Camerlynck, [Ⅱ], p. 354.
101) H. Blaise, Les conventions de travail, Le droit contemporain des contrats, 1987, p. 59 et s.
　なお、デュランの編入ないしは参入理論については、三井・前掲論文Ⅱ(二)56頁以下参照。
102) G.H. Camerlynck, [Ⅰ], p. 25 ; même auteur, [Ⅱ], p. 26.

(relation de travail）という表現を用いることには不便は存しない[103]」と述べていることの意味が理解されるであろう。

以上のことから、契約の部分と制度の部分を峻別し労働契約の衰退を主張したデュランの理論とは異なり、カメルランクはあくまで労働契約変遷の指導理念として企業制度論を重視し援用するにすぎないということが明らかとなる。カメルランクが、労働契約の社会法的変遷に伴って契約内容が豊かになったと指摘したあとで、その例として、法律、労働協約によって一定の利益が付着される「年功権（ancienneté）」を挙げたうえで、その中に「個別的労使関係の制度的概念の表明（une expression de la conception institutionnelle des rapports de travail[104]）」を見ることができたと述べていることが、上記の制度理論に基づく労働契約の変遷についての彼の考えを端的に物語ると言えよう。

要するに、(i)労働協約、法律を中心とする身分規程（statut）の発展によって民法的概念から離脱し労働者の保護が図られたことで、現在において労働契約が法技術としての優位性を保持したことの確認、(ii)将来に向けて立法を発展させることにより企業改革を行って企業共同体を作り上げ、このように優位性を保持した労働契約を共同体的視点から更に変遷せしめ労働者の共同体への所属の保障を図ること、以上の2点がカメルランクの理論の骨子である[105]。従って、社会党のミッテラン政権のもとで、労働者を企業の市民にすると共に労働者を企業における変革の主体となすことを主眼として公にされ

---

103) G.H. Camerlynck, [3], p. 153.
104) G.H. Camerlynck, [Ⅰ], p. 26. なお、G.H. Camerlynck, G. Lyon-Caen et J. Pélissier, op. cit., p. 91 は、「このように企業に組入れられた協働者たる労働者によって獲得される年功権（l'ancienneté acquise par le collaborateur salarié ainsi intégré à l'entreprise）」と述べている。
105) 注86)で述べたこととも関連するが、野田・前掲「フランス解雇法改正の法理論的背景」140頁が、カメルランクの理論とデュランの理論がいかなる関係に立つか明確な解答を準備し得ないとしていることにもう1度言及し反論を加えておく。カメルランクは諸著作において何度も繰り返して、労働契約優位論に立ちつつも将来に向けてはデュランの理論を指導理念として企業共同体を形成し労働契約を変遷せしめる方向で受容していく旨の自説を明確に展開しており、まさにこの点が彼の解雇理論を含む労働契約理論全体の核心に外ならない。従って、デュラン説とカメルランク説の理論的関係の位置付けの理解については明確な解答を容易に提示しうると共に、これこそが現代フランス労働契約理論を理解するうえで重要な事項であると言わねばならない。

た 1981 年のオルー報告書及びそれに引き続く 1982 年のオルー法改革に検討を加えて、カメルランクが、「労働契約から生じた個別的関係の性質及び役割は、本質的に変更されたのか[106]」と問うたことは、まさに、立法によって共同体へ向けての企業改革を熱望する彼の見解からすれば当然のことであろう。

第3節　企業制度論否定型労働契約優位説

本節では、フランスにおける労働契約優位論のもうひとつの有力な流れとして、企業制度論を完全に否定・排除して労働契約の優位を確立しようと努める理論的立場を検討する。この理論系譜の中に位置付けられる論者としては、ジャヴィリエ（J.-C. Javillier[107]）、オリエ（P.-D. Ollier[108]）等の名を挙げることができるが、ここでは、マルキシズム法学の立場から一貫して激しくデュランの理論を批判し、かつ積極的に労働契約優位論を展開するG・リヨン＝カーン（Gérard Lyon-Caen[109][110]）説を総合的かつ体系的な形で採り上げ考察の対象としたい。

---

[106] G.H. Camerlynck,［Ⅲ］, p. 2.
[107] J.-C. Javillier, Droit du travail, 2ᵉ éd., 1981, p.p. 56, 57, 217 et s.
[108] P.-D. Ollier, Le droit du travail, 1971, p.p. 76-78.
[109] 本節でG・リヨン＝カーンが確固たる視点から力強く一貫して展開し続けた考えを分析するが、そのために依拠した仏語文献は次のものである。なお、以下でこれらの文献を引用する場合は、各文献の末尾に付した略号を用いて行う。
G. Lyon-Caen, L'entreprise dans le droit du travail, Études droit contemporain, 1966, p. 323 et s.［1］
même auteur, Défense et illustration du contrat de travail, Archives de philosophie du droit, N° 13, 1968, p. 59 et s.［2］
même auteur, Une anomalie juridique : le règlement intérieur, D. 1969, p. 248 et s.［3］
même auteur, Du rôle des principes généraux du droit civil en droit du travail, Rev. tri. dr. civ. 1974, p. 229 et s.［4］
même auteur, Du nouveau sur le règlement intérieur et la discipline dans l'entreprise, D. 1983, p. 9 et s.［5］
même auteur, Manuel de droit du travail et de la sécurité social, 1955［Ⅰ］
G. Lyon-Caen et J. Tillhet-Pretnar, Manuel de droit social, 3ᵉ éd., 1980［Ⅱ］
[110] 本書とは全く異なる視点からG・リヨン＝カーンの労働契約理論に検討を加えるものとして、野田・前掲「労働契約理論における民法の一般原則」参照。

1　企業制度論に対する批判

　G・リヨン＝カーンは、諸論稿において一貫して激しく企業制度論批判を展開しているが、以下では、その主たる論点を整理して呈示してみよう。

　(1)　G・リヨン＝カーンによれば、まず第1に、デュランの学説は「現実的根拠に基礎を置いていない[111]」ものであり、「純粋な学説上の構成（pure construction doctrinale[112]）」であるとされる。

　デュランは、企業における長と労働者の間の共同体的関係を強調し、これを結合的人格的なものと捉えていた。これに対し、G・リヨン＝カーンは反論を加え、このように労使の個別的関係を人格的なものとして捉えることは、「経済的社会的現実の無視によって得られるフィクションから生ずる」と述べている[113]。即ち、G・リヨン＝カーンは、使用者と労働者の間には「共通の利益」が存せず、また、あくまで個別的労使関係は結合的あるいは制度的な関係ではなく、労働の提供と賃金の交換関係であることを強調するのである[114]。従って、「企業は、資本の使用者（l'employeur du capital）の物、所有物のままであって、労働と資本の平等な結合ではない。さらに、企業内部にはいかなる利益共同体も生活共同体も存しないということ、また、使用者の利益と被用者の利益は完全に対立したままであるということが特徴付けられるであろう」とも彼は述べている[115]。彼によれば、あくまで「企業の利益は使用者の利益である」こととなる[116]。

　以上のことからも明らかなように、G・リヨン＝カーンは、デュランが述べるような共同体たる企業の共通善（bien commun）に言及することは社会闘争の鋭さを弱め労働者に真の利益を忘れさせるごまかしであると断じ、また、労働法においてデュラン流の企業概念を説けば「人間労働の搾取並びにその当然の結果たる階級闘争が忘れられるということが考えられる」点を指摘す

---

111) G. Lyon-Caen, [2], p. 66.
112) G. Lyon-Caen, [1], p. 324.
113) G. Lyon-Caen, [Ⅰ], p. 222.
114) G. Lyon-Caen, [1], p. 333.; même auteur, [2], p. 66.
115) G. Lyon-Caen, [Ⅰ], p. 223.
116) G. Lyon-Caen, [2], p. 66.

る。このことに加えて、「使用者の絶対的権力 (omnipotence) を忘れさせるために役立つのがそれ（企業概念）なのである」として、デュランの理論が労働契約によっては説明困難な使用者の権力の拡大の正当化を図るものであることを批判している[117]。

更に、前節のカメルランク説の検討において述べたように、企業には「固有の機関」も、使用者側の利益と区別される「固有の利益」も存しないし、また、フランスの実定法は、「会社 (société)」ではなしに労働者もその構成員であるとされる「企業」を法人 (personne morale) として取扱うという態度を採っていない。それ故に、G・リヨン＝カーンは、デュラン流の組織された集団である制度 (institution) として企業を考える概念は曖昧であるとも述べている[118]。

かつて、戦前、企業を制度理論を用いて説明しようと企てたルナール (G. Renard) は、「もしも、企業が、実際、階層的な組織ならば、その結果、それは契約の網 (un réseau de contrats) に還元できないということにならないのか」と論じていた[119]。しかし、以上のように企業制度論に真向から反対するG・リヨン＝カーンは、このルナールの公式をひっくり返して次のように強調するのである。即ち、「我々の意味において『企業』は労働契約の総体 (l'ensemble des contrats de travail) でしかない[120]」。

(2) デュラン説は、確かに労働契約の衰退を強調するけれどもその役割を完全に否定してしまうところまではいかない。しかし、すでに第1節で示した如く、デュランは企業は労働契約から引き離されると述べており、その理由として労働契約とは別個の独自の企業原理により規律される「労働関係 (relation de travail)」の出現を挙げている[121]。このような考えに対し、G・リヨ

---

117) G. Lyon-Caen, [Ⅰ], p.p. 221-223.
118) G. Lyon-Caen, [2] p. 67.; même auteur, [Ⅰ], p. 223.
119) G. Renard, Exposé d'ensemble des conclusions de l'École Normale Sociale Maritime sur la réforme structurale de la société contemporaine aux plans de l'entreprise, de la profession et de l'État selon la théorie institutionnelle, Anticipations corporatives, 1937, p. 245.
120) G. Lyon-Caen, [Ⅰ], p. 224.

ン＝カーンは、「現代の学説（デュラン説）は、労働契約からその優位（sa primauté）を奪い取り、使用者と労働者の間の関係を彼らの企業への共通の参加から引き出させる[122]」ので、「労働契約概念を労働関係（relation de travail）概念で取って代えることに関しては明らかに危険である[123]」ことを強調する。即ち、「実際、1933年から1939年の間にドイツで作り上げられたのだが、それ（労働関係概念）は、前もって強制労働役務を正当化する傾向にあった」のであり、「労働関係は、権力的に労働者を自らが選択したのではない長に従属させられた共同体の中に置く（指導者原理：Führerprinzip）」のである[124]。

このようなG・リヨン＝カーンの批判は、デュラン理論の次のような問題点が存するために唱えられたものであろう。即ち、デュランは権力的な雇用、強制労働に対する歯止めとして労働契約による雇用を「原則」として宣言しているにも拘らず[125]、労働契約の衰退を強調し[126]、かつ個別的労使関係における契約の部分と制度の部分を分離して後者を強調する形で法理論を展開している[127]。しかも、そのうえ、結局、労働契約に基づく以外の理由による労働関係の形成の余地が存することにも言及しているのである（徴用、特別配属）。つまり、デュランによれば、「労働契約は長い間、個別的労使関係の唯一の源泉（seule source）であった。そして、それはまだ現代法においてその主たる源泉（source principale）である。しかし、労働法が組織する法律関係は他の源泉（d'autres sources）を有しうる」のである[128]。また、これらの労働契約外

---

121) P. Durand, La notion juridique de l'entreprise, Travaux de l'association Henri Capitant, t. 3, 1947, p.p. 51-53.
122) G. Lyon-Caen,〔Ⅰ〕, p. 221.
123) ibid., p. 223.
124) loc. cit. なお、「指導者原理」について詳しくは、西谷敏『ドイツ労働法思想史論』(1987年、日本評論社) 440頁以下参照。
125) P. Durand et A. Vitu, Traité de droit du travail, t. 2, 1950, p. 212.
126) ibid. p.p. 207-209.
127) P. Durand, op. cit., Travaux de l'association Henri Capitant, t. 3, 1947, p.p. 51-53.
P. Durand et A. Vitu, op. cit., p. 199 et s.
128) ibid., p.p. 343 et 344.
なお、ここでデュランが述べる「源泉（source）」とは、あくまでこの場合、制度への加入の「原因（cause）」と同義で用いられているものと思われる。従って、「源泉」の具体的意味としては、制度への加入を法的に義務付けるものと解すべきである。

第3節　企業制度論否定型労働契約優位説　135

的理由から生じた労働関係にも彼の企業制度論は適用される形で理論展開されている（特に企業の長の特権の行使[129]）。そこで、G・リヨン＝カーンは、デュラン理論の労働契約による雇用の「原則」の主張の裏に潜む権力的雇用正当化の契機をえぐり出し、批判を加えて、労働契約の重要性を説くこととなるのである。彼は、まず、「特に、労働者雇用の権力的手段とは対照的に、労働契約は意思の交換という自由な行為のままであるということを想い起こすことが必要である[130]」ということを力説する。そして、いかなる国家の行為も個別的労使関係を作り出すことはできないと論じ、また、「労働契約は、労働立法適用及び労働裁判権の管轄の基準であると同時にその必要十分条件である」とも述べている。彼によれば、「契約外における労働立法の適用は存在しない」のである[131]（ちなみに、G・リヨン＝カーンは、労働契約の無効の場合については、無効の不遡及の法理をもって対処すべきことを示唆している）。

(3)　また、G・リヨン＝カーンは、時代の変化を挙げて、労働契約衰退論に批判を加えている。

デュランの理論は、戦前から引き続く統制経済時代に、それに適合する法理論として唱えられたものである[132]。これに対し、G・リヨン＝カーンは以下のような観察をなす。即ち、「結局、ある一定の経済事情、つまり統制経済及び賃金の権力的凍結という経済事情によって悩まされたように思われる。もはや、この時代には契約の自由の何物も表面上存在していなかった。しかし、自由主義への回帰、規制の波の後退は明らかである[133]」。そして、次のように労働契約衰退論を批判し労働契約の優位を説こうとするのである。即ち、「労働契約を追い払おうとする批判のこの無力さは、法的メカニズムは一定の経済的必要性に対応するというこの考察によって説明される。今日の新自

---

129) P. Durand et R. Jaussaud, Traité de droit du travail, t. 1, 1947, p. 423 et s.
130) G. Lyon-Caen,〔Ⅰ〕, p. 180.
131) G. Lyon-Caen,〔2〕, p. 64.
　　なお、G・リヨン＝カーンは、徴用に関し次のように述べている。「徴用の場合においては、法律に基づく義務の履行として行われる労働が強調される。それは例外的なままである」(ibid., p. 63.)。
132) この点については、三井・前掲論文Ⅱ㈠45―46頁参照。
133) G. Lyon-Caen,〔2〕, p. 62.

由主義経済 (économie néo-libérale d'aujourd'hui) は絶えず契約、特に労働契約を必要としている[134]」のである。

以上(1)、(2)、(3)の考察でみた如く、G・リヨン＝カーンの企業制度論批判には峻厳なものがあり、その帰結としては、当然のこととして「〔制度論的〕企業概念は、それが混乱を投げかける労働法から追放されなければならないだろう[135]」ということとなる（ここで1点注意しておかねばならないのは、G・リヨン＝カーンが排除しようとするのはあくまで制度論的企業概念のみであり、彼自身も制度論的共同体的意味を含まない用法においては「企業」という言葉を用いているということである。従って、以下でG・リヨン＝カーン説を検討していく場合にも「企業」という言葉が出てくることがあるが、この用語法の点については3で詳しく検討するので、そのまま読み進んでいただきたい）。

2　労働契約と身分規程
(1)　契約から身分へ

G・リヨン＝カーンは、フランス労働法学界において、強力に労働契約優位論を唱えた理論家であることは度々指摘されているところである[136]。しかし、彼が1955年に著した『労働法・社会保障法提要』において個別的労使関係の法理を解説するにあたり、労働契約論を展開する一番最初の項目に付したタイトルは、やや逆説的に「契約から身分へ (du contrat au statut)」というものであった[137]。本項では、同著及び彼の諸論稿を検討することにより、この言葉が意味するところを具体的に解明することとしたい。

さて、G・リヨン＝カーンが「契約から身分へ」と述べている現象は、概ね次のようなことである。即ち、「今日では、この契約（労働契約）は、その内容がほとんど空なのであ」り、「賃金労働を規律する規範の源泉としてそれに

---

134) ibid., p. 64.
135) G. Lyon-Caen, [4], p. 234.
136) J.-C. Javillier, Droit du travail, 2ᵉ éd., 1981, p.p. 56 et 57.
　　A. Jeammaud, Les polyvalences du contrat de travail, Études offertes à Gérard Lyon-Caen, 1989, p. 299.
137) G. Lyon-Caen, [Ⅰ], p. 177.

取って代ったのは、労働協約と法律である」。そして、労働協約と法律が身分規程（statut）の主たる内容を構成している。要するに、労働条件を規定するものとして、個別的契約から身分規程へと力点が移動するという現象がみられるのである[138]。

しかし、このようなことは労働契約の衰退を意味するのではない。むしろ、G・リヨン＝カーンによれば、「労働法は、契約概念の現代の発展を研究したい人にとっては、特権的な観察道具である」とされる[139]。彼は、「真実であるのは、労働契約の内容が小さくなるということである。労働契約は、ますます身分規程の単なる受容になる。しかし、この現象は一般的であり……そのため契約概念の放棄に至ってはならない」ことを強調する[140]。それ故、「これらの『労働法』が強行的であり任意的ではない（non supplétives）ということは、もはや契約の衰退（déclin du contrat）を示しているのではない」ことになるのである。従って、G・リヨン＝カーンは次のような例を挙げ、他律的規範による規律が契約を支えているという現象の存在の一般性を示そうとする。即ち、労働契約以外にも、例えば、売買、賃貸借、運送、保険等の各契約について弱者保護のために法律が介入しているという状況がみられるのであり、むしろこのような法律の介入が、これらの諸契約が法技術として凋落すること（caducité）を防いだと考えるのである[141]。これは、すでに戦前に、「契約の《公法化》」という論文において、公法的規制の増大という現象から契約の衰退や消滅という帰結を引き出すことに反対し、この現象はより社会的な見地からの調整であるにすぎないことを説いたジョスラン（L. Josserand）の見解に通ずるものがあると言えよう[142]。

そこで、次に、衰退論ではなしに優位論の見地からみた労働契約と身分規程の関係についてのG・リヨン＝カーンの具体的考えに検討を加えなければならない。彼によれば、労働契約は附合契約（contrat d'adhésion）として示さ

---

138) loc. cit.
139) G. Lyon-Caen, [2], p. 59.
140) G. Lyon-Caen, [Ⅰ], p. 180.
141) G. Lyon-Caen, [2], p. 61.
142) L. Josserand, La《publicisation》du contrat, Recueil Lambert, t. 3, 1938, p. 143 et s.

れるが[143]、その内容を規律する身分規程の構成要素として、既述のように、特に法律と労働協約に焦点が集中される[144]。

まず第1に、法律についてであるが、これはあくまでも「〔労働条件の〕最低限が問題である」にすぎない。法定基準を超えるものであれば、「契約内容は自由なままである[145]」。

次に第2に、労働協約について論じてみよう。注目すべきは彼の以下の指摘である。即ち、「もしも、それ（労働協約）が、全体的な労働条件及び賃金条件を定めるとしても、それは使用者だけが就業規則における条件を課し一方的に雇入れを行っていたこの状況を改めるためのみである[146]」。従って、労働組合の努力による「平等の足場に立って交渉された関係」の確立[147]を重視するG・リヨン＝カーンにとっては、労働協約は双務主義、平等つまり契約への回帰を意味することとなる。従って、契約は2つのレベルで2つの時期になされるというのがG・リヨン＝カーンの主張の要点なのである[148]。その2つのレベルとは、当然のこととして、労働組合を中心とする集団的領域と各労働者の個別的領域である。

（ⅰ）集団的領域においては、（法定基準に上積みされた形での）最低基準の内容が定められる。G・リヨン＝カーンによれば、労働法は、第1に、集団的意思の自律性を明らかにしたのであり、そこでは当事者はまず初めに集団であることになる。従って、彼は「交渉（négociation, bargainig）」概念の重要性を力説する。即ち、団体交渉概念は、「労働法は、まず第1に契約的な起源を有するということ、つまり、労働法は、職業団体の間で締結された契約に由来するということを示す」ので、契約理論の観点からみて重要となる内容の精密さは団体交渉レベルの精密さということになる。要するに、個別的領域から集団的領域への交渉責任の移転が存するのであるが、次に(ⅱ)で述べるよう

---

143) G. Lyon-Caen,〔Ⅰ〕, p. 181.
144) ibid., p. 177.
145) G. Lyon-Caen,〔2〕, p. 62.
146) loc. cit.
147) G. Lyon-Caen,〔1〕, p. 333.
148) G. Lyon-Caen,〔2〕, p.p. 62 et 63.

に、「このことは個別的契約の光輝を失わせるに至ることはない」という点をG・リヨン=カーンは強調する。このように労働協約は集団的契約として捉えられ、労働契約復権論の第1の前提となる[149]。

(ii) 個別的領域においては、特定の条件で労働契約の当事者たる労働者の雇入れが行われる[150]。これは、G・リヨン=カーンによれば、「集団的契約の上への個別的契約の連結」であると捉えられる。即ち、個別的労働契約は、労働者の職業資格、賃金を定めることによって、法律、労働協約を主たる内容とする身分規程の個人への具体的適用を行うという重要な役割を有するのである。また、個別的労働契約は身分規程よりも有利な条件を労働者に与えることができる。このように個別的意思が一定の範囲において自分たちの関係の条件を定めるのであり、G・リヨン=カーンはこのことを評して、労働契約は「規範的（normatif）と呼ぶことができる役割を有している」と述べている[151]。

以上のことからも明らかなように、「このように個別的契約は、個別的労使関係の実際の源泉である」ということになる。かかる労働契約の規範的役割のみならず、G・リヨン=カーンは、労働契約の発生論的役割（le rôle génétique）というものも併せて強調する。即ち、個別的労使関係の初めにおいては必ず合意が必要なのであり、「労働者（salarié）の地位を獲得する他の方法はないし、労働立法の恩恵を受ける他の手段もない」のである。当事者の選択は自由なままであり、労働契約はここでは「心理学的価値を有する」とされる。つまり、労働契約は、「人間の自由と結びついた価値の運搬人なのである[152][153]」。

要するに、労働契約は衰退するどころか重要な2つの役割、即ち、(ア)個別

---

149) ibid., p.p. 68 et 69.
150) ibid., p. 63.
151) ibid., p.p. 68 et 69.
152) ibid., p. 69.
153) 最後の点に関し、G・リヨン=カーンは、更に次のようにも述べている。「契約は、少なくとも法的な領域においては労働者の人間としての自由の存在を意味する。即ち、それは労働者の人格のより大きな尊重を意味する」。G. Lyon-Caen,［Ⅰ］, p. 223.

的労使関係を発生させるという発生論的役割と、(イ)身分規程の個別的具体的適用を行うことにより個別的労使関係の内容を規整するという規範的役割を有するのである。それと共に身分規程に支えられることにより労働条件保護が図られるという視点から、「〔労働〕契約は——法源（法律、労働協約）の階層の中にはめ込まれた最後の保護手段（instrument ultime de protection）となるために——使用者による労働者搾取の手段（instrument d'exploitation du salarié par l'employeur）たることをやめた」とも評されることとなる[154]。

(2) 労働契約変遷の方向付け

G・リヨン＝カーンは、このように優位性が確認された労働契約の更なる変遷を示唆している。確かに、彼は、(ア)労働法が資本主義的環境によって条件付けられるということ、及び、(イ)そのことが民法のメカニズム（所有権、経済的自由、契約）の援用が労働法において存続し続けることの説明であることを認めるのであるが、そのことの埋合せに可能なものとして、「民法に労働法固有の要求を尊重するよう義務付けること」を主張する。つまり、あらゆる可能な領域においてローマ法あるいは民法理論の貫通を阻止することによって労働契約の存続を図ることが彼の将来へ向けての労働契約理論の発展の方向付けなのである。従って、彼は、「この個別的労働契約の新しい概念は完全に可能であり、現実の傾向と調和するであろう」ということを力説する[155]。ここで彼が述べる現実の傾向とは、そもそも民法の契約理論は労働契約に適合しないのであり、民法の契約の一般理論は「不自然に労働契約の上に貼り付けられたにすぎない」ということである[156]。そして、具体的に2つの点において、労働契約の変遷を示唆している。当然のこととして、この変遷の方向付けには、前項で検討した労働契約の優位を保持することに役立った身分規程の発展が前提とされていることを見逃してはならない。

(i) G・リヨン＝カーンが述べる労働契約変遷の第1の要点は、従属性（subordination）、使用者の権力（autorité）、階層（hiérarchie）、懲戒権（pouvoir

---

154) G. Lyon-Caen, [2], p. 69.
155) G. Lyon-Caen, [4], p.p. 234 et 235.
156) ibid., p. 238.

第3節　企業制度論否定型労働契約優位説　　141

disciplinaire)の観念を排除することである。即ち、彼は、課されるのではなく承認される秩序（un ordre accepté et non imposé)、同意された「労働秩序」(un《ordre du travail》consenti)の確立を強調し[157]、その必然的な結果として就業規則の消滅を主張する[158]。ここで彼が述べる承認とか同意とかは、当然のこととして、労働組合による集団的な力を背景にしてのことであるが、以下では、この点を敷衍してもう少し詳しく述べてみよう。

　G・リヨン＝カーンによれば、従属状態は、「物に対する企業の長の権力が人間に関する権力に倍加されるということを説明するのを許す」。即ち、言い換えれば、所有権と経済的自由に基づき経済活動を行う企業家（もしくは会社の場合には取締役）が、労働者と労働契約を締結することによりこの労働者を法的従属状態に置くということをG・リヨン＝カーンは強調しようとするのである。そしてまた、「この従属状態（état de subordination）は労働契約に固有であり、労働契約は自由に締結され受け容れられたとみなされるので」、使用者が就業規則や業務命令を通じて労働者に課す解決の大部分を導くのは「適法になされた合意は当事者にとって法律の代わりとなる」と定めた民法典1134条であるということになる[159]。G・リヨン＝カーンは、まさにこのことを問題としようとするのである。

　まず、懲戒に関してである。G・リヨン＝カーンによれば、「民主的な法秩序に反するものとして、ひとりの市民がもうひとりの市民に対して制裁を加える権利を反映するところのまさに懲戒権の観念を排除する」ことが必要なのである[160]。そして、就業規則は、「ひとりの人間のもうひとりの人間に対する私的懲戒権の基礎であるが故に[161]」、彼はこれを「ひとつの法的異常（une anomalie juridique）」と捉え受け容れられないとする[162]。さて、このような使用者の懲戒権、就業規則といったものを排除する方向に至る発展のために、

---

157) ibid., p.p. 235 et 236.
158) G. Lyon-Caen, [3], p. 247.
159) G. Lyon-Caen, [4], p. 233. et s.
160) ibid. p. 236.
161) G. Lyon-Caen, [3], p. 247.
162) loc. cit.

G・リヨン=カーンが重視するのが、「労使のサンディカリスムの組織された力の存在と権限の承認」並びに、それらが作り出す「規範的自治（autonomie normative）のモデル」である。既述のように、あくまで資本主義的環境に条件付けられているため、「物に対する資本家の権利」は存続させるが、しかしもはや人に対しては存続させない方向で発展を図ろうとするのである。つまり、「法において厳格に平等な2つの存在の間で一般化された団体交渉の基礎に基づいてそれら全体において職業関係を確立する」ことが必要となる[163]。そこで、G・リヨン=カーンは、各産業レベルの交渉に加えて、企業における交渉を重視し、次のように提言を行っている。即ち、彼によれば、「提示されなければならないであろう原則は、労働条件全体が〔組合によって〕交渉された合意の成果でなければならない」のであり、この将来的ヴィジョンに則った形で、(ア)10人を超える労働者を雇用するすべての企業は代表的組合と企業協定を締結しなければならないこと、(イ)企業におけるすべての労働条件はこの協定から生ずるということ、を法律が定めるべきことが立法論として力説される[164]。そのうち、懲戒に関してであるが、G・リヨン=カーンは、確かに「労働は秩序において展開される[165]」ということ自体は認めるけれど、しかし使用者の専制を排除する形での「秩序」、「真の懲戒権（droit disciplinaire véritable）」に言及している[166]。即ち、G・リヨン=カーンが立法論として示す企業協定には、秩序（例えば、出退勤時間）や安全等に関する規定、労働者がこれらの規定に違反した場合の制裁が含まれることとなる。そして、企業協定を適用、解釈し、事実を明らかにし、制裁を宣言するために、「特に必要不可欠なように思われることは、利害関係人に保護を与えかつ中立的な組織の前で展開する懲戒手続が作用することである」。ただし、G・リヨン=カーンは、実際このような懲戒委員会を企業において設けることの困難性に鑑みて、更に最良の方法として、企業レベルを超えて各産業活動部門

---

163) loc. cit.
164) ibid., p. 249.
165) loc. cit. ; même auteur, [4], p. 236.
166) G. Lyon-Caen, [3], p. 249.

において労使同数からなる懲戒委員会を設置し、この委員会には従業員代表もしくは組合代表が席を占めるべきことを示唆し、もしもこの委員会が行き詰ることになれば仲裁に訴えることができるというシステムを立法論として付け加えている[167]。

そこで次に従属性の排除について述べなければならない。以上の検討からも明らかなように、G・リヨン=カーンの考えは、社会的進歩 (progrès social) は、「これらの労働組合が、まさに労働場所において演ずる役割にかかっているであろう」というものである[168]。要するに、彼の基本的視点は、組合による力の均衡に基づいて使用者の人に対する権力の排除を図ろうとする点にあると言ってよい。従って、「もしも、事物の本質まで行くならば、再吟味されなければならないであろうのは従属性の基準である。何故、労働契約を、それによって人が賃金と引き換えに労働を提供する契約と定義しないのか」と述べている[169]。確かに、G・リヨン=カーン自身も、フランスの通説・判例と同様に労働契約のメルクマールとして法的従属性の基準を挙げるのであるが[170]、将来に向けては労働組合の力の発展により従属性の廃棄をもたらすべきことを示唆するのである[171]。

(ⅱ) 労働契約変遷の第2の要点は解雇についてである。確かに、資本主義

---

167) ibid., p.p. 249 et 250.
　　何故、懲戒委員会が、実際、企業において容易には展開し得ないのかの理由として、G・リヨン=カーンは、組合が「抑圧に参加することによって少しずつ信用を落とす危険があるだろう」という点を挙げている。また、企業レベルを超えた各産業部門に懲戒委員会を設けるメリットとしては、「〔懲戒問題に一定〕距離を置き、一種の判例の誕生（l'éclosion d'une sorte de jurisprudence）を促進するであろう」点を示唆している。従って、彼の描くヴィジョンは、企業協定を適用・解釈し、事実を明らかにし、違反に懲戒的制裁を課すことができる各産業部門レベルに設置される労使同数からなる懲戒委員会を立法的促進により作り出すこととなろう。
168) G. Lyon-Caen, [1], p. 337.
169) G. Lyon-Caen, [4], p. 236.
　　なお、G・リヨン=カーンは、この点に関し、労働契約概念は、「もはや階層的な従属性によってではなく協議された秩序（un ordre concerté）によって定義されるだろう」(ibid., p.237.) と述べている。
170) G. Lyon-Caen, [Ⅰ], p. 182.
171) この点については、次項で述べることとも関連しているので、そこで注において示す文献の当該箇所も併せて参照されたい。

経済である以上、所有権と経済的自由は存続し解雇はその帰結とも言いうるが、「所有権と経済的自由は、国家の財政あるいは通貨政策の前で屈服する。何故、雇用政策の前で事情は同じではないのだろうか」とG・リヨン＝カーンは問うている。そこで、彼は、立法論的に、契約の一方的解約という民法的概念の放棄を説き、「もはや一方的解約権ではなしに、雇用政策の不可欠の一部となった異なる〔労働契約〕解消の法制度を含むであろう」という意味における民法的概念の修正を主張するのである[172]。

3　労働契約と企業

　1でみた如く、G・リヨン＝カーンは、企業制度論に対して激しい批判を浴びせており、現状分析の道具としてのみならず将来的援用の方向付けの指針としても企業制度論を否定し排除しようとする。まず、彼は、従来の企業に関する様々な理論や参加の公式等が「労働者の条件を修正しなかったということを認めなければならない」ということを強調する。即ち、企業に関する所有権は変えられてはいないし、商業及び産業の自由は「表面上の攻撃しか受けていない」ため、このような状況のもとでは「企業を衝突のない共同体にすることは何の役にも立たない」のである。そして、併せて、「企業概念」を労働法から追放すべきことも説いている[173]。とすれば、G・リヨン＝カーンは、現代において労働者が企業において労働しているという現実、また、企業委員会や従業員代表の存在といったものをいかに考えているのかが問題となる。

　確かに、G・リヨン＝カーンも労働者が「企業」で働いているということを全く無視して理論を展開している訳ではない。彼の諸論稿を検討すれば、彼が「企業 (entreprise)」という言葉を以下の4通りの意味で使い分けていることがわかる[174]。(ｱ)まず第1が、所有権の観点からみた企業である。これは、

---

[172]　G. Lyon-Caen, [4], p.p. 236 et 237.
[173]　G. Lyon-Caen, [4], p. 234.
[174]　G・リヨン＝カーンが、「企業」という言葉を分類しようと試みた文献として、G. Lyon-Caen, [1], p. 323 et s. ; même auteur, [4], p.p. 233 et 234.

第3節　企業制度論否定型労働契約優位説　145

「利益の獲得あるいは富の生産のために整備された財産の総体（ensemble de biens）」として理解される[175]。「企業は資本の使用者（l'employeur du capital）の物、所有物のままである」と述べられる場合である[176]。(イ)第2は、労働場所としての企業である。これは、法律が規律対象としていることが多く、実際にはむしろ「事業所（établissement）」と呼ぶ方が適切なものである[177]。(ウ)第3が、使用者としての企業、集団的労使関係の当事者としての企業である。G・リヨン＝カーンによれば、「従業員は、ここでは企業の不可欠の部分とは取り扱われない。従業員は自分のために尽すのであり、従って、企業の外におり、それで従業員は企業と交渉する」ことになる。即ち、団体交渉における「対話者（interlocuteurs）」たる企業である[178]。(エ)第4が、制度理論の観点からみた労働共同体としての企業である[179]。従って、G・リヨン＝カーンは、場合に応じてこれら4つの企業概念を使い分けており、そのうち第4の(エ)の意味における「企業概念」のみを法的に否定し労働法から追放しようとするのである[180]。

そこで、企業内において労働者を代表する機関の法的性質が問題となる。G・リヨン＝カーンによれば、これらは企業運営に対する従業員のコントロールの下準備として捉えられる。即ち、企業委員会や従業員代表は、「『構造改革（réformes de structure）』としてではなくて、労働者の手中における法的防禦手段として、組合（syndicat）やストライキ（grève）と同じ資格において考えられるべきである」とされる[181]。ただし、これらの従業員のための代表制

---

175) G. Lyon-Caen, [1], p. 323.
176) G. Lyon-Caen, [Ⅰ], p. 223.
177) G. Lyon-Caen, [1], p.p. 323, 325-329.；même auteur, [4], p. 234.；G. Lyon-Caen et J. Tillhet-Pretnar, [Ⅱ], p. 228.
178) G. Lyon-Caen, [1], p.p. 329-332.
179) G. Lyon-Caen, [1], p.p. 324, 333-337.；même auteur, [2], p.p. 65-67.；même auteur, [4], p. 234.；même auteur, [Ⅰ], p.p. 221-224.；G. Lyon-Caen et J. Tillhet-Pretnar, [Ⅱ], p. p. 227 et 228.
180) G. Lyon-Caen, [1], p. 333 et s.；même auteur, [2], p.p. 66 et 67.；même auteur, [4], p. 234.；même auteur, [Ⅰ], p.p. 223 et 224.；G. Lyon-Caen et J. Tillhet-Pretnar, [Ⅱ], p. p. 227 et 228.
181) G. Lyon-Caen, [Ⅰ], p. 135.

度は、まだ企業と従業員との間の双務的な集団的関係を確立するためには十分な組織であるとは言えないと彼は考えている。従って、このような不十分さが、「フランスの組合運動及び多くの善良な精神を『組合の企業支部 (section syndicale d'entreprise)』の法的承認を願うよう導いた」ことになる[182]。それ故、彼によれば、企業における組合支部承認を行った1968年12月27日の法律は、「この道の上の一歩である」と評されるのである[183]。要するに、企業レベルにおける集団的関係を確立するために「企業の長と対話を始めることができる対話者」こそが重要なのである[184]。「改善が労働者の条件にもたらされうるのは、まさに双方による交渉という方法によってのみである」という考えに基づいて[185]、「参加 (participation)」よりも「双務主義と対話による交渉」の方がよりよく資本主義の社会構造に適合するということを力説するのが、G・リヨン=カーンの理論の核となる主張と言えよう[186]。彼が労働協約を集団的契約と考えている点、及び労働協約と個別的労働契約の接合関係を重視している点はすでに述べたところだが、そのようなことからも明らかなように、「労働者は、その労働組合に代表されることによって、契約的な方法により利益を得ようと試みる」との原則が示される[187]。

　要するに、「労働法は、組織 (organisation) に基礎を置くのではなくて、交渉 (négociation) に基礎を置く法のままである[188]」との言葉が、まさに現代労働法は共同体としての企業の形成を目指すと考えるデュラン説に対するG・リヨン=カーンの否定的返答に外ならないのである[189]。

---

[182] G. Lyon-Caen, [1], p. 331.
[183] G. Lyon-Caen, [3], p. 247.
[184] G. Lyon-Caen, [1], p. 331.
[185] ibid., p. 337.
[186] G. Lyon-Caen, [2], p. 66.
[187] loc. cit.
[188] G. Lyon-Caen, [1], p. 337.
　なお、この点に関連して、G. Lyon-Caen et J. Tillhet-Pretnar, [Ⅱ], p. 229. 参照。
[189] デュラン説のこの点については、三井・前掲論文Ⅱ㈠43—45頁参照。

第4節　労働契約優位論の到達点とその限界

1　労働契約の優位性
(1)　労働契約の重要性

　以上で、カメルランク説とG・リヨン＝カーン説を中心に労働契約優位論の展開を考察してきたが、このように労働契約の重要性が諸学説によって一般的に力強く強調されだしたのは、特に第二次世界大戦後になってからである。労働契約こそが、(ア)個別的労使関係を発生させるということ（カメルランクの述べる「発生論的」源泉、G・リヨン＝カーンの述べる「発生論的役割」）、(イ)個別的労使関係の内容を規律するということ（カメルランクの述べる「規範的」源泉、G・リヨン＝カーンの述べる「規範的」役割）が改めて正面から捉えられることとなったのである。これら(ア)、(イ)の点を更に敷衍してみれば、労働契約の具体的役割として以下の4点を挙げることができる。これが現在のフランスの学説によって労働契約の役割としてほぼ一致して承認されている点であると言ってよいであろう[190]。(i)労働契約は労働者（salarié）の地位を獲得するための手段であり、労働契約のメルクマールたる法的従属性（subordination juridique）が労働法の保護規定の適用基準である。(ii)労働契約は当事者の選択の自由を表わす。(iii)労働契約は、個人の職業資格とそれに対応する賃金を定めることによって、個々の労働者への身分規程（statut）の個別的適用をなす。(iv)労働契約は身分規程よりも有利な条件を定めることができる。

　さて、先の(ア)の点は、第二次世界大戦中にヴィシー政権が徴用や労働者をドイツへ送り働かせるといった強制労働を行ったため、このような権力的な雇用手段に対する批判及び反省として、個人の自由（特に労働者側の自由な意

---

[190]　G. Lyon-Caen et J. Tillhet-Pretnar, Manuel de droit social, 3ᵉ éd. 1980, p. 29.
　　　J.-C. Javillier, Droit du travail, 2ᵉ éd., 1981, p.p. 56 et 57.
　　　J. Ghestin et P. Langlois, Droit du travail, 5ᵉ éd., 1983, p. 170.
　　　J.-M. Verdier, Droit du travail, 8ᵉ éd., 1986, p.p. 220 et 221.
　　　S. Hennion-Moreau, Droit du travail, 1988, p. 88.
　　　G. Lyon-Caen et J. Pélissir, Droit du travail, 14ᵉ éd., 1988, p.p. 176 et. 177.

思における選択)の契機が重視されたものに外ならない[191]。(イ)の点は、戦前の労働契約衰退論及びそれを発展させた戦後のデュランの企業制度論＝労働契約衰退論に対する批判をなすものである。労働契約衰退論と企業制度論については、その批判も含めて、すでに第1章、第2章で[192]、そして本章のはじめにと第1節[193]で詳しく述べたところなので、それらを参照されたいが、ただもう一度整理の意味も含めてこれらの説の問題点(特にデュラン説に対するもの)を必要な限りで挙げておけば次の通りとなろう。即ち、(a)契約的技術では説明できない企業の長の権力の承認、(b)法規範と捉えられる身分規程による直接的な個別的労使関係の規律、(c)賃金と労働の提供という利益対立的な契約的要素が看過され、労使関係の結合的人格的共同体的な側面が強調されるということ、等である。従って、これらの説は、例えば次のような批判を受けることになる。即ち、労働契約衰退論は、「個別的労働契約の純粋かつ単純な消滅」を提案するのだが、この「救済手段」は相当にひどいものであり、「契約が構成し得た保護の薄皮(pellicule de protection)なしに企業という閉じた世界の法に労働者を委ねる」と評されている[194]。ここで述べられる「保護の薄皮」こそが労働契約優位論の拠って立つ基盤なのである。また、何よりも、労働の提供と賃金の交換関係こそが、労使の利益の対立を示すものであり、労働契約がその対立の契機を承認すると共に利益調整を図るのである。このような労働契約による処理が現実の労使関係に対応するものであり、特に労働者側における契約に基づく自己の利益の確保ということが労働契約衰退論が内包する問題点を除去しうるのである。

(2) 労働契約と身分規程

(1) 労働契約衰退論と労働契約優位論の対立を分けるひとつの特徴が、19世紀の個人主義全盛時代における意思自治の原則のもとでの契約状況から現代における身分規程による労働契約内容の規整という状況へ向けての変化を

---

191) この点については、三井・前掲論文Ⅱ㈠32頁参照。
192) 三井・前掲論文Ⅰ(下)202頁以下、三井・前掲論文Ⅱ(本書第1章、第2章)参照。
193) 初出は広島法学14巻2号29頁以下。
194) G. Lyon-Caen, Du rôle des principes généraux du droit civil en droit du travail, Rev. tri. dr. civ., 1974, p. 235.

第 4 節　労働契約優位論の到達点とその限界　149

いかに解するかという点である。

　例えば、衰退論の視点を示すものとして、デュギー（L. Duguit）とオーリュー（M. Hauriou）の双方の理論的影響を受けているグノー（E. Gounot）が1912年に著した『私法における意思自治の原則』における労働契約に関する叙述を検討してみよう。彼は、古典的な意思自治の原則ないしは「意思のドグマ」を批判して次のように述べている。即ち、「我々の基本的な目的は、我々にとって到達することが重要な唯一のものなのであったが、〔意思〕自治のドグマによって鼓舞された法的概念の根本的な不十分さを暴くこと、契約に立ち戻らせ権利を意思の自由な関係の総体に減ずることによって古典的な学説が型にはまったように社会的現実の重要な諸要素を無視したということを立証することであった[195]」。そして、身分規程に関しては、「実を言えば、立法者が規律するものは、労働契約ではなく労働それ自体（le travail lui-même）である。それは、生産労働が現代産業界において生じさせる事実状態（situation de fait）であ」り、「〔契約〕を生み出す法律行為とは無関係にそれ自体独自に考慮され、固有の身分規程（statut propre）を与えられるに値する」状態である[196]。以上のような前提のもとで、グノーはデュランの「労働関係」論の先駆をなすような理論展開を行っている[197]。これに対して、民法学者のジョスラン（L. Josserand）は、1939年に著した民法概説書において、身分規程こそが労働契約に独自性を与えるものであると解している。彼によれば、労働契約は、附合契約化するが、労働者保護の視点から身分規程には労働者だけでなく使用者もまた拘束されるため、二重の附合契約（contrat à double adhésion）と名付けられることになる。そしてまた、労働契約は社会化された契約（contrat socialisé）とも呼ばれる[198]。

　要するに、前者は身分規程の発展につき19世紀の個人主義的な意思自治の原則では捉えられないものと解するのに対し、後者は契約概念の変遷を主

---

[195]　E. Gounot, Le principe de l'autonomie de la volonté en droit privé, 1912, p.p. 316 et 317.
[196]　ibid., p. 285.
[197]　ibid., p.p. 276-289.
[198]　L. Josserand, Cours de droit civil positif français, t. 2, 9ᵉ éd., 1939, p.p. 747-749.

張することでもって対処しようという考えであることがわかる。つまり、ジョスランによれば、契約概念は何世紀にも渡って発展してきたのであって、現代の契約はローマ法的起源から逃亡したものである。従って、彼は、契約の消滅あるいは衰退に賛成の結論を述べることを否定し、あくまで「我々の権利と法状態の個人主義的概念からより社会的な調整へ導く理念の動き」に伴う契約概念の変遷を述べるのである[199]。

(2) 本章における以上の検討でみた通り、デュランに至るまでの労働契約衰退論は身分規程の発展により意思自治の原則、従って契約概念が衰退したと考えるのに対し、労働契約優位論はジョスランが述べるような方向での労働契約の変遷を主張することでもって労働契約の優位性を図ろうとする考えであることがわかる。さて、身分規程と優位論との関係を論ずる場合、次の2つのレベルを区別して論ずる必要がある。

(i) 第1は、労働契約の内容に関してである。労働契約が身分規程により附合契約化するということが、当事者自らによって議論されて定められる労働契約内容が空になるという点を捉えて「契約から身分へ (du contrat au statut)」と述べられることがある。しかし、この場合、すべての労働条件が一方により定められ他方に押しつけられるのではなく、特に法律、労働協約の規定には労働者のみならず使用者も拘束され労働者の保護が図られる。要するに、これは、あくまでも労働者保護の視点からの身分規程による労働条件の最低限の設定が問題であるにすぎない。

(ii) 内容の点だけではなく、労働契約に関しては身分規程の発展により民法の一般原則からも解放され労働契約概念の独自性が確立されるという点も重要な論点である。この意味で「契約から身分へ」と言われる場合、それは、「民法的契約法理から身分規程によって確立された契約法理へ」ということを意味することに外ならないであろう。即ち、ペリシエ (J. Pélissier) によれば、「すべての民法学的解釈は、〔形式的、抽象的に考えられた〕平等かつ自由な2人の契約当事者の関係を公準とする。この平等主義的概念は、労働契

---

199) L. Josserand, La 《publicisation》 du contrat, Recueil Lambert, t. 3, 1938, p. 143 et s.

約であるところのものと明白に矛盾する。単に労働者は労働契約締結時に使用者に対して経済的に不平等な地位にいるだけではなくて、労働契約それ自体が労働者と使用者の間に法的従属関係 (lien de subordination juridique) を作り出す」のであり、従って、労働法の大部分はこの不平等状態を考慮して労働者を保護するために採択されたものなのである。それ故に、「その固有の規範を有する規律が問題であって、労働契約は『民法上の契約 (contrat civil)』の種類の一種ではない」とされる[200]。この傾向を示す例としては、第2節でみたカメルランクの解雇規制の主張とフランスにおける解雇規制立法の発展を挙げることができよう[201]。

(3) **労働契約優位論の限界**

ただ、労働契約優位論と身分規程の関係については、次のような2つの問題点が含まれている。

(i) ひとつは身分規程の不完全さである。現在の立法状況及び協約状況をみても、労働法全体及び労働契約の解釈に指針を示し独自性を与えるような労働法の一般原則は完全には確立されてはおらず[202](特に、ペリシエによれば、「労働法典は、その最初の数ケ条においてそれが含む規範のいかなる一般原則も提示していない」点が問題とされている)、また、解雇規制を例にとれば、一定の発展がみられたとはいえ労働契約優位論者たちが構想するような確固たる規制立法の体系は完成されるに至っていない[203]。学説はむしろ将来の発展方向を示しそれを強調したという側面を有するのである。

---

200) J. Pélissier, Droit civil et contrat individuel de travail, Dr. Soc. 1988, p. 391. まさに、この点は「市民法から社会法へ」という動きないし流れを示すものといえよう。
201) 広島法学14巻2号46頁以下参照。
202) J. Pélissier, op. cit., p. 388.
G. Lyon-Caen, Du rôle des principes généraux du droit civil en droit du travail, Rev. tri. dr. civ. 1974, p. 230.
なお、G・リヨン=カーンは、右の文献とに別に「フランスにおける労働法の一般原則」(大和田敢太訳・季刊労働法120号138頁以下) という論文を書いているが、これは、あくまで現に存在しているいくつかの明示的な一般原則及び潜在的な一般原則を例示してコメントしているものにすぎない。彼によれば、「しかし、民法の方へ向くことを免れさせる諸原則の一揃いを自由に取り扱うにはまだ程遠い」ということになる (G. Lyon-Caen, op. cit., Rev. tri. dr. civ. 1974, p. 230.)。

(ii) また、身分規程に関しいかなる原則を発展方向とみるかについては、カメルランクとG・リヨン＝カーンの理論を検討した際に明らかとなったように、意見が分かれている。特に、これは、企業概念の把握の仕方にも関わっており一定の困難さを示す。このことに加えて、優位論の論者が望むような労働者の保護を図る形での身分規程の継続的発展はそもそも可能なのかという問題も存する。以下では、この(ii)の点につき更に詳しく述べてみよう。

かつて、ペリシエは、「民法と個別的労働契約」なる、労働契約の解釈の場合の民法規範の適用の問題を扱った論文において、労働契約に対する民法規範の適用を排除するために立法論的に労働法典へ労働契約の解釈を導く労働法の一般原則を導入すべきことを説いた[203]。確かに、彼によれば、「『労働法の独自性』は誰によってであろうともはや異議を申し立てられない[204]」のであって、従って、「民法規範は労働契約を規律するために作られるのではないように思われる[205]」と指摘される。そして、ペリシエが確立すべきであると考える一般原則の理念は、「労働者を、彼が労働契約締結時に、その履行過程において、あるいはまさに履行が終った時に与えるかもしれない合意に対して保護する」という方向性において示されることとなろう[206]。しかし、仮にこのように「労働者保護」という点において一致をみるとしても、果たしてカメルランク説的な方向でいくのか、それともG・リヨン＝カーン説的な方向でいくのか（要するに、企業制度論的視点を取り入れるのか排除するのか）の問題が残る。また、ペリシエは、実際には労働法固有の法規範が存在しない場合、民法規範が適用されていることを解説しているが、このような事例において裁判官が様々な理由のために民法規範をデフォルメして適用していることも併せて述べている。即ち、(ア)使用者の指揮権の行使を容易にすること

---

203) G.H. Camerlynck, Le contrat de travail, Droit du travail, t. 1, 2e éd., 1982, p. 354 et s.
G.H. Camerlynck et M.A. Moreau-Bourlès, Le contrat de travail, Droit du travail, t. 1, 2e éd. mise à jour, 1988, p. 8.
204) J. Pélissier, op. cit., p.p. 392 et 394.
205) ibid., p. 391.
206) ibid., p. 394.
207) ibid., p. 391.

を基本目的とする場合、(イ)一般的に企業利益を保護するための場合、(ウ)労働者を保護することを目的とする場合の3つである。しかし、ペリシエによれば、「適応の基準は労働法が一貫した法であるために明確に定められることが必要不可欠」なのである。そして、このようなデフォルメがなされるが故に、ペリシエは、民法規範の適用を排除し労働契約の解釈基準となりうる労働法の一般原則の労働法典への導入を強調するのである[208]。けれども、ペリシエが考えるように(ウ)の労働者保護の方向での労働法の一般原則の定立は果たして可能なのであろうか。むしろ、(ア)、(イ)、(ウ)と異なるデフォルメの理由が存在していることこそが労働法の特殊性を示すものではないのだろうか。

　ここで注目すべきは、ブレーズの次のような見解である。フランスの判例は、労働契約の内容の変更が本質的ならば使用者が一方的になし得ないが、本質的でなければ使用者が一方的になしうるとの原則を立てている。民法の契約法理によれば「契約当事者たちの共通の意思だけが彼らの最初の意思が確立したところのものを変更できる」のであり、「この観点においては、労働契約の改訂（révision du contrat de travail）は労働者の同意を必要とし、従って使用者によって一方的に課され得ないように思われる」。「しかし、今度は、企業法（le droit de l'entreprise）は使用者のために指揮権を生じさせる。かくして、使用者は労働者の配置及び労働者の労働の組織に関する特権を与えられる」。従って、「この領域において〔民法的〕契約法（le droit de contrats）は企業法と衝突してくる」。「判例は、使用者によって定められる変更が本質的性格を有するのか否かに応じて区別することによって、これらの要請の対立を調和するよう努力する」。「このように労働法の特殊性（le particularisme du droit du travail）は契約関係に足跡をしるす[209]」。つまり、ここで言われる「企業法」とは、企業運営にとって必要不可欠な労務配置、労務組織権限を認める法理が労働法において承認されているということに外ならず、これが民法的契約法理を修正しいわば労働法的契約法理を作り出していることになろ

---

208) ibid., p. 394.
209) H. Blaise, Les conventions de travail, Le droit contemporain des contrats, 1987, p.p. 63 et 64.

う。従って、ブレーズの述べる労働法の特殊性には、「困難な経済状況を知っている企業の将来を保護するため[210]」の視点が含まれているのである。

以上の指摘はあくまでも判例についてのものであったが、立法についても同様のことがあてはまるのではないだろうか。例えば、批判的に次のように述べられている。即ち、「労働法は単なる労働者の利益と保護のための法ではなかった。労働法はまた資本主義企業にとっての必要物であったのであり、労働法の経済的目的はその社会的目的と同様に明確であったのである[211]」。また、これとは別に、労働法規範システムの一体性が保たれていたひとつの要因として「使用者の〔企業〕管理の自由と労働者の〔保護的労働条件の〕保障の間の均衡」が遵守されていることが指摘されている[212]。

以上のことから、また特に1970年代前半以降フランスを襲った経済的危機（crise économique）と失業者の増大という状況において、(ｱ)ペリシエの述べるような労働者保護の視点における労働法の一般原則を労働法典に組入れるということは容易に実現しうるのか、(ｲ)労働契約優位論者が唱えていた身分規程の発展自体が一定の限界を有するのではないのかという問題が生ずることとなる。

2　企業問題の困難性

フランス労働法における企業概念を検討するにあたって第1に注目すべき見解として、カメルランクとG・リヨン＝カーンが共著で著した『労働法第11版』（1982年）の中の次のような一節を挙げることができよう。「労働法に関しては、企業の法的概念（la notion juridique d'entreprise）は、長い間それ（労働法）によって無視されそして更に一定の者たちによって異議を唱えられてきたので、その表現及びその法的地位を見出すことはより一層困難であろう。いずれにせよ、問題は技術的側面に限られないであろう。というのも、

---

[210] ibid., p. 62.
[211] ジェラール・リヨン＝カーン「労働法の危機」（田端博邦訳）労働法律旬報1056号15頁。
[212] A. Supiot, Déréglementation des relations de travail et auto-réglementation de l'entreprise, Dr. Soc. 1989, p. 204.

その解決は、概してイデオロギー的要因とまさに資本主義社会の変遷についての態度決定に依存しているからである[215]」。

確かに、イデオロギー的側面としては、すでに第2章[214]、そして本章第1節[215]で述べたように、企業を制度理論を用いて説明しようとする戦前の学説から戦後のデュラン説に至る流れはコルポラティスムと結びついていたという点及び現代の企業制度論支持説についてはデュラン説同様に「使用者側のイデオロギー」であると指摘されている点[216]を示せば十分であろう[217]。

また、資本主義社会の変遷についての態度決定としては、労働者を企業に組入れその構成員とすることによって共同体を作ることを構想するか[218]、あるいはあくまで労使対立の側面を重視して団体交渉に力点を置き組合の集団的な力を背景にして契約的な方法により利益を獲得するという観点から労働協約の発展を期待するか、の問題がある。このどちらの立場を採るかにより企業制度論に対する評価が異なってくるのである。

ここで、企業制度論を否定しようとする立場と企業制度論を一定考慮しようとする立場のそれぞれの相手方に対する批判点の主たるものをみてみよう。

まず、否定派の主たる意見としては、例えば次のような主張を挙げることができよう。

(i)「この学説(企業を共同体と考える説)は、全員に採用されるどころか、

---

213) G.H. Camerlynck et G. Lyon-Caen, Droit du travail, 11e éd., 1982, p. 599.
214) 三井・前掲論文Ⅱ(二)66頁以下(本書第2章参照)。
215) 初出は広島法学14巻2号34頁。
216) ジェラール・リヨン=カーン「労働法におけるイデオロギー」(山口俊夫訳)日仏法学9号21頁以下。
217) なお、イデオロギー的側面に関連して、1968年にドゴール政権下でも5月危機を機会に「企業参加」構想が示され、それに今後の社会改革の焦点が置かれたということを指摘しうる。この点について、詳しくは、山口俊夫「ドゴール構想における『企業参加』の法思想的背景」季刊労働法69号49頁以下参照。
218) なお、この点について、デュランと並び有力に企業制度論を展開したリペール(G. Ripert)の次のような見解が注目される。「もしも資本主義体制を変化させたいならば、それ(企業を株主だけではなく労働者をも構成員であるような共同体的制度と構成する企業法)を作らねばならない」。G. Ripert, Aspects juridiques du capitalisme moderne, 2e éd., 1951, p. 265.

重大な批判の対象となっている」(G・リヨン＝カーン、ティエ＝プレトナール[219])。

(ii) 企業制度論あるいは企業共同体論を労働法に持ち込めば、「はっきりしない有機体的社会学によって形而上学の匂いをもってそれ（労働法）は濫用されるがままになる」(G・リヨン＝カーン[220])。

(iii) 「法的な魔法の杖のひとふりで〔労使の〕紛争を覆い隠そうと欲する法律家は数多い」（ジャヴィリエ[221]）。

これに対し、企業制度論考慮派は、否定派に対して次のような批判を向けている。

(i) 「マルクス主義者によって再び用いられる19世紀の純粋に個人主義的かつ契約的な分析は指摘されてきた客観的連帯（注・ここでいう「客観的連帯(solidarité objective)」とは、単に、労働者の労働の質の高さは企業にとって必要不可欠なものであり、また経営担当者が企業管理を誤れば労働者の失業を招くおそれがあるという企業と労働者の間の一般的事実的依存関係を指すにすぎない）の諸要素を無視する。従って、それは企業の全体的現実を説明しない。更に、それは、現代労働法が企業概念に付着させるますます多くの法的重要性を説明する力がない」（リヴェロ＝サヴァチエ[222]）。

(ii) 「そのこと（G・リヨン＝カーンの企業制度論批判）こそは、企業理論の支持者にまさに邪悪な目論み(noirs desseins)ありとすることのように思われる」（デスパックス[223]）。

---

219) G. Lyon-Caen et J. Tillhet-Pretnar, Manuel de droit social, 3ᵉ éd., 1980, p. 225.
220) G. Lyon-Caen, L'entreprise dans le droit du travail, Études droit contemporain, 1966, p. 323.
221) J.-C. Javillier, Droit du travail, 2ᵉ éd., 1981, p. 218.
222) J. Rivero et J. Savatier, Droit du travail, 9ᵉ éd., mise à jour, 1984, p. 186.
なお、リヴェロ＝サヴァチエも、「使用者と労働者との間の明らかな利益の対立」が存すること、そして「企業における共同体精神」（連帯感情）が発展しなかったことを認めたうえで、あくまで本文の注で示したような意味に限定して「客観的連帯」という言葉を用いているのである。
また、彼らは、企業制度論否定派に対して次のような批判も浴びせている。即ち、「この傾向を有する法律家は、奇妙なまわり道によって、古典的な理論の個人主義的な解釈を再び採るよう導かれる」(ibid., p. 185.)。

(ⅲ)「しかし、これら後者の批判（G・リヨン゠カーン説）は、我々にとって不当なように思われる。というのも、それらの批判は概念のデフォルメされた説明に適用されるからである」(ブラン゠ガラン[224])。

　以上のように論争は平行線をたどり、企業制度論をめぐる議論の展開は一致点を見るに至っていないと言ってよい。

　ただ、企業制度論に対して一定評価を示す立場でも、例えば、第2節1ですでにみたようにカメルランクは企業は現状においては到底共同体であると考えることはできないと述べているし、ブラン゠ガランは、「企業概念は制度化される傾向にあるが、それにも拘らず困難さなしにではない」ということ及び「企業の性質は相変らず曖昧さを示す」ということを強調している[225]。また、カタラ（N. Catala）は次のような指摘をなしている。即ち、結局、現状においては、企業は異質で様々な要素から成り立っておりひとつの法的概念では捉え切れず、「法的名称を受け得ない特別な組織（organisation spécifique insusceptible d'une qualification juridique）」としか評し得ない状態にある[226]。これらの諸見解からもわかるように、立法論、将来のヴィジョンは別として、現在、法的にいかに企業を捉えどのように理論展開を図るべきかの点については理論的検討が不十分であると言わねばならない。

3　小　括

　労働契約優位論は、労働契約衰退論に対する反論として展開されたのだけれども、むしろ将来のヴィジョンに力点を置いてそれを強調し、労働契約変遷の発展方向を示そうとしたところに特色があると言えよう。従って、現状の説明としては、本節1(1)で検討した点の主張にとどまっている。

　将来的ヴィジョンについては、以下のように、カメルランク説、G・リヨン゠カーン説それぞれについて疑問点を提示しうる。

---

223) M. Despax, L'entreprise et le droit, 1957, p. 3.
224) A. Brun et H. Galland, Droit du travail, 1re éd., 1958, p. 765.
225) A. Brun et H. Galland, Droit du travail, 2e éd., t. 2, 1978, p.p. 177 et 179.
226) N. Catala, L'entreprise, Droit du travail, t. 4, 1980, p.p. 152-158.

(i) まず、カメルランク説に対しては、共同体に向けて企業改革を押し進めることは可能なのかという疑問を提示できよう。そもそもカメルランク自体、方向性において共同体の確立ということは明確に示しているにも拘らず、肝心の共同体像の具体的内容については断片的に著作のあちらこちらでほのめかすにすぎず、必ずしも統一的な共同体像を一括してトータルに提示するには至っていない。仮に、カメルランク説的な方向における発展を期待するならば、その前提として、法的視点における明確な企業共同体ヴィジョンの確立、労働組合を含む労働者側の支持[227]、具体的政策の中に企業共同体ヴィジョンが組入れられ押し進められること等が必要であろうが、果たしてそのような状態にあるのか、またそれは可能なのか。

(ii) 次に、G・リヨン=カーン説に対しては、次の点を指摘できよう。彼の描く方向での労働契約の変遷には、労働組合の活躍、サンディカリスムの発展が必要不可欠なのであるが、果たしてG・リヨン=カーンの望むような展開が実際にみられるのか。むしろ、近年、サンディカリスムの弱体化が指摘されているのではないか[228]。

これら各説に対する疑問点と併せて、そもそも彼らが望むような方向へ向けての立法による身分規程の発展がみられるのかという問題があろう。

むしろ、彼らの説は、1970年代にフランスを襲った経済的危機以前の、経済成長により企業が財政的に保護的身分規程の発展に対応できた時期には一定妥当し得たが、経済的危機と失業者の増大という事態の前ではぐらついているのではないだろうか[229]。この点に関し、経済的危機以降に公にされた労

---

[227] カメルランクは、立法者に道を開く労働協約の役割に注目し社会進歩の道具であると評価しているにも拘らず、企業共同体概念はやはり、フランスにおいては2つの大労働組合の政治化 (la politisation des deux grandes syndicales ouvrières) と階級闘争の公準とに衝突するということ自体は認めている。G.H. Camerlynck, Le contrat de travail, Droit du travail, t. 1, 2ᵉ éd., 1982, p. 23.

[228] 近年のサンディカリスムの弱体化については、大和田敢太「フランスにおける労働組合権の今日的課題(下)」労働法律旬報1202号39頁以下、大和田敢太「フランスの労使関係と法」労働法律旬報1223=1224号39頁以下、島田陽一「労使関係と法の動向：1989年」日本労働研究雑誌365号41頁以下参照。

[229] この点に関連して、J.-E. Ray, Mutation économique et droit du travail, Études offertes à Gérard Lyon-Caen, 1989, p. 21 et s. を参照。

働契約に言及する諸論稿は示唆的である。例えば、アントワーヌ・リヨン゠カーン（Antoine Lyon-Caen）は、カメルランクやG・リヨン゠カーン等が示すような現時点において労働契約に割当てられる役割の指摘（本節1(1)参照）を吟味し、それは労働契約の「ひ弱な生残り（survivant fragile）」であると断じている[230]。またこのことに加えて、特に1980年代に入ってからの不安定化、規制緩和、弾力化が進展してきている状況のもとで、ジャモー（A. Jeammaud）は、まさにカメルランクやG・リヨン゠カーンが示したのとは異なる意味において個別的合意が重視され、労働契約は「追風を受けている」ことを指摘しており[231]、A・リヨン゠カーンもジャモーとほぼ同じ意味において、今日力を見出すのは「契約的な言語表現」であるとも述べている[232]。

そこで次節では、この、時代の変化に伴って生じた弾力化、規制緩和、不安定化の問題と労働契約の関係につき具体的に検討を加えることとする。

第5節　労働契約論に課される現代的課題

本節では、前節までの検討を受け、特に1980年代以降1990年代初頭に至る過程において、フランスでは、カメルランクやG・リヨン゠カーンが唱えたような労働契約優位論が一定妥当性を失ってしまっており、労働契約論が新たな諸課題に直面して理論的混迷状態にあるという状況を考察対象として採り上げる。以下では筆者が捉えることができた範囲において、その主たる要因と特徴を明らかにして論述を進めることとしたい。

1　序
(1)　時代の変化

少なくとも1970年代にフランスを襲った経済的危機までの（あるいは、例

---

[230] A. Lyon-Caen, Actualité du contrat de travail, Dr. Soc. 1988, p. 541.
[231] A. Jeammaud, Les polyvalences du contrat de travail, Études offertes à Gérard Lyon-Caen, 1989, p. 300.
[232] A. Lyon-Caen, op. cit., p. 541.

えば、1973年と1975年に解雇規制立法の制定がみられたこともあり、ジャモーの考えによれば1970年代の終りまでの)、フランス労働法の領域における法発展の傾向として、労働者に雇用の安定を保障する傾向が存したことを指摘できよう[233]。即ち、「身分規程 (statut)」の安定化 (stabilisaticn)・均一化 (homogénéisation) という方向性が見出されたと言いうる[234]。労働者保護の見地から制定労働法の著しい増加がみられ、これに対しては多くの企業は社会的進歩を伴う経済的成長により財政的対応が可能であった。従って、立法を中心として身分規程の継続的発展が期待され得たのである[235]。そこで、経済政策と労働法の関係についても次のように述べられることが妥当することとなる。即ち、一般的に「経済的規整 (régulation économique) は社会的規整 (régulation sociale) を経由し、労働者の保護的労働法は等しく企業を保護しうる[236]」と指摘されるが、これがフランスにおいてもあてはまったと言い得よう。

　しかし、「1973年及び1974年の石油ショックは、フランス経済に打撃を与え完全な変更をもたらす」ことになる[237]。これが新たな状況を作り出す主たる原因となる。従って、「〔政治〕権力を有するイデオロギーがいかなるものであろうと、1974年以降政府は同じ問題に直面した。即ち、長引く経済的危機とそれが導く大量の失業者の問題である[238]」。確かに、1970年代半ばにおいては、経済的危機における失業問題の重要性が立法者をして解雇法に関する改革 (1973年の個別的理由のための解雇に関する法律に続いて1975年には経済的理由のための解雇に関する法律が制定され解雇規制が強化された) へ向わしめ

---

233) A. Jeammaud, Droit du travail 1988 : des retournements, plus qu'une crise, Dr. Soc. 1988, p. 589. 特に1974年以降の変化を強調するものとして、G. Lyon-Caen et J. Pélissier, Droit du travail, 14ᵉ éd., 1988, p. 17. ; J. Rivero et J. Savatier, Droit du travail, 11ᵉ éd., 1989, p. 54.
234) A. Jeammaud, op. cit., Dr. Soc. 1988, p. 589.
235) J.-E. Ray, Mutation économique et droit du travail, Études offertes à Gérard Lyon-Caen, 1989, p.p. 21-22, 24.
236) ibid., p. 12. レイは、アメリカの例を挙げこの公式が妥当することを示そうとするが、続けてフランスの場合も同様であることを述べている。
237) loc. cit.
238) J. Rivero et J. Savatier, op. cit., 1989, p. 54.

た[239]ということからも明らかなように、まだ労働者の地位の安定化の傾向が続いていたとも考えることができる。けれども、その後、経済的危機、失業者の増大というこれらの事情に加え、労働組合の弱体化ないしは危機(この傾向は、特に社会党のミッテラン政権が登場してから加速されたことが指摘されている[240])、「テクノロジーの変化によって引き起こされる経済それ自体の可動性を追求するために雇用の可動性を促進する必要性[241]」、「需要はますます多様化し、労働者はもはや当然には全員同一の労働時間表あるいは同一の賃金を有することは期待しない」という事情[242]、あるいは「生産方法の変化、国際競争の進展」という事情[243]も現出し、これらが労働法の大きな変遷をもたらすこととなる[244]。大体において、特に1970年代終り頃[245]からフレクシビリテ(弾力性:flexibilité)の傾向が大きくなりはじめ、その傾向が1980年代以降もそのまま引き続きみられることになったといってよい。

(2) **労働法の奥深い変遷**

(1) これまで本章において検討してきたカメルランクやG・リヨン=カーンの労働契約優位論は、保護的身分規程の継続的発展及びそれに対する今後の期待に支えられていたといってよい。即ち、彼らは身分規程の発展による労働者の保護を図る形での労働契約の変遷を説いており、彼らが念頭に置いて論じているのはフルタイム労働のための期間の定めのない契約 (contrat à durée indéterminée pour un travail à temps complet) であったと指摘することができよう。

---

239) M. Despax and J. Rojot, Labour law and industrial relations in France, 1987, p. 36.
240) この点については、注228)に挙げた文献を参照。
241) G. Lyon-Caen et J. Pélissier, op. cit., p. 104.
242) J.-E. Ray, op. cit., p. 18.
243) J.-C. Javillier, Le patronat et les transformations du droit du travail, Études offertes à Gérard Lyon-Caen, 1989, p. 207.
244) ibid., p.p. 206 et 207.
245) 以下、本章においては、flexibilitéに言及する場合、「フレクシビリテ」という言葉を用いて表現する。なお、70年代末からのこの傾向の増大に関連して、期間の定めのある労働契約の利用を正面から認める最初の法律が制定されたのが1979年であるということを指摘しうる。この点も含めて、期間の定めのある契約に対する法規制については、浜村彰「フランスにおける有期労働契約法」労働法律旬報1229号30頁以下参照。

しかし、前項で示した「現代の経済的社会的な根本的変化（profondes mutations économiques et sociales contemporaines[246]）」により、彼らが考えたものとは異なる方向へ向けての労働法の発展がみられることとなる。そして、その傾向は、特に1980年代に入って以降顕著となった。ここで注目すべきは、ジャモーの次のような指摘である。即ち、「〔社会党のミッテラン政権が誕生した〕1981年以降引き続いて行われてきた様々な方向の改革の進行状況によって、また、それらが生じさせた論争を通じて、重要な変化が労働法それ自体の内部においても同じくそれを知覚する方法においても生じた」。フレクシビリテ化（弾力化：flexibilisation）の傾向である。ここで言うフレクシビリテ化とは、「労働力の利用にのしかかる法的拘束を柔軟化すること（assouplissement des contraintes juridiques sur l'utilisation de force de travail)」であると示される[247]。要するに、労働法は非常に長い間使用者側において拘束と受け取られてきたのであるが[248]、ここにきてそれが使用者側の非難の対象となったのである[249]。そこで、「労働法は企業管理におけるあらゆる硬直性の源泉になる[250]」ため、「異議を唱えられるのは、まさに強行的労働法の観念である[251]」ということになる。つまり、「労働法それ自体が問題となっている」のであり、「それが労働者にもたらす過度の保障は、世界経済の不断の動きと相容れない」、「経済法則の厳格さは、それ以後社会法と対立する」と説かれている[252]。従って、「使用者側の推進力のもとで」一定の改革が押し進められることとなった[253]。ジャヴィリエは、このような事態を評して、「労働法において使用者の力学の時代がやって来た[254]」のであり、「使用者たちは、少しず

---

[246] J.-C. Javillier, Le patronat et les transformations du droit du travail, Études offertes à Gérard Lyon-Caen, 1989, p. 217.
[247] A. Jeammaud, Droit du travail 1988 : des retournements, plus qu'une crise, Dr. Soc. 1988, p. 584.
[248] J.-C. Javillier, op. cit., Études offertes à Gérard Lyon-Caen, 1989, p. 194.
[249] G. Lyon-Caen et J. Pélissier, Droit du travail, 14ᵉ éd., 1988, p. 17.
[250] J.-C. Javillier, op. cit., Études offertes à Gérard Lyon-Caen, 1989, p.p. 207 et 208.
[251] G. Lyon-Caen et J. Pélissier, op. cit., p. 105.
[252] J.-E. Ray, Mutation économique et droit du travail, Études offertes à Gérard Lyon-Caen, 1989, p. 13.
[253] J.-C. Javillier, op. cit., Études offertes à Gérard Lyon-Caen, 1989, p.p. 205 et 208.

つ自分たちが法的変動の先導者であるというこの決定的な意識を持っている」と述べている[255]。それ故、彼は、「この20世紀末における労働法の（根本的）変遷（(profondes) transformations du Droit du travail en cette fin du XXe siècle）を誰が深刻に疑いうるであろうか」と問い、状況の変化の大きさを示そうとする[256]。

　以上の点をもう少し具体的に示してみよう。1980年代に入りかつてとは異なる論調で議論を展開し始めたように思われるG・リヨン＝カーンは、1988年に著した「新しい雇用政策における労働法」という労働法の変化を取り扱った論文において、変化した状況を踏まえながら次のように述べるに至った。即ち、「経済活動なしに、そしてそれが生じさせる労働力の必要性なしには賃金労働は存しない」ので、雇用の要求は労働法の要素のうちのひとつであり、従って、「労働法は雇用を促進しなければならず、それを害してはならないということは明らかである[257]」。かかるG・リヨン＝カーンの指摘を敷衍して述べれば、結局、労働法は、「企業が市場の状態と相容れる柔軟さを見出すことを認め[258]」ることにより雇用を創出する企業活動の活性化を図ると共に、「資本構造の可動性の産物たる雇用の可動性」を促進しなければならないということになろう[259]。まさに、G・リヨン＝カーンは皮肉を込めて、「もしもフレクシビリテ（flexibilité）のような言葉を発明することが必要であったならば、それは単に労働法を立ち直らせるためにである」と述べている[260]。このような状況のもと、「法律を、労働者の生活条件を改善するよりも、企業管理を柔軟にするかあるいは経済状況に影響を及ぼすという観点において技術を提供するよう運命付けられるようにする傾向が存する」と指摘されることとなる[261]。つまり、経済政策のための労働法の「道具主義化（instrumentali-

---

254) ibid., p. 195.
255) ibid., p. 209.
256) ibid., p. 193.
257) G. Lyon-Caen, Le droit du travail dans la nouvelle politique de l'emploi, Dr. Soc. 1988, p. 548.
258) J.-E. Ray, op. cit., p. 14
259) G. Lyon-Caen et J. Pélissier, op. cit., p. 103.
260) G. Lyon-Caen, op. cit., Dr. Soc. 1988, p. 548.

sation)」の傾向に言及されるのである[262]。

(2) さて、リヴェロ＝サヴァチエは、先に示した変化につき、次のように述べている。即ち、政府は、まず第1に、(特に若者のために)雇用を発展させるという配慮を示し、次いで第2に、オルー法改革が行われた1982年からは、「その管理者たちのイニシアティブによって国際市場の挑戦に立ち向い雇用を創出することができる唯一のものと考えられる企業の再評価」を示した[263]。かかる、1982年以降についての第2の点の指摘は、先に(1)で示したG・リヨン＝カーンの分析と相通ずるものがあろう。

確かに、社会党のミッテラン政権のもとで行われた1982年のオルー法改革は、労働者の権利拡大並びに労働者集団の統一性の強化を目指し、不安定雇用・非典型雇用の利用に一定規制を加えたとは言え、それを禁止するにまでは至らなかった。しかも、このオルー法改革は、労働法のフレクシビリテ化、柔軟化の要因もまた同時に含んでいたのである。このフレクシビリテ化の点について、以下で更に詳しく述べてみよう。

1982年の改革の対象領域には、労働時間法も含まれていた。即ち、1982年1月16日のオルドナンスによって失業対策・ワークシェアリングの観点から労働時間の短縮が規定された。この目的を達成するために、労働時間の弾力化・柔軟化の措置が導入されたが、これにはまた、企業にその競争拡大に必要な柔軟性を認めるという目的も同時に含まれていたのである[264]。この点と併せて、企業レベルにおける団体交渉の整備、企業における一定事項（実賃金、実際の労働時間、労働時間の編成）に関する使用者に対する企業支部を有する代表的組合との年に1度の交渉義務の設定、企業協定（accords d'entreprise[265]）制度の改革等の諸改革が行われた。つまり、伝統的には、団体

---

261) G. Lyon-Caen et J. Pélissier, op. cit., 25.
262) A. Jeammaud, op. cit., Dr. Soc. 1988, p. 586 et s.；J.-E. Ray, op. cit., p. 14 et s.；G. Lyon-Caen et J. Pélissier, op. cit., p.p. 24-26.
263) J. Rivero et J. Savatier, Droit du travail, 11ᵉ éd., 1989, p. 54.
264) この点については、浜村彰「フランスにおける労働時間の法的規制」労働法律旬報1128号27頁、山口浩一郎＝渡辺章＝菅野和夫編『変容する労働時間制度』（1988年、日本労働協会）128頁（野田進執筆）参照。

交渉は各産業、即ち各職業部門毎の領域において行われ、その結果そこで労働協約が締結されていたのだが、企業交渉及び労働協約の一種とされる企業協定が1982年11月13日の法律の対象となったのである。その理由を示せば、(ア)複数の職業部門に属する活動を行う大企業の従業員に共通の身分規程 (statut) を与えること、(イ)サンディカリスムの企業への浸透、(ウ)団体交渉を企業の具体的現状に適合させること等を挙げることができよう[266]。立法者は、1982年11月13日法によって企業に年に1度の交渉義務を課すことにより企業協定を促進しようとしたのである。実は、これに先立って、1982年1月16日の労働時間に関するオルドナンスも企業協定に労働時間弾力化のための独自の役割を与えていた。これらの法規制の対象となった企業協定が、特に労働時間に関しフレクシビリテ化の過程においてクローズアップされることとなった[267]。これらの企業協定制度改革の中には、労働時間に関する法規制の特例を定めることができるとする役割を企業協定に与えるという重大な改革が含まれていた。即ち、法律が、労働時間に関し、法定基準を下まわることができる特例を定めてもよい、つまり労働者にとって法定基準よりも不利なように立法の規定と異なる定めをしてもよいと定めている場合、企業協定が特例を定めることができるとした特例協定 (accords dérogatoires) に関

---

265) 従来から「企業協定」という言葉が通常各種文献で用いられてきているため、本書においても「企業協定」という言葉を用いて解説を加えることとする。本書で言う「企業協定」とは、正式には、企業又は事業所の労働協約もしくは協定と呼ぶべきものであり（労働法典 L. 132-18 条以下参照）、本来、労働法典が定義する「協定」とは、労働協約が労働法典が定めるすべての事項を取り扱うのに対して、これらの事項のうちひとつもしくはいくつかを取り扱うものを言う（労働法典 L. 131-2 条）。従って、企業協定も労働協約の一種であると考えることができる。この点については、立法史的経緯も含めて、盛誠吾「フランスにおける企業交渉と企業協定」蓼沼謙一編『企業レベルの労使関係と法』（1986年、勁草書房）359頁以下参照。
266) J. Rivero et J. Savatier, op. cit., 1989, p. 354.
267) この点を特に指摘する文献として以下のものがある。G. Lyon-Caen, op. cit., Dr. Soc. 1988, p.p. 550 et 551.; A. Jeammaud, op. cit., Dr. Soc. 1988, p.p. 585 et 591.; A. Supiot, Déréglementation des relations de travail et autoréglementation de l'entreprise, Dr. Soc. 1989, p. 195 et s.; J.-E. Ray, op. cit., p. 21 et s.; J.-C. Javillier, op. cit., Études offertes à Gérard Lyon-Caen, 1989, p. 208 et s.; G. Lyon-Caen et J. Pélissier, op. cit., p. 23.; J. Rivero et J. Savatier, op. cit., 11e éd. 1989, p. 355.

する規定が設けられたのである。シュピオ（A. Supiot）は、このような特例協定を含む企業協定の促進は、結局は、まず第1に経済的セールスポイントによって正当化されたものであることを示している。即ち、「技術的変化及び市場で表明されるますます変化し多様化する要求に企業を見事に適合させる必要性が、法領域においては労働力雇用規範の『フレクシビリテ（flexibilité）』の、つまり、競争力の至上命令にこれらの規範を合わせることの要求によって示される」のである[268]（企業協定の問題点については、後に本節2(1)で更に詳しく考察を加えることとする）。従って、かかる状況を含むオルー法改革に対して、次のような指摘がなされることになる。「全体は、量的には印象的である。しかし、〔立法者の〕改革意思は、経済的衰退（récession économique）が執拗に続くことと妥協しなければならなかった。経済的衰退は、企業にあまりにも重い新しい負担を課すことを認めなかった。さもなくば、外国における競争に対するそれらの競争力を危くし、政府の最優先の関心事である雇用状況と失業の増大を、従って、悪化させたであろう[269]」。

その後、1986年の選挙により国民議会の過半数を保守派が占めたため、ミッテランは保守派のシラクを首相に任命し、ここに保革共存状態が生じた。このようにして成立したシラク内閣及びその政策に関して、リヴェロ＝サヴァチエは次のように述べている。「1986年3月の選挙から生じた多数を特徴付けていた自由主義的イデオロギー及び市場経済に対する信頼は、すでに広く着手されていた企業の再評価を、そして〔企業〕交渉のために国家が手を引くこと（désengagement de l'État）を強壮にし得たにすぎない[270]」。実際、シラク内閣のもとで、㈠期間の定めのない契約及び派遣労働の利用に関する規制緩和、間歇的労働（travail intermittent）の法認、㈡経済的理由のための解雇に関する行政許可制度の廃止、㈢労働時間の更なる弾力化（特に、それまでは拡張された各職業部門の協約の定めがある場合に限り企業協定による特例を認めていた法制を改正して、一定の事項につき企業協定のみによる特例設定の可能性

---

268) A. Supiot, op. cit., p. 196.
269) J. Rivero et J. Savatier, Droit du travail, 9ᵉ éd. mise à jour, 1984, p. 56.
270) J. Rivero et J. Savatier, op. cit., 11ᵉ éd., 1989, p. 55.

第5節　労働契約論に課される現代的課題　167

を開いた点が注目される）が押し進められたのである[271]。その後、1988年5月に国民議会において再び社会党が多数を占めるに至ったが、リヴェロ＝サヴァチエは、労働法におけるこのフレクシビリテ化の傾向の「継続性（continuité）」が政府によって再び疑問視されることはないであろう点を示唆している[272]。

　以上のような弾力化ないしはフレクシビリテ化の傾向につき、G・リヨン＝カーン、ペリシエは次のように述べている。「現在の企業の主張は、失業は、〔企業〕管理を麻痺させそれを十分には柔軟かつフレクシビリテにするものではない強行法の過度さのせいであるというものである。使用者の要求は、すでに、『分化された』雇入れ方法（formules d'embauche《différenciées》）の導入、〔経済的理由のための〕解雇に対する行政許可の廃止、労働時間に関する非常に大きな柔軟性（労働時間の年間通算制）、特例協定に訴え〔労働協約や個別的合意が法令及び上位の協約より不利な定めをすることができないという労働法の基本原則である社会的〕公序を無視する可能性を獲得した。それは、往々にして、〔企業協定により〕企業自らが自分の法を定めるので、労働法の部分的あるいは全体的な取壊しであろう規制緩和を支持する[273]」。

　さて、前置きが長くなったが、このような状況のもとで、個別的労働契約が追風を受けると評されると共に、前節までで検討した「契約から身分へ」という現象が変容し、かつ労働法における「企業」概念の把握の問題についても更なる一定の困難さが生じてきている。以下では、2、3においてこれらの点に焦点を絞って検討を進め、その後、最後に4において今後の展望を示すこととしたい。

---

[271]　この傾向に触れる邦語文献として、盛誠吾「弾力化の現段階」日本労働協会雑誌343号68頁以下。
[272]　J. Rivero et J. Savatier, op. cit., 11ᵉ éd., 1989, p. 55.
　　なお、この時期のフランスの状況に触れるものとして、島田陽一「労使関係と法の動向：1989年」日本労働研究雑誌365号39頁以下。
[273]　G. Lyon-Caen et J. Pélissier, op. cit., p. 23.

2 「契約から身分へ」という公式の変容
(1) 身分規程の統一化と多様化

(1) すでに述べたように、1970年代にフランスを襲った経済的危機までは(あるいは、ジャモーによれば1970年代の終りまでは)、一応、「労働法の可能な進歩と考えられた労働条件の標準化(standardisation des conditions de travail[274])」という傾向が存していたと言ってよい。即ち、「社会的経済的条件の増大する一致は、従属性を共有するあらゆる法的地位の接近を押し進める」と指摘することができた[275]。これは、フルタイムの期間の定めのない労働契約を念頭に置いて立法規整が進展してきたという状況を示すものであり、本章において前節までで検討してきた労働契約優位論もこのような傾向に則って理論展開を図ってきたのである。従って、「一般法の公式の身分規程(statut de formule de droit commun)を有するフルタイムの期間の定めのない契約[276]」と述べられることとなる。

このような身分規程の発展の特徴は、以下に指摘しうるように、実は、何

---

[274] A. Jeammaud, Les polyvalences du contrat de travail, Études offertes à Gérard Lyon-Caen, 1989, p. 309.

[275] P.-D. Ollier, Le droit du travail, 1971, p.p. 29 et 30.

[276] A. Jeammaud, Droit du travail 1988 : des retournements, plus qu'une crise, Dr. Soc. 1988, p. 591.
　ただし、経済的危機以前の、この傾向に対する例外として、1972年1月3日の法律によって認められた派遣労働を挙げることができる。この点につき、G・リヨン=カーンは、「新しい精神状態のきざし(sympotomatique d'un nouvel état d'esprit)であり、労働者たちのではなく経済界の圧力の成果であるいわゆる派遣労働に関する1972年1月3日の法律」と述べている。ちなみに、ここでG・リヨン=カーンが言う「新しい精神状態のきざし」とは、後に来る労働法の国家レベルにおけるフレクシビリテ化の前兆という意味に外ならない。G. Lyon-Caen, Le droit du travail dans la nouvelle politique de l'emploi, Dr. Soc. 1988, p. 549.
　また、カメルランクは、派遣労働の法認を「解雇に関する保護法の条文の拒絶現象(phénomène de rejet du dispositif légal protecteur en matière de licenciement)」の一形態であると述べている。要するに、1973年と1975年に解雇規制立法が制定されたが、1974年以来の経済的危機の影響、多くの企業の経済状況の悪化等の理由のため、解雇に関する法的拘束を避けようとする使用者側の配慮により、派遣労働は、「労働市場を混乱させることによって、同時に恒久的な労働者と臨時の労働者を犠牲にして制度の真の逸脱に至った」と指摘されている。G.H. Camerlynck, Le contrat de travail, Droit du travail, t. 1, 2e éd., 1982, p.p. 358-360.

第5節　労働契約論に課される現代的課題　169

よりも立法による身分規程の標準化・統一化に力点があったことであると考えることができる。即ち、「フランスの労働者の保護は、特に立法者によって保障されてきた[277]」ものなのであり、シュピオは、セル（G. Scelle）の著作を引用することにより、フランスのこのような伝統を「政治的介入主義（《interventionnisme politique》）」と呼んでいる[278]。かかる傾向は、身分規程の安定化・均一化の傾向として示されうる[279]。そして、あくまで立法による大きな統一化の流れの中で、労働者の身分規程は、各労働者に適用される労働協約の差異及び各企業の就業規則の差異に由来する多様化の傾向を示していたといってよい。この多様化の傾向につき、オリエは次のように述べていた。「労働者の身分規程は、絶えず経済状況と〔労使の〕力関係（rapport des forces）の作用である」し、また、「各々の労働者の具体的地位は、結局、偶然的要素に依拠する[280]」。

（2）　フレクシビリテ化、規制緩和により、制定労働法の拘束的性格が弱まったことは既述の通りだが、かかる傾向は、それまでの労働者の保護を図る方向での発展においてみられた傾向とは明らかに一線を画するものである。このような状況のもとで、むしろ逆説的に、法規範の減少ではなくて法規範の増大という現象がみられた[281]。以下ではこの点を更に詳しく述べてみよう。

ジャモーは、「フレクシビリテ化」の過程は労働者の保護ではなくて必要不可欠な法的安定性の名において立法的介入を呼ぶことを指摘し、これを「『規制緩和』のために採られた規範的再調整がほとんど機械的に引き起こす『補償的な再規制化の動き（mouvement compensatoire de re-réglementation）』」であると述べている[282]。例えば、1986年12月30日の法律によって経済的理由

---

277) J.-E. Ray, Mutation économique et droit du travail, Études offertes à Gérard Lyon-Caen, 1989, p. 21.
278) A. Supiot, Déréglementation des relations de travail et autoréglementation de l'entreprise, Dr. Soc. 1989, p.p. 195 et 196.
　　なお、シュピオが引用するセルの文献の該当箇所は、次のとおりである。G. Scelle, Le droit ouvrier, 2ᵉ éd., 1929, p.p. 212-216.
279) A. Jeammaud, op. cit., Dr. Soc. 1988, p. 589
280) P.-D. Ollier, op. cit., p. 31.
281) A. Jeammaud, op. cit., Dr. Soc. 1988, p. 586 et s.

のための解雇に対する行政許可制度が廃止された点について論じてみよう。この廃止措置は、規制緩和政策の「シンボルを負わされている」と解されているのであるけれども、実は、このことに関しては「雇用に関する法典の規定〔数〕の削減によって示されなかった」ということが指摘されている。むしろ、行政許可の廃止を行ったこの法律によって構成された代償措置は「今までよりもずっと複雑なように思われる」のである[283]。また、不安定雇用あるいは非典型雇用に関する規整、労働時間の弾力化についての諸措置、企業交渉及び企業協定に関する規整等により法文が増加し複雑化したことも、その証左である[284]。要するに、「規制緩和政策は、決して規範数の量的削減に至らなかったし、フランスにおいてそうであったように、まさにしばしばその数を増大させることに貢献した」のである[285]。フレクシビリテ化、柔軟化のために提供される法技術が多様化したために制定法規範が増大したのであり、これらの増大した規範は、かつての労働法の労働者保護の視点からする拘束的性格を抜き取られているのである。従って、ジャモーは、かかる状況は「パラドックスの外観しか有しない」と述べ、これを「立法が逆説的に手を引くこと (paradoxal désengagement de législation)」と評している[286]。そして、かかる傾向を有する法規範は、「資本主義的合理性 (rationalité capitaliste)」ないしは「企業の論理 (logique entrepreneuriale)」と何ら矛盾するものではないということが強調されている[287]。このようなそれまでとは異なる法律による身分規程の発展の特徴を示せば、すでに1(2)で述べた経済政策の不可欠の一部となった労働法の道具主義化ということと併せて身分規程の多様化・流動化の傾向を挙げることができよう[288]。この後者の点について述べてみよ

---

[282] ibid., p.p. 588 et 589.
[283] ibid., p. 588.
[284] ibid., p.p. 588, 591 et 592.
[285] A. Supiot, op. cit., p. 195.
なお、レイは、かかる傾向と併せて、「労働法の道具主義化は、束の間の命の法文を増加させた」ことも指摘している。J.-E. Ray, op. cit., p. 21.
[286] A. Jeammaud, op. cit., Dr. Soc. 1988, p.p. 585 et 589.
[287] ibid., p. 589.
[288] ibid., p. 589 et s.

う。例えば、法律による雇用形態の多様化（不安定化、非典型化）は、身分規程の多様化を示すものに外ならないし、同時に雇用条件の流動化の現れでもあると考えることができる[289]。この点については項を改めて後に詳しく採り上げ考察を加えることとするが、今まで述べてきた点に関連して、ここでは次のことのみ指摘しておくにとどめる。即ち、このような方向性は「労働条件の標準化」からの「はみ出し（dépassement）」であると捉えられる[290]。G・リヨン＝カーンは、雇入れの公式のこの多様化につき、まさに、「労働法は存続するが、この半世紀に渡り最も特徴的な発展を実現してきていた部分を削除されている」と述べている[291]。

(3) かつての立法による安定化・均一化という大きな傾向の中での多様化とは異なり、立法による身分規程の多様化・流動化の中で更なる多様化の現象がみられることもまた、特に1980年代に入ってからの労働法の特徴をなしている[292]。1982年法による企業交渉及び企業協定の発展が問題なのである。この点につき次のような指摘がみられる。即ち、「一般的に言って、交渉可能な領域の拡大及び法律による交渉の促進は、『身分規程（statuts）』の多様化の決定的要因を構成する[293]」。そして、このこともまた規制緩和の一形態であるとされる。以下では後者の規制緩和の問題を更に詳しく論じてみよう。

フランスの労働者保護が立法者によって促進されてきたことはすでに(1)で述べたところであり、これを「政治的介入主義」と呼んだけれども、規制緩和はこのような伝統と断絶することによってもたらされうるのである。確かに、経済的理由のための解雇に対する行政許可制度の廃止のように、使用者に課されていた法的拘束を緩めることは規制緩和の一形態である。しかし、以下で述べるような理由のため、企業交渉の組織化及びそれから生ずる「企業における交渉の先例のない飛躍」もまた規制緩和の一形態たりうるのである[294]。まず第1に、企業交渉の結果締結される企業協定について言えば、労

---

289) ibid., p. 591 et s. ; G. Lyon-Caen et J. Pélissier, Droit du travail, 14ᵉ éd., 1988, p. 103 et s.
290) A. Jeammaud, op. cit., Études offertes à Gérard Lyon-Caen, 1989, p. 309.
291) G. Lyon-Caen, op. cit., Dr. Soc. 1988, p. 549.
292) A. Jeammaud, op. cit., Dr. Soc. 1988, p. 591 et s.
293) ibid., p. 591.

働法における法律による他律（hétéronomie）から労使による自治への移転として捉えられる[295]。従って、これは、先の「政治的介入主義」の伝統とは一線を画し、「制定法と交渉された法との間の関係の手直し」として示される[296]。そして、次に第2に、このような「労働法典の革新された規定によって描かれる慎み深い産業民主主義のモデル」には、労使の力の均衡ないしバランスを崩す「サンディカリスムの弱体化（faiblesses du syndicalisme）」という事情が伴っていた[297]。かかる状態のもと、例えば、労働時間法制の弾力化の措置として特例協定が導入されたのである。かつては労働組合の力の強化のもとに労使の平等の足場を確立しすべての労働条件を規整すべき企業協定の導入を説いていたG・リヨン=カーンは、自己が立論したのとは異なる状況に対して、特に労働時間の点につき、「立法者の目的は、企業に管理のより大きな柔軟性を与えることである」と述べるに至った[298]。つまり、レイの言葉を借りれば、「協約法は、もはや労働者の地位を改善することを専らの使命としなかった」のである[299]。従って、企業交渉は何よりも経済問題に関する企業の必要に対応するものであると指摘されることとなる[300]。そして、使用者たちは、団体交渉に関して、特に労働時間について、規範を要求される側にいるのではなく、むしろその「要求者（demandeurs）」であるとも述べられている[301]。このため、企業協定は、新たに使用者の権限を拡大することを認めるものであると評され[302]、労働力利用条件の柔軟化が進展したことのひと

---

294) A. Supiot, op. cit., p.p. 195 et 196.
　　これと同旨を述べるものとして、A. Jeammaud, op. cit., Dr. Soc. 1988, p.p. 584, 585 et 587.
295) A. Supiot, op. cit., p. 196.
296) A. Jeammaud, op. cit., Dr. Soc. 1988, p. 591.
297) ibid., p. 587.
298) G. Lyon-Caen, op. cit., Dr. Soc. 1988, p.p. 551 et 552.
　　G・リヨン=カーンは、特例協定の特例の意味につき、「企業にとって有益な（utile）意味においてである」と述べている。
299) J.-E. Ray, op. cit., p. 23.
300) ibid., p. 27.
301) J.-C. Javillier, op. cit., Études offertes à Gérard Lyon-Caen, 1989, p. 209.
302) J.-E. Ray, op. cit., p. 24.

つの要因とみなされている[303]。要するに、「企業利益あるいは雇用の名において労働者側の法の柔軟な適用を要求するのは使用者であった[304]」。

以上のことから、シュピオは、「この改革は、実際、明らかに団体交渉の重心を〔産業レベルから〕企業に向けて移転させる意思を示す」ものであると結論付けている[305]。同様に、ジャヴィリエは、「いかなる疑いもなしに、規範的重心は少しずつ企業（特に大企業）に向けて移動する」との指摘をなしている[306]。従って、シュピオは、また、特例協定の発展に関し、「企業交渉を組織化することによって、そしてその結果生ずる協定が一定の場合において立法あるいは〔職業〕部門協約から自由になることができるということを認めることによって、これらの改革は企業の可能な自己規整（autoréglementation）の基礎を築いた」ということを強調している[307]。

(2) **多様な雇用形態**

ジャモーは、企業協定によって生じた状況よりも重要で意義深い規範の本質的多様性に関する主要な現象は、「雇用形態の、もっと正確に言えば労働を行う形態の法的多様化である」と述べている[308]。ここでは、紙幅の関係上、不安定雇用・非典型雇用の法的規整の具体的内容の解説を行うことは避け、専らこれらの雇用形態の増大に伴って生じた主たる法的問題点を、「契約から身分へ」というテーマに関する限りで指摘し検討することとする。

（1） 変化により、不安定雇用・非典型雇用のカタログとして労働法典内に次のものが見出されるようになった。即ち、期間の定めのある労働契約、派遣労働契約、パートタイム労働契約、間歇的労働契約等である。また、職業教育訓練に関しても、従来から労働契約の一種とされている見習契約（contrat d'apprentisage）に加えて、新たに職業資格契約（contrat de qualification）、

---

[303] A. Jeammaud, op. cit., Dr. Soc. 1988, p. 587.
[304] J.-E. Ray, op. cit., p. 23.
[305] A. Supiot, op. cit., p. 198.
[306] J.-C. Javillier, op. cit., Études offertes à Gérard Lyon-Caen, 1989, p. 205.
[307] A. Supiot, op. cit., p. 196.
[308] A. Jeammaud, Droit du travail 1988 : des retournements, plus qu'une crise, Dr. Soc. 1988, p. 591.

適応契約（contrat d'adaption）等が設けられた[309]。このような状況に対して、「これらの現代の雇入れ形態は、新しい状況に対する企業の回答を構成し、そして立法者はそれらを考慮し、それらを合法化するにまで至る」との分析が加えられている[310]。以下この点を更に詳しく述べてみよう。

　従来は、期間の定めのない労働契約による雇入れが通常の雇用形態と考えられていた。しかも、「長い間、企業は忠実かつ能力ある労働者の競争を保障するために雇用の安定に対する自己の好みを表明していた」とも指摘されている[311]。しかし、すでに1で述べた変化により、フルタイムの期間の定めのない契約は、「市場の不確実な発展に適合しないように思われた[312]」ため、「近年それ自体資本構造の可動性の産物たる雇用の可動性という反対の追求が展開された[313]」のである。即ち、経済的危機の影響、企業の経済状況の悪化、その結果生ずる中期見通しに関する一般的な不確実さは、企業の労働管理の慣行を著しく変更せしめ、賃金コストの削減の要求は、企業を、常用労働者を削減し、彼らの雇用を企業の存続と発展にとって必要であると考えられる職務に限定するよう導いたのである[314]。また、テクノロジーの変化によって引き起こされる経済それ自体の可動性に適応するために雇用の可動性にも言及されることとなる[315]。従って、「労働者の個別的条件の肉付けにお

---

309) これらの他にも、職業教育訓練の一種でこれを行うために国家もしくは公共機関、受入れ企業、訓練を受ける若者の3者の間で締結される契約は労働契約ではないとされるSIVP（労働法典 L. 980-9 条、1985 年 2 月 7 日のデクレ）、一種の失業事業であるTUC（1984 年 10 月 16 日のデクレ）等の出現も雇用形態の多様化の一要因として指摘されている。ここでは詳しく触れる余裕はないが、この問題については次の文献を参照されたい。A. Jeammaud, op. cit. Dr. Soc. 1988, p. 591.；G. Lyon-Caen et J. Pélissier, Droit du travail, 14e éd., 1988, p. 72 et s.；J. Rivero et J. Savatier, Droit du travail, 11e éd., 1989, p.p. 461, 490 et 491.
310) G. Lyon-Caen et J. Pélissier, op. cit., p. 105.
311) ibid., p. 18.
312) J.-E. Ray, Mutation économique et droit du travail, Études offertes à Gérard Lyon-Caen, 1989, p. 19.
313) G. Lyon-Caen et J. Pélissier, op. cit., p. 103.
314) ibid., p. 17.；G.H. Camerlynck, Le contrat de travail, Droit du travail. t. 1, 2e éd., 1982, p. 358.
315) G. Lyon-Caen et J. Pélissier, op. cit., p. 104.

ける契約の役割は、雇用の公共政策のリズムに合わせて拡大された。労働への接近の法的技術のモデルを極度に多様化することによって、それらの公共政策は使用者の約定の余地を拡大した[316]」。これは、労働契約のタイポロジー（typologie des contrats de travail）の増大という現象として現れ[317]、労働者保護のための「一般法の公式の身分規程[318]」（A・リヨン＝カーンの表現によるならば、「歴史的身分規程（statut historique[319]）」）を回避する方策であると捉えられる。このことを言い換えれば、「一般法の公式であり、『通常の』雇用（l'emploi 《normal》）の支柱であるフルタイム労働のための期間の定めのない契約を回避することである」ということになろう[320]。ペリシエは、かかる状況を評して次のように述べている。「望もうと望むまいと、個別的契約は、まだ、まさに生き生きとしたものである」。即ち、「期間の定めのある労働契約、派遣労働契約、間歇的労働契約、パートタイム労働契約が問題である場合に法文の数が多い」ことからも分かるように、「立法者は、労働契約の領域に決して今までここ数年ほどは介入したことはなかった[321]」。

(2) 以上のような傾向は、当然、適用規範が雇用形態毎に分離する傾向として現れており、サン＝ジュヴァン（P. Saint-Jevin）は、このことを「労働契約の一般法は存在するのか？[322]」という論文において詳細に分析している。ここでは、サン＝ジュヴァンの論文に拠りつつこの問題を具体的に述べてみよう。

確かに、労働法典は、例えば、期間の定めのある契約につき L. 122-3-3 条が、パートタイム労働につき L. 212-4-2 条が、それぞれ期間の定めのない契

---

316) A. Jeammaud, Les polyvalences du contrat de travail, Études offertes à Gérard Lyon-Caen, 1989, p. 309.
317) A. Lyon-Caen, Actualité du contrat de travail, Dr. Soc. 1988, p. 541.
318) A. Jeammaud, op. cit., Dr. Soc. 1988, p. 591. ; même auteur, op. cit., Études offertes à Gérard Lyon-Caen, 1989, p. 310.
319) A. Lyon-Caen, op. cit., p. 541.
320) A. Jeammaud, op. cit., Études offertes à Gérard Lyon-Caen, 1989, p. 310.
321) J. Pélissier, Droit civil et contrat individuel de travail, Dr. Soc. 1988, p. 387.
322) P. Saint-Jevin, Existe-t-il un droit commun du contrat de travail?, Dr. Soc. 1981, p. 514 et s.

約に基づき雇われている労働者、フルタイムの労働者と同一の法律、労働協約等の規定の適用を受けるべきことを規定している。しかし、期間の定めのある契約については、例えば従業員代表機関(従業員代表、企業委員会の委員等)に関する選挙権、被選挙権の要件とされる企業における一定の年功の獲得という点で不利となり、これらの権利の行使について問題となりうる。この他にも、一定の利益を企業における年功の要件に結び付ける法律及び労働協約が存在する傾向が指摘されている。要するに、労働法典が示す適用の平等の原則にも拘らず、期間の定めのない契約に基づいて雇われている労働者と期間の定めのある契約に基づいて雇われている労働者の間に労働条件等に関し差異が生ずることがあるのである。また、期間の定めのない契約に拠る場合であっても、フルタイムとパートタイムでは分裂がみられ差異が生ずることになる。例えば、従業員代表機関(従業員代表、企業委員会の委員)に関する被選挙権について労働法典 L. 423-8 条、L. 433-5 条は、次のように定めている。「同時に複数の企業においてパートタイム雇用に就いている労働者は、これらの企業のうちのひとつにおいてしか被選挙権を有しない。彼らは自分が立候補を行う企業を選択する」。サン=ジュヴァンは、これを「フルタイムの労働者」ではない労働者が、彼らを雇う企業の従業員代表機関制度への積極的参加から排除されていることであると捉えている[323]。以上のような状況を評して、サン=ジュヴァンは、「多くの法律の——もっと多くの協約の——規定は、暗黙のうちに労働者の企業への『所属』に言及する」と述べている。ここでいう所属は、期間の定めなくフルタイムで雇われている労働者の企業への所属(「通常の雇用」)が念頭に置かれているため、それを規律する「普通法の」一定の規定の利益は、「通常の雇用」に就いていない労働者に拒絶されることになる[324]。従って、かつてみられた、期間の定めのない契約=通常の雇用、特別労働契約=不安定雇用という図式が更に進展し、期間の定めがない契約による場合でもフルタイムの通常の雇用とパートタイム雇用とに分かれているように対立が生じてきている[325]。かかる事態の進展のもと、サン=

---

[323] ibid., p. 518.
[324] ibid., p. 517.

第5節　労働契約論に課される現代的課題　177

ジュヴァンは、法の分割が、企業の大きさ、労働者の職業資格、年功、就いている雇用の型等様々なものに応じて現れる傾向を指摘すると共に、「労働者全体に共通の規範は、この事実からだんだん少なくなる。当事者の地位は、〔期間の定めのない契約かどうかという〕契約の型よりも〔フルタイムの通常の期間の定めのない雇用かどうかという〕雇用の型に応じて変化する」と述べている。要するに、「雇用の不安定化、『細分化』あるいは更に『分割』の傾向は、普通法の法規範をかき分けて進み、その内容及び適用条件を変更する」ことになるのである[326]。

　以上のことを要約して示せば、ジャモーが述べる次の一節を掲げることで十分であろう。即ち、「統計の傾向からすれば、あるいは社会的に優勢な意見によれば、法規定のこの状態は、一般法（期間の定めのない契約によるフルタイム雇用）の、そして基準法の分裂を告げうるであろう[327]」。

(3)　**労働契約の新たな復権**

　1987年にブレーズが述べた次のような見解が、変化した状況における労働契約の復権の傾向ないしは方向性を示しているように思われる。即ち、「契約概念の可塑性は、実際、集団的レベルにおけると同様に個別的レベルにおいて労使関係の特殊性に適応することができた。従って、経済を自由にしフランス企業をもっと競争力あるものにするため大いに『規制緩和』に言及される時代において、契約規範は国家規範に比べて増大させられた役割を演じなければならないであろう[328]」。つまり、規制緩和の傾向のもと労働法規範の拘束性が減ぜられ、その結果、かつて労働契約優位論者が構想した身分規程に支えられた労働契約ではなしに、むしろ「身分（規程）から契約へ」という流れがみられるというのがブレーズの主張の骨子ではないだろうか。

　実際、ブレーズのようにこのような状況を一定支持し肯定的に捉える論者のみならず、批判的に考察する論者も同様の傾向を指摘している。例えば、

---

325) ibid., p. 515 et s.
326) ibid., p. 518.
327) A. Jeammaud, op. cit., Dr. Soc. 1988, p. 592.
328) H. Blaise, Les conventions de travail, Le droit contemporain des contrats, 1987, p. 64.

A・リヨン=カーンは、「力を見出すのは、それ（個別的労使関係）に今日与えられるこの契約的言語表現（verbe contractuel）ではないのか」と述べ、労働契約の「復権（réhabilitation）」に言及している[329]。また、ジャモーは、「都合のよいフィクションであろうが本当の交渉の成果であろうが、個人間の（inter-individuel）合意は、それがかつて衰退しているように思われた法部門において追風を受けている」と述べている[330]。

さて、先のブレーズの見解からも明らかなように、「復権」ないし「追風」と呼ばれる現象は、カメルランクやG・リヨン=カーンが展開した労働契約優位論とは異なる方向性において現れており、このような状況のもと、ジャヴィリエは、G・リヨン=カーンがかつて労働契約優位論において示した主張は、「古典的になった」と評している[331]。ここで、これらの「復権」ないしは「追風」の特徴を示してみよう。即ち、労働契約は、「第１に、自分たちの関係に、自分たちにある希望された経験的な結果を手に入れさせる法的外形を与えるために当事者が自由にする道具を意味する。労働市場の現状においては、この道具が、特に、企業の経営担当者に利益をもたらし、彼らに労働力を自分たちの期待に適合させることを認めるということは明らかである」と指摘されている[332]。要するに、使用者のイニシアティブによって挿入される条項が問題なのである[333]。国家法はまさにそこから遠くにいるように思われ、「契約のその公式、その条項、そのソフトウェアのほとんど各々は企業に

---

[329] A. Lyon-Caen, Actualité du contrat de travail, Dr. Soc. 1988, p. 541.
[330] A. Jeammaud, Les polyvalences du contrat de travail, Études offertes à Gérard Lyon-Caen, 1989, p. 300.
[331] J.-C. Javillier, Le patronat et les transformations du droit de travail, Études offertes à Gérard Lyon-Caen, 1989, p. 215.
[332] A. Jeammaud, op. cit., Études offertes à Gérard Lyon-Caen, 1989, p. 308.
なお、「復権」ないしは「追風」の傾向の内容としては、もうひとつ別に、フレクシビリテ化・個別化の傾向での労働契約の利用以外にも、「当事者の間で締結されたものの法的意味を追求し、次いで明らかにすることに役立つ」という労働契約の「発見的機能（fonction heuristique）」を裁判所が強化している点を挙げることができる。この点については、すでに述べたフレクシビリテ化・個別化の傾向とは異なるのであるが、後に４で詳しく検討する。
[333] A. Jeammaud, op. cit., Études offertes à Gérard Lyon-Caen, 1989, p. 310.

第 5 節　労働契約論に課される現代的課題　179

おいて進行中のあるいは予測しうる変化に立ち向うために」利用されるのである。これらの条項は、「労働法律関係のほとんどすべての側面に関係しうる」ものであることを特色とする[334]。従って、ここで労使関係の個別化・多様化という現象が進展しているのであり、(1)(2)で述べたことと併せてこれもまた「労働条件の標準化」からの「はみ出し」現象のひとつであると捉えられている[335]。ジャヴィリエによれば、このように「労使関係個別化の技術として労働契約に訴えることは、何ら疑いなしに、労働法の変遷の要素のうちのひとつを構成する」ことになる[336]。

　個別的労働契約の復権あるいは追風の大きな傾向を示せば、次の 3 点に要約することができよう。即ち、企業の戦略、企業の活動部門あるいは採用応募者の個人的資格に応じて、(ｱ)労働力利用条件のフレクシビリテ化及び不安定化のために、(ｲ)企業にとって一定核となる労働者の固定化あるいはより強力な組入れのために、あるいは(ｳ)一定の条項により従属性を拡大するために、契約的技術が動員されるのである[337]。以下では、この点を更に敷衍して、復権あるいは追風の例を具体的に示してみよう。

　(ⅰ)　まず第 1 に、前項で述べた雇用形態の多様化は、労働契約のタイポロジーの増大を意味し[338]、かかる傾向は「公共政策の成果」であることが指摘されている[339]。そして、契約のタイポロジーの増大は、「法的領域の多様性の選択」の余地を使用者に与えるものに外ならない[340]。

　(ⅱ)　また、個別的労働契約は、労働法が定める柔軟性を具体化するものであることを指摘しうる。例えば、ブレーズは、1982 年に選択労働時間の一種として導入されたフレックスタイム制（正確に言えば「個別化された労働時間制（horaires individualisés）」労働法典 L. 212-4-1 条）につき、労働契約は、「企

---

334) J.-C. Javillier, op. cit., Études offertes à Gérard Lyon-Caen, 1989, p. 215.
335) A. Jeammaud, op. cit. Études offertes à Gérard Lyon-Caen, 1989, p. 309.
336) J.-C. Javillier, op. cit., Études offertes à Gérard Lyon-Caen, 1989, p. 215.
337) A. Jeammaud, op. cit., Études offertes à Gérard Lyon-Caen, 1989, p. 309.
338) A. Lyon-Caen, op. cit., p. 541.
339) loc. cit. 同旨を述べるものとして、A. Jeammaud, op. cit., Étudesoffertes à Gérard Lyon-Caen, 1989, p. 309.
340) A. Jeammaud, op. cit., Études offertes à Gérard Lyon-Caen, 1989, p. 309.

業に必ず出勤していなければならない固定時間とは別に、各労働者に彼の家族的要請あるいはまさに単に彼の便宜に応じて彼の労働時間を定める可能性を与える『時間帯の幅 (plages)』を調整することを認める」と述べている。彼はまた、同じく選択労働時間のタイトルのもとで導入されたパートタイム労働につき「個別化された調整の第2の型」であるとしている[341]。かかるブレーズの指摘は、労働者側の利点を強調するものであるが、本節においていままで述べてきた視点からすれば、同時にこのような傾向は、フランスにおける経済的社会的変化に伴って生じた企業側の戦略の一側面を示すものであるとも言えよう。この点に関して、G・リヨン=カーン、ペリシエの次の指摘は示唆的である。即ち、「企業収益を改善するということに配慮して、使用者は厳密に必要な時しか労働力を用いないよう試みる[342]」。

(iii) 試用期間条項の利用も個別的労働契約の追風の例として挙げられている。確かに、この条項は、労働法典により一定の制限のもとで認められているのであるが、これは「雇用の安定化を遅らせる」ものであり、「使用者のイニシアティブによって導入される条項のうちで最も一般的に用いられているものである」と指摘されている[343]。

(iv) 可動性条項の労働契約への導入も注目を浴びている。これらの条項の

---

341) H. Blaise, op. cit., p. 62.
 なお、フランスのフレックスタイム制について解説しておけば次のようになる。即ち、労働法典 L. 212-4-1 条によれば、労働者の求めに応じて (pour répondre aux demandes de certains travailleurs)、使用者は、企業委員会、もしもそれが存在しないならば従業員代表がそれに反対しておらずかつ労働監督官等の管轄権限を有する公務員に事前に通知されるという条件のもとで、集団的労働時間制の原則の特例を行うことが認められ、フレックスタイム制を実施することが許される。そして、従業員の代表機関が存しない企業においては、従業員 (personnel) の同意が確認された後、労働監督官によって許可される。
 ついでに一言すれば、選択労働時間の一種として、1986 年 8 月 11 日のオルドナンスは間歇的労働を法認し導入した。
 以上の点について詳しくは、山口浩一郎=渡辺章=菅野和夫編『変容する労働時間制度』(1988 年、日本労働協会) 153 頁以下 (野田進執筆) 参照。
342) G. Lyon-Caen et J. Pélissier, op. cit., p. 216.
343) A. Jeammaud, op. cit., Études offertes à Gérard Lyon-Caen, 1989, p. 310.
 なお、この点について詳しくは、G. Lyon-Caen et J. Pélissier, op. cit., p. 206 et s.

第5節　労働契約論に課される現代的課題　　181

例としては、職業的あるいは地理的可動性条項も含めて、一定の労働条件の変更につき、(a)労働者の地位のある側面の変更は本質的ではない、もしくは使用者がそれを一方的に変更する資格を有すると労働者と合意するもの、あるいは(b)あらゆる変更についての労働者の事前の承諾を得ることによるもの等を挙げることができよう。このような労働条件を流動化する条項は、「人的資源の最良の管理道具（outil de gestion optimale des ressources humaines）」としての役割を果たしていることが指摘されている[344]。

(v)　労働契約による賃金の個別化も近年度々指摘されているところである。即ち、「自由主義的な考えの現実の更新は、企業のダイナミックな発展を認める基準に従って、賃金一覧表のもっと大きな個別化に達するために賃金一覧表の厳格さを回避するに至らなければならないであろう」との状況に言及されているのである[345]。ジャモーによれば、「賃金の個別化は、使用者が法律あるいは協約によって課される最低限を遵守している以上、使用者に様々な増額を実際に行う資格を与える使用者指揮権を利用しうる」のである。使用者の裁量権は、差別の禁止という限界に出くわすのであるが、使用者による労働者の職業適性と能率についての評価は、「合法的な取扱いの区別、差異が認められる」範囲内にあるとされ、この差異は正当化される[346]。

(vi)　「企業は可動的であり、企業に変更できない条項の遵守を強いることは不可能である」との観点から、「労働契約は絶えず企業の必要に応じて適合され調整され改訂されなければならない」ことになるであろうとの予測が示されている[347]。即ち、「〔労働〕契約は、規則的にあるいは断続的に労働者に提案されるであろうし、契約は労働者の企業目的への附合を強化し、あるいはまた継続的な文化的技術的変化のこの時代において非常に必要とされる労

---

344) A. Jeammaud, op. cit., Études offertes à Gérard Lyon-Caen, 1989, p.p. 310 et 311.
345) H. Blaise, op. cit., p. 62.
346) A. Jeammaud, Droit du travail 1988 : des retournements, plus qu'une crise, Dr. Soc. 1988, p. 592.
　　この他に、賃金の個別化の傾向に触れる文献としては、G. Lyon-Caen, Le droit du travail dans la nouvelle politique de l'emploi, Dr. Soc. 1988, p. 551.
347) G. Lyon-Caen, op. cit., Dr. Soc. p. 553.

働者の職業的適応を促進することを認めるであろう」こととなるのである[348]。

(vii) いくら社会経済状態が変化して雇用の不安定化及び外部化が進んだとしても、やはり企業にとってはその安定した核となる人々が必要なのである。即ち、G・リヨン＝カーンの表現によれば、「フランス経済は、取るに足りぬ賃金の不安定労働者によっても地位を回復しないであろう」ため、「新たな魅力を持つ労働者(salariat à nouveau attractif)」を企業が求めていることになる。これらの企業の核となる人々の契約内容は、「当事者によって書面に作成され、敷衍され、議論され」るもので、「大いに豊かなものである」とされる。このような労働契約は、特に、専門家、管理職、企業が求めている労働者等のために用いられる[349]。ジャモーは、すでに述べた雇用形態の多様化・不安定化と併せて雇用の縁辺化・外部化の現象が進展してきていることに言及している。そして、これらの現象により、企業においては「第2次的ゾーンの市民」及び単なる「通りがかりの人」が増大しているけれども、反面、「一部の積極的な労働者」には企業への組入れが留保されていることも指摘している[350]。かつてカメルランクは労働者の企業への所属を図ることが労働契約の発展方向であると考えたが、しかし現実の傾向はカメルランクの考えとは反対の方向へ進んでいき、そのような状況の中で一部の労働者が企業へ組入れられるという皮肉な結論に達したのである。

(viii) 最後に、従属性を強化する契約条項として、(a)事実上労働者に退職を思い止どまらせる効果を有する以下の2つの条項、即ち(ｱ)競業避止条項(clause de non-concurrence[351])、(ｲ)使用者が教育訓練費を負担し、その代わり労働者に一定の約定期間企業にとどまることを義務付け、それよりも早期の退職の場合には労働者に教育訓練費を償還する義務を負わせる条項[352](clause de《dédit-formation》)、(b)労働者に仕事の一定の質的あるいは量的目

---

348) J.-C. Javillier, op. cit., Études offertes à Gérard Lyon-Caen, 1989, p. 215.
349) G. Lyon-Caen, op. cit., Dr. Soc. 1988, p.p. 551-553.
350) A. Jeammaud, op. cit., Dr. Soc. 1988, p.p. 592 et 593.
351) 競業避止条項について、詳しくは、G. Lyon-Caen et J. Pélissier, op. cit., p. 402 et s. 参照。

352）このような条項は、労働者の労働の自由（liberté du travail）との関係でその効力が問題となりうるが、フランスの判例は原則としてその有効性を認めてきている。我が国では、かかる契約条項は労働基準法16条との関係で問題となりうるところであり、ここで両国の法理の差異を示す意味でフランスの判例理論に触れておくことは興味深いと考える。従って、以下では、この点をもう少し詳しく述べてみよう。

この条項によれば、使用者は労働者に教育訓練を保障しその費用を負担する義務を負う。そして、労働者は、それと引き換えに、一定期間（例えば、1年、2年、3年、5年）企業に労務を提供するためにとどまり、もしも彼が約された期間前に契約を解消するならば企業にこの教育訓練費を償還する義務を負う。

判例が原則としてこのような条項の適法性を承認していることは既述の通りだが、判例によれば、償還義務は個別的労使関係の解消不可能性とは分析されず、それは単に使用者に労働者に対してなした教育訓練に関する利益を保障することを目的とするだけであると解される。要するに、労働者は其期間中であっても費用を償還するという条件のもとでいつでも契約を解消することができると解されているのである（Paris 7 oct. 1960, D. 1961, som. p. 72.）。即ち、判例は、労働者の義務は使用者によって約された教育訓練についての財政的支出に対する対価であり、教育訓練費償還条項自体は、専ら、受けた教育訓練の利益を対価なしに労働者が保持することを認めないために定められているので、それらの適法性を肯定しているのである（Soc. 23 nov. 1983, Bull. V, n° 576.）。そして、かかる定めは、通常かつ衡平である（normal et équitable）としている（Paris 7 oct. 1960, D. 1961, som. p. 72.）。従って、義務の適法性の条件は、使用者によって主張される教育訓練費が現実にかかる条項に基づいて支出されたことであるとされる。それ故、使用者が実際には労働者の教育訓練のために特別の費用を負担しなかったか、あるいは使用者の出費が使用者に法律上義務付けられている出費である場合には、労働者にかかる義務を負わせることは無効であると解される（Soc. 18 mars 1970, Bull. V, n° 207.；Paris 3 mai 1984, D. 1985, p. 156.）。

判例は、すでに述べたところとも関連するが、教育訓練費償還条項が適法であると宣言するために、これらの条項が労働の自由を侵害するものではない、即ち、労働者の義務は彼の一方的解約権の放棄ではないということを確認する（Soc. 23 nov. 1983, Bull. V, n° 576.；Paris 7 oct. 1960, D. 1961, som. p. 72.）。そして、判例は、使用者によって追求される目的が、労働により教育訓練費の対価を得ることではなしに、労働者の契約解消の自由を阻害することにある場合にしか、労働の自由並びに労働契約の一方的解約権に対する侵害があるとの認定を行わない。ペリシエは、かかる判例の態度に関し、次のように評している。即ち、判例の立場によるならば、労働しない自由に対する侵害は、それが直接的に追求される場合にしか〔無効の〕制裁を受けないのであって、反対にそれが間接的な場合、つまりそれが原則として他の目的を追求する作用の帰結である場合、それは許容される。

以上のような一般的に適法性を認める判例の立場に対し学説は批判的であり、かかる条項の有効性に対して疑問を呈示している。例えば、A・リヨン＝カーンは次のような批判を加えている。「このような条項は、一方的に労働者を強制するものである。というのも、破毀院によれば、使用者はたとえ教育訓練の減価償却期間中であっても契約を終了させる権利を有しており、また、それらの条項があらゆる一方的な教育訓練を受ける義務、あらゆる新しい教育訓練ごとにつき一定期間企業に勤務したままであるという拘束を伴う義務によって補充される場合、それらの条項は際限のない強制を作り出しうるからである」。また、ペリシエも、このような条項の問題点を多方面から検討した結果、「この判例の解釈は、労働の自由という基本原則と労働者がいつでも期間の定めのない契約を解消することができるという公序規範を軽視するものである」と述べている。そして、彼は、かかる条項を原則的に適法であると解することは多くの場合疑問であるとしている。以上の点について詳しくは、A. Lyon-Caen, op. cit., p.p. 541 et 542.；J. Pélissier, La liberté du travail, Dr. Soc. 1990, p.p. 23-26.

標を定め義務付ける条項等が広く用いられてきていることを指摘しうる[353]。

　以上、(i)から(viii)まで、労働契約の「復権」ないしは「追風」と呼ばれる現象につき例を挙げて検討を加えてきた。ブレーズは、現代は、労働組合の表現するところによれば、団体交渉がほとんど粉にすべき穀物を提供しない時代であることを示唆し、このような状況のもと個別的合意の重要性を説いている[354]。ジャモーは、これを「ある一定の観点における労働法における個別主体の再生の例証」であると論じている[355]。また、ジャヴノリエも次のように述べている。即ち、「企業への受入れカタログから評価についての定期的な対談まで、企業の各労働者との恒久的な契約関係を発展させるという使用者側の意思が存する。使用者によって『与えられる約束』は、更に、多くの労働者にとって、まさに法典の規範よりも多くの重要性を有しうるであろう[356]」。

　要するに、「より大きな〔企業〕管理の自由」に言及される時代において[357]、「そのイニシアティブが企業それ自体の責任である革新」として[358]、「現象が真に新しいものであろうと、あるいは単に拡大してより感じやすくなったものであろうと」、本項で述べたこれらの契約的技術が動員されることが問題なのである[359]。

(4) 小　括

　以上の検討からも明らかなように、労働契約優位論が前提としていた「契約から身分へ」という公式が大きく変化し、カメルランク説及びG・リヨン＝カーン説それ自体が特に1980年代以降顕著となるフレクシビリテ化・規制緩和の進展のもとで存立基盤をゆすぶられることとなったと言ってよいで

---

353) 以上の点については、A. Lyon-Caen, op. cit., p.p. 541 et 542. ; A. Jeammaud, op. cit., Études offertes à Gérard Lyon-Caen, 1989, p. 309 et s.
354) H. Blaise, op. cit., p. 64.
355) A. Jeammaud, op. cit., Dr. Soc. 1988, p. 592.
　　なお、ジャモーがここで特に念頭においているのは賃金の個別化問題である。
356) J.-C. Javillier, op. cit., Études offertes à Gérard Lyon-Caen, 1989, p. 216.
357) G. Lyon-Caen, op. cit., Dr. Soc. 1988, p. 549 et s.
358) A. Lyon-Caen, op. cit., p. 541.
359) A. Jeammaud, op. cit., Études offertes à Gérard Lyon-Caen, 1989, p. 309.

あろう³⁶⁰⁾。従って、ジャヴィリエは、「個別的労使関係における変化を『労働法学者』は十分に意識しているのか。彼らはそれらを十分に考慮しているのか」と問うている³⁶¹⁾。そして、続けて次のようにも述べている。即ち、「時代は変化する。学説は現代の経済的社会的な根本的変化を考慮に入れる義務が

---

360) なお、かつて、カメルランクや G・リヨン＝カーンが労働契約優位論を展開するのと並行してこれに対抗し、ヴェルディエ（J.-M. Verdier）が衰退論の視点から「契約から身分へ（du contrat au statut）」というテーマで自説を提示したことがあった。これは、従業員の代表者たち（従業員代表、企業委員会の委員、組合代表等）の解雇に関する諸判例を解説する 1971 年の論文で彼が主張したものである。解雇を制限する特別の保護的身分規程（statut protecteur）を享受するこれら代表者たちの解雇に関しては、「契約的メカニズムから引き出されるいかなる法理論」も対抗し得ないのであって、従って、このような代表者たちの法的地位（statut）が契約に優るというのがヴェルディエの考えの骨子である。しかし、これは仔細に検討すれば、結局はデュランの労働関係（relation de travail）論に依拠しているように思われる。ここでは、紙幅の関係から該当する部分のみを引用してみよう。「このような問題のヴィジョンは、労働法においてなおまた何ら新しいものではない。4 半世紀以前にポール・デュランは、労働契約と比較して労働関係（relation de travail）によって占められる重要性を力説した」。「労働者が〔従業員の代表者として〕選任されることに基づくかあるいは組合の、委任された権限を与えられる時から、彼の法的地位の契約的性格は、彼が享受する法的身分規程（statut légal）のためいくぶんかおぼろになる。従って、関係（relation）が契約以上に重要である。従って、契約以上に、〔従業員の代表者への〕選任に基づくかあるいは組合の、職務の本質を構成するのが関係だからである」。そして、ヴェルディエは、彼が論文で採り上げて考察を加えた判決につきかかるデュラン流の理論構成をあてはめて分析し、次のように述べるのである。即ち、「このようなこと（労働関係論の重視）が、例に挙げられた 2 つの判決の暗黙の基礎であるように思われる」。
以上のことから明らかなように、ヴェルディエの説は労働契約優位論の展開がみられる一般的傾向のなかで例外的にデュラン流の考えを発展させ力説したものに外ならないと言うことができよう。従って、優位論的視点における「契約から身分へ」という公式は衰退論的視点からのかかる「契約から身分へ」という主張・攻撃に対してもゆるがなかったと考えうる。しかし、それが本節で問題としている時代の変化により大いに変質・変容してしまうと共に、かつての衰退論対優位論の対抗図式が古典的となってしまったのである。
以下、ここで引用したヴェルディエの論文及びそれに言及する文献を挙げておく。J.-M. Verdier, Du contrat au statut et du droit individuel aux libertés publiques, J.C.P. 1971, 2422. ジェラール・クーチュリエ「フランス法における労働契約」（山口俊夫訳）日仏法学会編『日本とフランスの契約観』（1982 年、有斐閣）153—154 頁、大和田敢太「フランスの労働契約」『労働契約の研究』本多淳亮先生還暦記念（1986 年、法律文化社）509—510 頁、野田進「フランス解雇法における『無効』と『復職』・序説」前田達男＝萬井隆令＝西谷敏編『労働法学の理論と課題』（1988 年、有斐閣）658—659 頁。
361) J.-C. Javillier, Le patronat et les transformations du droit du travail, Études offertes à Gérard Lyon-Caen, 1989, p. 214.

ある[362]」。

　かかるジャヴィリエの発する問題意識に則った形での労働者保護の視点からの新たな労働契約理論を確立するためには、(i)もう一度変化した状況における労働契約の法構造並びにその機能を分析・再検討し[363]、かつ(ii)労働法の現状、そして今後の労働法の発展方向と発展の限界を十分に踏まえ見据えたうえ[364]で理論構成を図る必要があろう。この点については、後に4において詳しく検討を行うこととする。

3　労働法における企業概念
(1)　問題の所在

　労働法における企業の法的概念をめぐる議論の対立及び説明の困難さは、第4節2ですでに示したところである。整理の意味も含めてここで再びこれらの議論の流れを図式的に記せば、企業制度論を何らかの形で将来的に援用しようとする立場と企業制度論を完全に否定しようとする立場とに分かれるといってよかった[365]。けれども、1982年のオルー法改革及び1980年代に入って強化されたフレクシビリテ化の過程を通じてかかる図式が変容し、企業の法的概念をめぐる議論は、更なる複雑化及び困難性を提示することとなった[366]。

　本項では、かかる変容した図式下の労働法における企業概念の法的把握をめぐる困難さ、複雑さを取り扱う。まず、(2)では、時代的には多少さかのぼるが1980年代の法状況の前提をなすフレクシビリテ化の以前の時期におい

---

362) ibid., p. 217.
363) A. Jeammaud, Les polyvalences du contrat de travail, Études offertes à Gérard Lyon-Caen, 1989, p. 299 et s.
364) 例えば、この点に関連して、J.-C. Javillier, op. cit., Études offertes à Gérard Lyon-Caen, 1989, p. 217 et s.；A. Supiot, Déréglementation des relations de travail et autoréglementation de l'entreprise, Dr. Soc. 1989, p. 204 et s. 参照。
365) 広島法学14巻3号64頁以下参照。
366) この問題に触れる仏語文献として次のものがある。A. Jeammaud, Droit du travail 1988：des retournements, plus qu'une crise, Dr. Soc. 1988, p. 583 et s.；A. Supiot, Déréglementation des relations de travail et autoréglementation de l'entreprise, Dr. Soc. 1989, p. 195 et s.

て生じていた問題も射程に入れつつ、オルー法改革に至るまでの立法による企業改革の理論的問題点及びその限界に触れる。そして、結局、労働者を企業の市民となし企業の変革主体にしようと目論んだ1982年のオルー法改革において、むしろかえって労働者参加的側面における企業制度論的、共同体的ヴィジョンの法的理論的実現困難性が明確になると共に、学説において今後は制度論的視点よりも企業における使用者に対する労働者側の対抗力の形成こそが必要であるとの視点が前面に押し出されることになる過程を描き出す。次いで、(3)においては、かかる(2)の検討を踏まえつつも、皮肉なことに1980年代のフレクシビリテ化の傾向の中で企業制度論の内容が分裂し、その一部分（企業が自らの法を作り出すという自己規整の側面）のみが意外な形で甦り、予想外の展開をみせるに至ったということに検討を加える。最後に(4)で1980年代以降の混迷した企業の法的問題に小括を加え、新たな企業問題の法的検討の必要性と複雑性を指摘することとしたい。

(2) オルー法改革に至るまでの企業改革問題

(1) 戦後のフランスにおいては、1945年2月22日のオルドナンスによる企業委員会（comités d'entreprise）の設置、1946年4月16日の法律による従業員代表（délégués du personnel）の整備、1946年10月27日の憲法前文による労働者の企業管理への参加の宣言以来社会党のミッテラン政権下のオルー法改革に至るまで企業改革問題が重要な課題となってきている[367]。企業制度論及びこれを批判しつつも一定考慮していこうとする学説は、かかる企業改革の流れに対応すべく労働法において企業の法的概念を構築しようと試みる立場であると解することができる。しかし、以上の学説の理論的努力にも拘らず、企業概念についてはその法的構成に関し議論が錯綜し混乱状態にあるのである。

企業の法的概念をめぐる理論的問題にもまして難しいのは、今後、実際に

---

[367] この点に関し、ドゴール政権下の1968年までの流れをフォローするものとして、山口俊夫「ドゴール構想における『企業参加』の法思想的背景」季刊労働法69号49頁以下参照。企業改革問題全般については、N Catala, L'entreprise, Droit du travail, t. 4, 1980, p. 159 et s.

どのようにしていかなる企業改革をなすのかということである。すでにカメルランク説とG・リヨン＝カーン説を分析する際に述べたように、政治社会モデル（共同体モデル）を念頭に置いて改革を進めるかそれとも交渉モデル（契約論モデル）を念頭に置いてなのかが問題となるのである。また、今後の問題と併せて、これまでなされてきた企業委員会や従業員代表等に関する改革につき、いずれの視点からこれを捉えてどのような評価を下すのかということも大きな問題となってくる。

とにかく、今までの企業改革が目指したものは、いずれの立場からしても、次に掲げるデスパックスの見解が示すところの従属性の軽減、企業における従業員の平衡力の形成であったということが妥当するように思われる。即ち、「従業員の集団的代表のレベルにおいては、企業委員会のような制度あるいはまた従業員代表という制度は、企業内に、労働者にのしかかる従属性を同じだけ軽減する、使用者の権力に対する平衡力（contrepoids au pouvoir patronal）を導き入れる。つまり、立法者の多くの重大な点に関しての介入は、長い間労働者の従属性の避けられない結果と考えられてきた最も重い拘束を軽減することを目的とした[368]」。しかし、これはあくまで集団的労使関係における平衡力の問題であって、従って、デスパックスは続けて、「しかしながら、個別的労使関係のレベルで真に発展は存するのか」と問うている。答えは否である[369]。彼は、企業委員会や従業員代表のような労働者を代表する制度のおかげで使用者の指揮権は多くの制限の目的となったが、「使用者と個別的に捉えられた彼の労働者の各々（chacun de ses salariés pris individuellement）との関係においては事情は別であ」り、「あらゆる参加（participation）の歌い手の悪魔ばらいにも拘らず、従属性は、昨日同様今日、〔個別的〕労使関係の基本的な特徴（caractéristique essentielle）のままである」ということを指摘する[370]。要するに、使用者に対する労働者個人の従属性は労働契約の基準であり[371]、従来通り厳然と重く存在しているままなのである[372]。そして、

---

[368] M. Despax, L'évolution du rapport de subordination, Dr. Soc. 1982, p. 12.
[369] loc. cit.
[370] ibid., p. 13.

第5節　労働契約論に課される現代的課題　189

彼は、次のような一例を挙げ、このことを証明しようとする。労働者が経営事項に関し使用者に一定の自己の使用者に対する批判あるいは提案を述べ、そのことを理由として使用者によって解雇されたような事例において、批判あるいは提案の表明が特に非行（faute）を構成しない場合であっても、かかる労働者の批判あるいは提案表明行為が使用者にとって労働者に対する信頼関係を失わせる原因になったのならば、破毀院は、この行為を解雇の「真実かつ重大な理由（cause réele et sérieuse）」を構成すると評価し解雇の適法性を承認するという傾向が存している[373]。その理由は、かかる行為が「労働者の従属状態と相容れないように思われる〔経営事項についての〕決定への参加の希望を表明する労働者の行動から生じうる」ことを破毀院が認めるからである[374]。要するに、個別的労使関係の特徴のままである従属状態のもとにあっては労働者は使用者の命令に従うのが通常であり、使用者の経営事項について労働者は個人的に口をはさむことはできないという論理に破毀院は依拠しているのである。従って、従属性に関し、個別的レベルの進展とかつては重かったが現在はそれ程は重くはない集団的レベルにおける進展との間に「重大な隔り（un écart important）」が存在していることが指摘される[375]。そして、デスパックスは、「立法者及び一定の労働者の何とか参加を図ろうという下心は、確かにいくぶんか変質したが、基本的には使用者の権力の存在の最も明らかな証明のままである従属性の岩の上で（sur le roc d'une subordination）挫折し続ける」と結論付けるのである[376]。

以上で示したデスパックスの見解は、彼が1982年に前年に公にされたオ

---

371) ibid., p. 11.
372) この点に関し、デスパックスは次のように記述を行っている。「〔労働者に対する〕命令は、1981年において企業の長にとって、言わば1945年にそれがそうであったよりも与えるのが困難なのか。命令は、今日、労働者による履行時においてかつてよりも耐え忍べるものなのか」（ibid., p. 19）と問い、また、「一定の労働者に尋ねてみよう。彼らはあなたに、何も変化しなかったし、彼らの企業はこの経験を知った人に対して兵舎を思い起こさせると言うだろう」（ibid. p. 12）とも述べている。
373) ibid., p. 16 et s.
374) ibid., p. 18.
375) ibid., p. 19.
376) loc. cit.

ルー報告書をにらみつつ書いた論文に依拠するものだが、彼はすでに1972年に著した論文において企業改革問題の限界につき次のようなことを述べていた。即ち、「結局手に入れたいのは少々不可能なことなので、問題を解決することは困難である。つまり、労働者は企業において従属したままであって、同時に人は彼を企業の自由な市民（libre citoyen de l'entreprise）に変えることを欲するからである。企業における生活の民主化（démocratisation de la vie dans l'entreprise）は全く賞賛すべき目的であるが、どのようにして従属関係が存在する範囲において全体的に十分な解決に達するのかはよくわからない[377]」。企業参加等の企業改革を押し進めるとしても、いわば企業において労働者を市民にしようとする参加と従属性とは相容れず、改革は従属性の前で大きな困難に出くわすのである。かつて、デュランは、企業委員会や従業員代表といった従業員を代表するシステムの出現によって労働者の企業参加が図られることになるので、「労働者は企業の市民になるため企業の臣民たることをやめた」と断言して企業制度論を展開したのだが[378]、これに対し、かつてはデュラン説に親和性を示していたデスパックスによって、かかるデュラン流の公式の実現困難性が明らかにされることとなったのである。

(2) 以上で述べたような従属性が生ずることになる基礎を再確認し、また企業改革の限界を探るという意味でも、ここで企業の法的性格を明らかにしておかねばならない。議論の対立は第4節2ですでに検討したのだが[379]、議論の状況からすれば、結局、いずれによせ現在のところは企業の法的概念としては生産手段に対する所有権と労働契約による説明に落ちつかざるを得ないであろう。

ここで1点注意しておかねばならないのは、使用者の権力の源泉についてである。使用者の労働者に対する権力の行使は、労働者が労働契約に基づいてかかる権力を承認するところにその法的根拠を有することはいうまでもな

---

[377] M. Despax, L'influence du droit du travail sur l'évolution des rapports sociaux dans l'entreprise moderne, Annales Institut d'Études du travail de Lyon, 11ᵉ Vol. 1972, p. 38.
[378] P. Durand, La notion juridique de l'entreprise, Travaux de l'association Henri Capitant, t. 3, 1947, p. 58. なおこの点については、三井・前掲論文Ⅱ(一)51頁参照。
[379] 広島法学14巻3号64頁以下参照。

第5節　労働契約論に課される現代的課題　191

い。また、生産手段の所有権についても「原則においては、所有権（propriété）は物に対する権力（pouvoir sur les choses）でしかない」ということが妥当しよう[380]。しかし、J・サヴァチエの指摘するように、「問題は、企業に充当される所有権の分析から出発して着手されなければならない。古典的な所有権は、それが企業に、そして特に大企業に用いられる場合、直ちにそれを変遷せしめる変身を結果として生ずるように思われる[381]」のであり、このことが使用者の権力の問題にも関わってくるのである。以下ではこの点を敷衍して検討を加えてみよう。

　重要となってくるのが、J・サヴァチエの次の指摘である。「それ（企業に出資される財産に対する所有権）は、特別の型の所有権（propriété d'un type particulier）であって、まさにこれらの点について、個人的な便のために自然人によって直接用いられうる物の所有権から遠ざかる。現代企業における生産手段に充てられるので、所有権は組織指揮権（pouvoir d'organisation et de direction）になり、その〔組織指揮権の〕保有者（titulaire）は、たとえ資本の所有者たち（possesseurs du capital）によって任命されるとしても、彼らに対して多かれ少なかれ完全な自律性を獲得する[382]」。このことを具体化すれば以下で示すプロセスとなろう。商事会社においては、株主が出資を行い会社が設立されると共に、それによって会社財産が形成されるが、この会社財産は特定の経営目的に充てられ、法人たる会社にその所有権が帰属する。そして、実質的には資本の所有者とも言うべき株主はかかる会社の管理者を選任し、この管理者にはその行使に対し一定自律性を有する経営を行う権限と物と労働者を組織し労働者を指揮する権限が与えられる。そして、労働者は、労働契約を締結することによりこのような使用者の組織指揮権を受容し、そのもとに置かれることとなるのである。要するに、企業の長の権力を特徴付けるのは、もともとは株主の出資という財産権的性格を有する行為に由来する先のプロセスに従って彼に委ねられた物と人とに対する組織指揮権であ

---

[380] J. Savatier, Pouvoir patrimonial et direction des personnes, Dr. Soc. 1982, p. 2.
[381] ibid., p. 1.
[382] ibid., p. 2.

り、J・サヴァチエは、この権力に関し「物に対する所有権から人に対して行使される権力 (autorité exercée sur les hommes) にすべり込まされる」と評している[383]。伝統的な所有権概念によれば、所有権は「人に対するいかなる権力も根拠付けない[384]」ことを原則とするが、まさに、企業に関して古典的な所有権は「出資」という行為を通じることによって人と物との関係で「変身 (métamorphoses)」せしめられたことになるのである[385]。企業の長の権力の源泉はもとをたどれば所有権に由来するのであるが、それは「民法典によって描かれた所有権の行使とは全く別物である[386]」ことになる。

以上のような分析はJ・サヴァチエが1982年に著した論文に依拠するものであるが、明らかにデュランが企業制度論を用いてなそうとした分析とは異なるものである。この点に関するデュランの公式は次の2点に要約しうる。(ア)企業は所有権と〔労働〕契約から引き離される。(イ)物に対する権利である所有権は人に対する権利を説明しない[387]。まさに、リヴェロとの共著においては従来から企業制度論に対して将来的視点から積極的評価を示しているJ・サヴァチエ[388]は、自己単独の意見としては1980年代に至りかかるデュランの考えに異議を唱え、これをひっくり返そうとするのである。

また、企業の民主化についても、J・サヴァチエは、政治社会（国家）と企業を同一視して企業を民主化しようとする考え（国家と企業を同一視する発想はデュランの考えでもあった）を退け一定の限界を示そうとする[389]。その理由は、まず、すでにみたように、労働者は労働契約における最初の同意におい

---

383) ibid., p. 3.
384) ibid., p. 2.
385) ibid., p.p. 2-7.
386) ibid., p. 1.
387) P. Durand, op. cit., Travaux de l'association Henri Capitant, t. 3, 1947, p. 45 et s.; P. Durand et R. Jaussaud, Traité de droit du travail, t. 1, 1947, p. 424.
388) この点については、G.H. Camerlynck, Contrat de travail, Traité de droit du travail, t. 1, 1re éd., 1968, p. 22. なお、共著の性格上、J・サヴァチエがリヴェロと一緒に執筆している教科書においては企業制度論についての見解は1980年代に入っても変っていない。J. Rivero et J. Savatier, Droit du travail, 9e éd. mise à jour, 1984, p.p. 184-187; mêmes auteurs, Droit du travail, 11e éd., 1989, p.p. 181-183.
389) J. Savatier, op. cit., Dr. Soc. 1982, p. 7 et s.

て使用者の一方的性格を有する権力を受け容れるのだが、そのような使用者の権力行使の正当性は、判例によれば、「企業に充てられた財産に対する彼の所有権の中に、あるいは企業家の経済的自由の中に」見出されるという点に求められる[390]。J・サヴァチエは、このことを評して「使用者の一方的な権力は、契約法の原則よりもずっとよく所有権法の原則と一致する」と述べている。従って、労働契約は「使用者から企業に充てられた財産の管理者（gestionnaire）として彼に帰属する権利を奪うには無力なままである」ことを強調することともなる[391]。また次に以下で述べるような国家と企業との性格の差異ということが第2の理由として挙げられる[392]。そもそも企業には、使用者の権力の源泉となる資本の出資者（資本の所有者）集団と労働者集団という異なる資格を有し利益の対立する2つの異質の集団があり、この両者の間の「完全な一致を実現することは実際には不可能である[393]」。従って、「民主主義型の政治社会（国家）は、『法のもとに自由平等に生れかつそのままである』人々（hommes qui《naissent et demeurent libres et égaux en droit》）を結合させる。彼らは同じ資格において全員市民であり、国家から同一の保護を期待する[394]」という公式は企業においては妥当し得ないのである。このことに加え、人が誕生すれば即国民であるという国家とは異なり、企業にいることも去ることも労働者の自発的な決定を理由としており、しかも企業における労働者の地位は労働者が企業に一時的にいるのかそれとも大きな年功を有しているかにより異なりうる。そして何よりも、企業は他者によって資本を供給される場合にしか設立され存続させられないという点においても国家と異なる。要するに、資本なければ企業なしということになるのである[395]。かかる考察から、J・サヴァチエは、「このことにより、企業における権力は、企業の市民と考えられる労働者だけから発せられ得ないということが確認される。従っ

---

390) ibid., p. 5.
391) loc. cit.
392) ibid., p. 7 et s.
393) ibid., p. 7.
394) loc. cit.
395) ibid., p. 8.

て、企業の民主化は政治社会のモデルに基づいては実現され得ない。所有権が公的であろうと私的であろうと、生産手段の所有権に結びつけられた財産的色彩を帯びた権力（pouvoir patrimonial）を制限することが問題である」との帰結を引き出す[396]。そして続けて、「企業に民主主義型の組織を与えるために、政治社会において実現しようと試みられるところのもののように、治者（gouvernants）と被治者（gouvernés）の同一化（identification）を試みることは、従って困難なように思われる。このことは自主管理（l'autogestion）の方法と同様に参加（la participation）の方法がほとんど現実的ではないということを意味する。反対に、資本の権力の存在を甘受しなければならないが、しかし、それを労働者集団の対抗力（contre-pouvoir de la collectivité des travailleurs）によって均衡することによってである[397]」ということを強調するのである。そして、労働組合の役割だけではなく、フランス労働法が企業委員会などの従業員を代表する機関を設けたことをもこの対抗力の視点で捉えている。第3節3でみたようにこのような指摘はかねてから企業制度論否定派の領袖であるG・リヨン＝カーンが主張してきたところのものである[398]。それが1980年代に入りオルー報告書が出された段階において新たにJ・サヴァチエによって再確認されたということに注目する必要があろう。

　(3)　ここで(1)、(2)での考察を踏まえたうえで、オルー法改革に対する労働契約優位論の論者たち（カメルランク、G・リヨン＝カーン）の評価をみておか

---

396) loc. cit.
　　J・サヴァチエは、あくまで「所有権あるところに権力あり」ということが真実のままであることを確認している。
397) loc. cit.
　　またこのことに関連して、J・サヴァチエは、1946年憲法前文で規定された労働者の企業管理への参加の可能性に触れ、「企業に導入されるべき民主主義の形態が所有権者の至上性に打撃を加えるが、しかし企業内部において財産的起源を有する権力（pouvoir d'origine patrimoniale）を存続させる場合においてしかこのことは可能ではない」と述べている（ibid., p. 10.）。
398) 広島法学14巻3号37頁以下参照。なお、J・サヴァチエがG・リヨン＝カーンの見解とは異なる点は、あくまで、彼が「企業の効率（l'efficacité de l'entreprise）」を危険にさらすことをしないような配慮の必要性を強調していること、及び使用者の企業管理責任を重視していることである（J. Savatier, op. cit., Dr. Soc. 1982, p. 9.）。

ねばならない。

　(i) まずカメルランク説の検討から始めよう。確かに、(1)でその考えに検討を加えたデスパックスもオルー法改革の先駆をなすオルー報告書が労働者にのしかかる従属性の重荷を軽減することを目的としたということ自体は認めるのであるが、それにも拘らず先にみたようなその実現の困難さを提示するのである[399]。デスパックスの見解が示すように、オルー法改革は、労働者を企業の市民にというスローガンを掲げているが、状況を一気に変えるのには程遠かったと言えよう。また、フランスにおける経済状況の悪化がオルー法改革に与えた影響については、本節1(2)ですでに検討したところである[400]。従って、立法による企業改革を促進し将来において企業共同体を打ち立て労働契約の変遷を図ろうという構想を抱いていたカメルランクは、1984年に著した『労働契約論　第2版補訂版』でオルー法改革の諸点を詳細に検討した結果、自己が想い描く共同体像がオルー法改革によっても実現するどころではないことを認識し大いなる失望を表明することとなる[401]。カメルランクのオルー法改革に対する個別的評価についてはすでに第2節1の注において示しておいたので繰り返しを避け、ここにおいては彼のオルー法改革に対する総体的評価のみ採り上げ検討を加えることとしよう。

　本章第2節3の最後で、カメルランクがオルー法改革に検討を加えて、「労働契約から発せられた個別的関係の性質及び役割は、本質的に変更されたのか」と問うたことを示した[402]。この問に対するカメルランク自身の回答は次

---

399) M. Despax, op. cit., Dr. Soc. 1982, p. 1.
400) 広島法学14巻2号58—59頁参照。
401) G.H. Camerlynck, Le contrat de travail, Droit du travail, t. 1, 2e éd. mise à jour, 1984, p. p. 6 et 7.
　　ただし、1988年にモロー＝ブルレス（M.A. Moreau-Bourlès）との共著という形で出た『労働契約論　第2版補訂版』(G.H. Camerlynck et M.A. Moreau-Bourlès, Le contrat de travail, Droit du travail, t. 1, 2e éd. mise à jour, 1988, p. 2 et s.) においては、再び企業制度論援用的視点が復活してきている点を付記しておく。この1988年の補訂版はあくまで共著という形をとっているので、ここではカメルランクが単独で著しとりあえずその時点において大きく揺れ動いた彼の考えを表明している1984年の補訂版に依拠して論述を進めることとした。
402) 広島法学14巻2号58—59頁参照。

のようなものである。「結局、そして魅力ある言葉の魔術にも拘らず、いかなる真の『民主主義』も、いかなる『企業における市民権』も現実に承認されていない」。カメルランクはかかる見解を述べる理由として、政府自体が改革案を示すことによってかえって結局は企業の経営担当者の統一性及び企業の長の管理責任を尊重することになり、従って1946年憲法の前文に反して労働者が企業の管理に参加するに至ってはいない状況にある点を挙げている。そして、遂には、自分が今まで熱望してきたような改革がオルー法改革によっても実現されなかったことに対し大きな失望を表明することとなる。「企業をその労働者が自由な市民である民主的な社会に変えることは公的自由(libertés publiques) なのであるが (注：1946年憲法による労働者の企業管理への参加の宣言)、従ってひとつの神話 (un mythe) のように思われる。主たる労働組合組織が確認し続けるように、経済的な企業の利益と労働者の利益はいかんともしがたく対立する」。そして、「資本主義企業の本性 (la nature intime de l'entreprise capitaliste)——そして特に労働契約が演じる基本的な役割——は変えられなかった」という重大な帰結に至る[403]。

1984年の補訂版を出す2年前に出版された『労働契約論　第2版』では「密接な連帯が結合させ、法が組織しようと努力する人々の間の真の共同体と考えられる企業」と述べていたことが端的に示すように[404]、それまでのカメルランクの考えと比較してみれば、以上でみたオルー法改革を転機として生じた彼の見解の変化が重要な意味を持つことが明らかになる。かつてのカメルランクの見解と同様に将来的視点から企業制度論の援用を主張していたブラン＝ガランも「この概念（企業の制度的概念）は契約体制の変更を導く」としていたが[405]、要するにかかる公式の妥当性に対して大きな疑いが投げかけられたことになる。従って、カメルランクは、企業利益と労働者の利益が対立することの確認に引続いて、「真の問題は、基本的に従業員の代表者たち及び組合代表に委ねられ、効果的な司法的コントロールを追加された労働者側の

---

403) G.H. Camerlynck, op. cit., 1984, p.p. 6 et 7.
404) G.H. Camerlynck, Le contrat de travail, Droit du travail, t. 1, 2e éd., 1982, p. 354.
405) A. Brun et H. Galland, Droit du travail, 1re éd., 1958, p. 764.

対抗力(contre-pouvoir salarial)を組織することである」と述べるに至るのである[406]。

(ii) 次に G・リヨン＝カーンの分析を検討する。彼は、1983 年に著した「企業における就業規則と懲戒に関する新しい変化について」という論文において、ミッテラン政権下のいわゆるオルー 4 法のうち就業規則と懲戒に関する改革を行う 1982 年 8 月 4 日の法律を採り上げ、次のように評している。即ち、「それは、企業の日常生活における専制(arbitraire dans la vie quotidienne de l'entreprise)の部分の削減である。それは、使用者の権力を廃止するかあるいは制限するのではなしに、使用者の権力のうちのひとつを法に従わせる試みである[407]」。しかし、その権力のうちのひとつとは、経営組織権という基本的権力ではない。G・リヨン＝カーンによれば、それには手が触れられていないままなのである。要するに、労働者に対する取締権(pouvoir de police)と懲戒権(pouvoir disciplinaire)が問題なのである[408]。第 3 節 2 ですでに述べた、企業における使用者の権力(つまり労働者側からみれば従属性)の廃棄を目指すという G・リヨン＝カーンの将来へ向けての雄大な改革の方向性からすれば[409]、このような立法による改革は不十分なものでしかないだろう。実際、彼は 1982 年の改革がまだほんの一歩にしかすぎないことを示すために、「それ(国家法)はつま先で(sur la pointe des pieds)そこ(企業の中)に入った」と述べている[410]。就業規則に関しては、内容に関する規制(記載内容は、懲戒と安全衛生に限られる)がみられたが、それは依然として使用者による一方的作成になるままである。即ち、「労働契約の当事者の一方に課され契約に組入れられる」ので、「その性質は変わらない」との評価が示される[411]。従って、彼によれば、「就業規則に関する〔法律の〕規定は臆病(timides)である」と

---

406) G.H. Camerlynck, op. cit., 1984, p. 354.
407) G. Lyon-Caen, Du nouveau sur le règlement intérieur et la discipline dans l'entreprise, D. 1983, p. 7.
408) loc. cit.
409) この点については、広島法学 14 巻 3 号 48 頁以下参照。
410) G. Lyon-Caen, op. cit., D. 1983, p. 7.
411) ibid., p. 8.

いうことになる[412]。オルー法改革によっては、G・リヨン＝カーンが構想する就業規則の消滅、それに代わるすべての労働条件を定める企業協定制度の実現という成果はもたらされなかったのである。次に、懲戒に関しては、「使用者はひとりだけで〔懲戒的〕非行（faute）を定める。使用者は自由に制裁（sanction）を選択しうる」ため「この点に関していかなる実際上の変化も存しない」のだが、改革を通じて一定の懲戒手続を定める規定及び制裁の懲戒的非行に対する釣合い（比例性）に関して司法的コントロールを及ぼしうることを認める規定（裁判官は、行われた非行に比べて採られた制裁が不当に釣合わない場合その制裁を無効となしうることが新たに法律によって認められた）が設けられた故[413]にこの点についてはG・リヨン＝カーンは一定評価しており、「懲戒権に関する〔法律の〕規定はより革新的（plus novatrices）である」と述べている[414]。

　以上のことを要約して示せば、G・リヨン＝カーンは自己の構想からすればまだまだ不十分ではあるが、オルー法改革は使用者の権力を一定法律に従わせコントロールを及ぼそうとした点にわずかに意義を有すると考えていたといってよいであろう。けれども、あくまで「それ（1982年8月4日の法律）は、基本的自由の憲章（charte des libertés fondamentales）でも労働に対する人間の権利の宣言（déclaration des droits de l'Homme au travail）でもない」ことをG・リヨン＝カーンが強調していることを忘れてはならない[415]。また、この後、フレクシビリテ化の進行の中で、彼が自己が想い描くヴィジョンとは異なる方向に立法が動いていることを認識し嘆くことになるのは、本節1(2)でみた通りである[416]。

　(iii)　以上で検討したように、オルー法改革に至る流れの中で、企業に関して労働契約優位論者たちが述べていた見解の限界あるいは実現困難性が明らかとなった。つまり、企業を共同体にするような改革は非常に困難であり企

---

412) ibid., p. 7.
413) ibid., p. 9 et s.
414) ibid, p. 7.
415) loc. cit.
416) 広島法学14巻4号359頁、367―368頁参照。

業改革のための立法論としてはもはや共同体的企業制度論的視点は妥当し得ないとの考えが前面に押し出されて来たし、また、G・リヨン＝カーン的視点において改革を捉えるとしても大幅な進展はみられないと評価しうると言うことができるのである。

(3) 分裂する企業制度論

(1) 前項で詳細に検討したことからも明らかなように、1982年のオルー法改革に至る過程において共同体的企業制度論的企業改革論は一定の理論的問題を露呈し、従って、カメルランクの失望が象徴するように企業制度論は終焉を見たかに思われた。しかし、事態はそう簡単ではなく、1980年代のフレクシビリテ化が進展する過程を通じて企業制度論が新たな装いのもとで論者の口にのぼるようになる。

(2) 企業制度論の特徴として、㋐使用者の権力の承認ということ以外に、㋑労働者が共同体に編入されることを理由として生ずるメリットとして、(a)労働者の地位の安定、(b)企業における労働者代表の承認、(c)労働者の企業参加の承認といった諸点が同時に存在していたことを指摘しうる[417]。この㋑に含まれる3点のうち、(b)、(c)は、前項でみたようにオルー法改革に至るまでの経緯からして、制度論的視点からよりもむしろ労使対抗的視点から説明することの方が合理的となろう。従来の企業参加的視点を批判し、立法による諸改革が十分な成果をもたらし得なかったということを踏まえて、その限界が明確化し、使用者に対する労働者側の対抗力の形成の視点の重視こそが必要であるとの認識が一般化することになるといってよい。デュラン流の考えが(b)と(c)の点について妥当性を失ったのである。

しかし、まだ(a)の雇用の安定という労働者側のメリットの検討が残されている。この点につき興味深いのが、ジャモーが展開するオルー法改革とデュランの企業制度論との次のような比較である[418]。ジャモーによれば、まずは両者の差異が示される。企業制度論というのは、「これらの労働者と企業の長

---

417) この点については、三井・前掲論文Ⅱ(二)50頁以下参照。
418) A. Jeammaud, Droit du travail 1988 : des retournements, plus qu'une crise, Dr. Soc. 1988, p. 593.

の間の根本的な利益の共同体の理念（l'idée d'une communauté foncière d'intérêts entre ces salariés et le chef d'entreprise）」に支えられているのであるが、オルー法改革の基礎となったオルー報告書は、デュラン流の考えの基礎にある「階級闘争の中に我々の社会の真の動きを見る理論に対抗して資本/労働の結合の教義によって公準化されるこの根本的な一致」ということが存しない「諸利益の対立の場」として企業を考えたと分析される。そして、オルー法は、「この対立の流れと手段の発展（développment des canaux et moyens de cette confrontation）」を意味するものであるとされる。しかしながら、「改正された労働法典の中に見抜きうる企業モデルを制度論が描くものから分け隔てる距離は、それらの共通の基礎（leur fond commun）ほど重要ではない」こともまたジャモーは指摘するのである。この共通の基礎とは、「あらゆる企業が真に安定した人的構成要素を有する社会であるかあるいはそうでなければならないという確信」である。この点においてオルー法は、完全な労使の協働がはかられる「根本的な」共同体という意味ではなくて雇用の安定という意味だけに限定して「共同体」的要素を含んでいたといってよいだろう。デュランは、「雇用の所有権（propriété de l'emploi）」なるものを提唱し[419]企業制度論の援用により雇用の安定化を示そうとしたし[420]、カメルランクは、将来的視点において共同体たる企業を形成するためにはまず第1にその不可欠の前提として立法（解雇法）改革により「企業への所属」の保障が十分になされることが必要であることを説いたのであった[421]。また、本節1(2)の(2)でも述べたように、オルー法改革は企業における労働者集団の統一性を図ることを目的のひとつとしており、かかる目的がデュラン流の視点からする「雇用の安定」という面と共通することになる。ただ、オルー法は、フランスの経済的衰退、失業者の増大という状況をも考慮に入れて非典型労働契約、不安定労働契約の利用も認めざるを得ず、それらを全面禁止にするのではなく一定の規制の

---

419) P. Durand et A. Vitu, Traité de droit du travail, t. 2, 1950, p. 96 et s.
420) P. Durand, La notion juridique de l'entreprise, Travaux de L'association Henri Capitant, t. 3, 1947, p. 52.
421) G.H. Camerlynck, La réforme, sociale de l'entreprise, D. 1967, p. 101 et s.

もとに置くにとどまらざるを得なかったのである[422]。

けれども、フレクシビリテ化の進展はかかる「雇用の安定」という方向付けを大きく変更せしめることとなる。ジャモーは、これを評して、「法規範及び法的実務の一定の最近の発展が危くするのがこの〔雇用の安定という〕要求である」と述べている。彼が注目するのは、労働契約の非典型化・不安定化の進展という現象に加えて、職務の外部化の進展という現象である。そして、彼は、「協働者（collaborateurs）の法的外部化（extériolisation）の作用が、様々な職務の外部化（externalisation）を理由として一般化している一方で、すでに企業の『第２次的ゾーンの市民』及び単なる『通りがかりの人（passagers）』を増大させている労働の法的形態の多様化に直面して、（〔オルー法改革が目指そうとした〕多かれ少なかれ衝突的な：plus ou moins conflictuelle）共同体としての、『組織された』社会としての企業という表象がいかなる信用を保持しうるのか」と問うのである。そのようななか、すでに2(3)で述べた如く従業員の企業への組入れが企業の一部の核となる積極的な労働者にのみ留保されるという皮肉な結論に達することとなる。そして、ジャモーはこのような状態を評して、現在、企業は産業民主主義の社会民主的理念（l'idéal social-démocrate de la démocratie industrielle）から遠くにいるように思われる点を指摘する。要するに、現状は共同体たる企業の理念と産業民主主義の理念とをひっくり返すことになると彼は考えているのである[423]。

かつて企業制度論を有力に唱えて労働者の企業参加、企業の長の権力の大幅な制限、雇用の安定等を力説したリペール（G. Ripert）は、「もしも資本主義体制を変化させたいなら、それ（企業を共同体と構成する企業法）を作らなければならない」し、「もしも企業が彼ら（労働者と資本の提供者の双方）に満足を提供しないならば、企業は存続するに値しない」と述べたのだが[424]、こ

---

422) この点に関し、島田教授はオルー法政策につき、「労働の集団性の再生を通じての企業の活性化という長期的展望と経済変動に企業が対応するための雇用管理の弾力化という比較的短期的な目標が混在している」ということを指摘している。島田陽一「フランスの非典型的労働契約法制の新展開」労働法律旬報1261号5頁参照。
423) A. Jeammaud, op. cit., Dr. Soc. 1988, p. 594.
424) G. Ripert, Aspects juridiques du capitalisme moderne, 2ᵉ éd., 1951, p.p. 265 et 279.

のような考えはもはや状況の変化によって妥当しなくなってしまったのである。つまり、労働者に法律や労働協約によって様々な権利を承認し、それに基づいて企業を構成し運営していくというシステムが時代の流れによって企業側から非難を受けることになったのである。

(3) 以上の検討にも拘らず、企業交渉及び企業協定の発展により、企業制度論のうちの一部分が批判的に注目されることとなった。問題を提起するのはシュピオの皮肉を込めた次のような指摘である。「企業協定の解放は、制度(institution)としての、即ち、共通の利益によって強固にされかつその固有の法(son propre droit)を作ることができる共同体(communauté)としての企業の承認以外の何物も意味しない[425]」。ここでシュピオの述べる「共同体」とは、あくまでデュランが展開した理論のうちで制度たる「共同体」の資格において企業が法を生み出すという側面のみを指すのであり、決して(1)で述べたような構成員の雇用の安定を実現する組織された「共同体」の意味は含まれないのである。そして、「共通の利益」とはあくまで経済的な「企業利益」のことを指すと言えよう。要するに、シュピオは、(サンディカリスムの弱体化傾向のもと)法律が企業交渉を組織化、促進しそして特例協定を承認した一連の改革が、結果として企業の自己規整の基礎を築き、様々な経済的要求に企業を適合せしめることを可能にした点に注目し、この部分に関してのみ企業制度論との類似性を指摘するのである。また、更に進んで企業の自己規整を進めるために、使用者側から、労働組合をはずして、事業所の従業員の選挙された代表者と使用者が協定を結びそれが企業の労働条件を規整すべきであるという集団的企業契約(contrat collectif d'entreprise)に関する提案がなされたことがあったが[426]、これについてシュピオは大いに注目し次のように述べている。「集団的企業契約草案が専らその極度の表明である企業の自己規整の飛躍的発展は、実際には、暗黙のうちにそれを動かす企業概念の外では

---

425) A. Supiot, Déréglementation des relations de travail et autoréglementation de l'entreprise, Dr. Soc. 1989, p. 203.
426) この点について詳しくは、J.-C. Guibal, Point de vue : plaidoyer pour un《contrat collectif d'entreprise》, Dr. Soc. 1986, p. 602 et s. なお併せて、島田陽一「労使関係と法の動向:1989年」日本労働研究雑誌365号44頁も参照されたい。

正確に分析され得ない。ところで言葉はここでは人を欺く。というのも契約的な形態のもとで表明されるけれども、この概念は制度的性格を有するからである」。このような集団的企業契約は企業のすべての労働者に課されることを予定するものとして示されており、従って、シュピオは、「このように労働者の個別的地位が全体的に集団的企業契約によって規律されるということを承認することは、個別的労働契約を制度理論の鍵概念のうちのひとつ、即ち企業紐帯（lien d'entreprise）概念でとって代えることに立ち戻る」と論じている[427]。ここで言う「企業紐帯[428]」とはブランによって提唱された概念であり、デュラン流の「労働関係（relation de travail）」とほぼ同じものであると考えてよい[429]。つまり、シュピオによれば、集団的企業契約草案は企業制度論のうちの企業の規範創造力と労働関係論のヴァリエーションと捉えられるのである。果たして集団的企業契約という考えが実現するのか否かはさておき[430]、シュピオの強調点を要約すれば、「企業の自己規整という考えが企業制度論と密接に結び付けられている」ということ及び「企業はまさにここで

---

[427] A. Supiot, op. cit., Dr. Soc. 1989, p. 203.
なお、現代における制度論的傾向として企業の自己規整ということがクローズアップされている訳であるが、これがデュランが示した考えと決定的に異なる点がひとつある。即ち、デュランの考えによれば企業の長がひとりで一方的に企業の法を作り出すことができることになるが、企業協定にしろ集団的企業契約にしろ現代の企業の自己規整においては、いくら「サンディカリスムの弱体化（A. Supiot, op. cit, Dr. Soc. 1989, p. 202.）」及びフレクシビリテ化の進展という状況のもと使用者が規範の「要求者（J.-C. Javillier, Le patronat et les transformations du droit du travail, Études offertes à Gérard Lyon-Caen, 1989, p. 209.）」として立ち至るとしても、やはりあくまで労働者側との合意という形が要求されているのである。このことは、法発展の結果、たとえ形式的なものになろうと労働者側の何らかの関与が必要でありもはやこれをはずせなくなってきているということを示すものではないだろうか。

[428] A. Brun, Le lien d'entreprise, J.C.P. 1962, Ⅰ. 1719.

[429] 企業制度論と企業紐帯論との直接的関連性を指摘するものとして、ジェラール・クーチュリエ「フランスにおける労働契約」（山口俊夫訳）日仏法学会編『日本とフランスの契約観』（1982年、有斐閣）152頁参照。

[430] なおこの点に関し、ジャヴィリエは、集団的企業契約に言及した後、「企業における規範創造の完全な自由の支持者たち（partisans d'une pleine liberté de création normative dans l'entreprise）」が「少なくとも近い将来において技術的に勝利を占めるということは確実ではない」と述べている。
J.-C. Javillier, op. cit., Études offertes à Gérard Lyon-Caen, p.p. 211 et 212.

は個人と国家の間に置かれた中間団体（groupe intermédiaire）、その固有の法（sa propre loi）を作り出し、それを企業を構成する個々人に課すことができる共同体と考えられる」ということである[431]。

このようなシュピオの考えは規制緩和が進行しているフランス労働法の状況を踏まえて展開されたものだが、一見したところでは、2(3)で示した労働契約の新たな「復権」ないしは「追風」という現象と矛盾するかにみえる。しかし、デュランは企業制度論を述べるにあたり、企業の法たる身分規程による一元的規律を前面に押し出すのではなしに、労働契約による個別的規整の余地を認めていたのである[432]。このような前提からすれば、また労働契約の「復権」ないしは「追風」を説明する際にこの現象が企業側のイニシアティブに基づくものであることを確認し指摘したことからすれば、シュピオの考えを敷衍して次のような理解に達することは可能であろう。即ち、企業運営に必要な規範を作り出してこれを核として労働条件を律すると共に、企業管理にとって都合のよいようにまたその範囲において企業の自己規整を基礎としつつその上で労働契約により各々の労働者の労働条件を必要な限りで個別化していくという企業の戦略が見出されるのである[433]。要するに、労働契約と併せて企業制度論すら道具的に用いられていると言ってよいであろう。

(4) 小　括

これまで3において検討してきたことを企業制度論に関して要約すれば次のようになろう。オルー法に至る企業改革及びオルー法以降のフレクシビリテ化を通じて、企業制度論の諸要素のうち企業参加あるいは企業民主化、雇用の安定化という側面の妥当性が失われる反面、企業利益論に基礎を置いた企業の規範創造力の側面が浮かび上ってきたのである。

---

431) A. Supiot, op. cit., Dr. Soc., 1989, p. 203.
432) P. Durand et A. Vitu, Traité de droit du travail, t. 2, 1950, p.p. 213 et 214.
433) ジャモーは、近年のフレクシビリテ化の傾向のなかで労働契約の「道具的機能 (fonction instrumentale)」が際立っていることを指摘しているが、本文で述べたことはかかる傾向に合致するであろう。
A. Jeammaud, Les polyvalences du contrat de travail, Études offertes à Gérard Lyon-Caen, 1989, p. 309 et s.
なお、この点に関連して広島法学14巻4号377頁参照。

このような状況を観察して、シュピオは次のような反省を行っている。「この観点からすれば、少くともこの数年間に再び開始されなければならなかったであろうが、奇妙なことにそれがなされなかった法理論についての論争がある。即ち、それは企業理論についての論争である。暗黙のうちに企業の法的性質についての方針を確定してしまっておかなければ、実際、労働法の重心を国家から企業に向けて移転することはできない。ちょっと見たところではオルー法以降はっきりした態度を採られた動きは、企業の制度的概念に基づいているように思われる。ところで、そのことについて全くあるいはほとんど何も言及されていない。企業制度論に関する議論は、実定法の発展がそれらの議論に何らかの実際的意味を与え始めたときに自殺した」。そして、「もっと昔のもっと一般的な問題に言及することなしには最近の立法による革新の射程を捉えることはできない」と付け加えるのである[434]。しかしながら、反面、すでに(2)の(2)で検討したように、基本的には企業の長の権力と労働者の従属性については、労働契約と所有権に拠る説明が妥当し、制度論的側面はあくまで(3)の(3)でみたシュピオの述べる点に限られると言ってよいであろう。要するに所有権と労働契約に基づく企業の法的把握の基礎の上での立法の発展に源を発する一部分奇妙な方向での制度論へのすべりがみられると評することができよう。

とにかく、企業制度論の分裂的発展が示すように、1980年代以降のフレクシビリテ化の進行過程においては企業というものが問題となりつつも、同時に企業概念の捉え難さが示されるのである[435]。この点に関し、ジャヴィリエは皮肉を込めて次のように述べている。「ここに企業文化の――そして往々にして崇拝の――時代がやってきた。企業の神々は、すべての者がその寵愛を求めているのだが、好意に満ちたものとなった。それらは我々に、労働法規範がそこで生まれそこで発展するということ、フレクシビリテがそこでは

---

434) A. Supiot, Déréglementation des relations de travail et autoréglementation de l'entreprise, Dr. Soc. 1989, p. 197.
435) 特にこの点を強調するのがジャモーである。
　　A. Jeammaud, Droit du travail 1988 : des retournements, plus qu'une crise, Dr. Soc. 1988, p.p. 593 et 594.

支配すること、そして最後に〔労働契約の新たな復権により〕労使関係がそこでは個別化されるということを述べる[436]」。状況はまさに複雑かつ深刻であると言わねばならない。

4　労働契約論の今後の展開

以上本節でなしてきた考察から、労働契約優位論が目指したものとは異なる1980年代に入ってからの労働契約の展開をめぐる諸状況が具体的に明らかとなった。そこで、最後に、これまでの検討を踏まえて、(i)今後の労働契約論の発展方向、(ii)労働法の今後の展開及びその中における労働契約の地位・役割、(iii)企業制度論の運命は一体どうなるのかの3点につき考察を進め、本節並びに本章の総括としたい。

(1)　労働契約論の今後の発展方向

(1)　身分規程の発展にしろ、企業問題の複雑化にしろ、かつて労働契約優位論が考えていたのとは大いに異なる方向へ向けての労働契約の発展がみられる以上、変化した状況に対応する新たな労働契約理論を形成しようとする要請ないしは動きが出てくるのは当然のことであろう。その場合、カメルランクやG・リヨン＝カーンが展開した理論にみられるような労働契約に関する楽観論や単純な将来に向けての継続的発展論は大いに反省を迫られると共に、1980年代に入ってからの複雑化した諸状況を考慮に入れ十分にそれを見据えたうえで理論構成を行うことが必要となろう。

ここで注目すべきは、右に述べたような方向において新たな理論展開を模索していると思われる、ジャモーが1989年に著した「労働契約の多面性 (Les polyvalences du contrat de travail)」という論文である[437]。この論文でジャモーが展開する理論は、変化した状況を十分に見据えたうえで構成されたもので

---

436) J.-C. Javillier, Le patronat et les transformations du droit du travail, Études offertes à Gérard Lyon-Caen, 1989, p. 206.

437) A. Jeammaud, Les polyvalences du contrat de travail, Études offertes à Gérard Lyon-Caen, 1989, p. 299 et s. ジャモーの論文には多大の論点が含まれておりその詳細な検討が必要とされるところであるが、ここでは紙幅の関係からジャモー論文の大きな骨格のみを検討対象とする。

あり、例えばG・リヨン＝カーンの労働契約優位論に対し敬意を払いつつもそのような理論では捉えられない問題点を指摘することにより、従来展開されてきた学説の弱点を明らかにすると共に労働契約に対するこれまでとは異なる新たな法的ヴィジョンを呈示している。要するに、この論文は、フランスにおける今後の労働契約理論のあり方に関して重要な問題提起を行っており、議論に一石を投じる役割を果たしているといえよう。とりあえず以下では彼の理論の中心部分についてのみ要旨を取り出し、それと関連する他の論者の指摘とも併せつつ解説し検討してみよう。

(2) ジャモーは、すでに2(3)で示したような「労働契約は追風を受けている」という状況が労働契約評価の新たな試みを促進すると指摘し、「記述的理論 (théorie descriptive)」の方法に依拠して論文が執筆された1989年時点における個別的労働契約の地位に関する「新しい観点 (un nouveau point)」を作り上げようとする。そして、フランス法が個別的労使関係に課することを意図する「建築構造 (l'architecture)」を熟視することによって、労働契約の構造の二重性 (dualisme structurel) と機能の二重性 (dualité de fonctions) が明らかになることを指摘する[438]。

(i) まずは、労働契約の構造の二重性から論じてみよう[439]。かつて、労働契約優位論は、労働契約衰退論に対抗して、個別的労働契約が個別的労使関係の「真の源泉である」ことを指摘し、労働契約の(a)発生論的源泉ないし発生論的役割、(b)規範的源泉ないし規範的役割を強調した[440]。しかし、ジャモーは第2の(b)の点に異議を唱えるのである。労働契約優位論が労働契約の規範的役割を強調することは、結局、労働契約の附合契約性を媒介にすることによって個別的労使関係において生じる権利義務をすべて労働契約に基づかせることになるという帰結に至るのだが、これに対して彼は「すべての現実の既定条件を説明するために同時に条件行為 (acte-condition) としての役割も

---

[438] ibid., p.p. 299-301.
[439] 以下、労働契約の構造の二重性、特に条件行為としての役割については、ibid., p.p. 301-305. に依拠して論述する。
[440] この点については、広島法学14巻2号50頁、同14巻3号46頁参照。

また演じている契約が問題であるということを承認しよう」と述べ、労働契約が契約であるばかりではなく条件行為の役割もまた併せて果たしているという構造の二重性を示そうとする。要するに、労働契約に基づいて権利義務が生ずる以外に契約を経ずに直接法規範が労使関係を規律する部分が存在することを認めようとするのである。以下では「条件行為」の側面に光を当ててジャモーの論旨を追ってみよう。

条件行為は、戦前において労働契約衰退論の論者であるデュギーやセルによって有力に主張された概念であり[441]、戦後においても衰退論の観点からデュランが注目していた[442]。条件行為概念については、第1章及び第2章で何度も説明してきたのでここでは詳しい説明は避けるが、そもそも条件行為なる概念が提起されたのは、個別的労使関係を成立させる合意は単にすでに存在している法規範（身分規程）を適用するための条件にすぎず、従って個別的労使関係は客観的に存在する法規範が直接に規律するのであるとの解釈を示そうと試みてのことである。これに対し、労働契約優位論の論者は、個人の意思、即ち契約を復権させるために、条件行為を附合契約と同義のものと捉え直して優位論の立場から新たに独自に使用したり（カメルランク[443]）、労働契約が附合契約であることは認めつつもこの条件行為という概念を用いることに対しては批判的であったり（G・リヨン＝カーン[444]）した。ここでジャモーが労働契約が条件行為でもあるということを示そうとする場合、実は先のどちらの立場におけるとも異なるニュアンスで条件行為という言葉を用いているのである。

労働契約は、第1に、当事者の間に権利義務を作り出すことに加えて労働者を使用者の権力のもとに置く。そして、ジャモーは、労働契約は、第2に、労働契約が企業内で履行される場合、労働者を「ひとつの集団（une collectivitié）」に挿入するということを強調する。この第2の点が条件行為と関連することになる。彼が注目するのは次のような法の態度である。例えば、法が

---

441) この点については、三井・前掲論文Ⅰ(上)202頁以下参照。
442) この点については、三井・前掲論文Ⅱ(二)60―62頁参照。
443) この点については、広島法学14巻2号50―51頁参照。

労働者に企業における集団的権利を与えたり労働者が安全衛生などに関する一定の保護を享受するのは「企業の従業員（団）の構成員の資格において（en qualité de membre du personnel de l'entreprise）」である。その具体例としては、企業に使用される労働者がそこにおいて従業員代表選挙に参加する権利を挙げることができる。一見したところ、ジャモーのこの考えはかつての労働契約衰退論もしくはデュラン流の企業制度論に類似しているかに見える。しかし、この点に関し、ジャモーの考えを更に深く検討する前にG・リヨン＝カーンの企業に関する用語法の分類のうち「労働場所としての企業」という用法を思い出さなければならない。G・リヨン＝カーンが行った分析によれば、労

---

444) G. Lyon-Caen, Manuel de droit du travail et la sécurité sociale, 1955, p.p. 174 et 180 ; même auteur, Du rôle des principes généraux du droit civil en droit du travail, Rev. tr. dr. civ. 1974, p. 235.
第1の文献において、G・リヨン＝カーンは、逆説的に一応最初にセルの説を注に引用しつつ、「労働契約は単なる条件行為（un simple acte-condition）になった」と述べ、条件行為説に立つセルが労働契約という名称の代わりに採用（embauchage）という概念を用いることを主張した点を紹介するが、それに続けて、次のように自己の見解を示し労働契約の擁護を図ろうとしている。「〔けれども〕真実であるのは、労働契約の内容が小さくなるということである。労働契約はますます身分規程の単なる受容になる。しかし、この現象は一般的であり（例えば賃貸借契約の場合を参照）、そのために契約概念の放棄に至ってはならない」。
また、G・リヨン＝カーンは、「労働契約の擁護と例証」という論文において同様の説明を試みている。従来の労働契約批判論の考察として、「労働契約の否認（la contestation du contrat de travail）」という項目では条件行為に触れ、労働契約の他のものへの「置き換えによる解決」という項目では企業制度論を採り上げて論じているが、それらの労働契約に対する批判が存するにも拘らず、それらを検討するならば結局は「契約の再評価へ導くというこのメリットをもってしまうことになろう」と指摘している。ちなみに条件行為については、まずはもしも衰退論の見地からみれば、「採用におけるいかなるものも契約を思い起こさせない。それはせいぜい条件行為である」、「この考えは、一般的に言って労働契約は附合契約だと言われる考えに似ている。しかし、この最後の公式化は満足なものではない。というのもそれはまだ契約という語を用いているからである」、「従って、契約が存在すると主張するのは誤っているかもしれない」ということになるであろうという指摘をなすのであるが、実際には、G・リヨン＝カーンは、以上の見解に反駁を加えたうえで、第3節で検討したように労働契約の「再評価」ないし「復権」を唱え優位論を展開していくのである。彼によれば、労働契約に対する批判つまり衰退論というものは、あくまでも「過度に誇張された（exagérément grossis）」一定の現象についての解釈に基づいているのである。G. Lyon-Caen, Défense et illustration du contrat de travail, Archives de philosophie du droit, N° 13, 1968, p.p. 59-69.

働法規制との関係で言えば、法のうちの一定のものが個別的労働条件ないし個別的労使関係というよりもむしろ「企業」を介入対象としていることがあるが、その場合、この「企業」というのは労働場所としての企業の意味で用いられているのであって、それは何ら企業制度論的側面を有しないのである。また、G・リヨン＝カーンは、この場合は「企業」と言うよりはむしろ「事業所」と表現した方がよいとも考えている[445]。要するに、現代においては労働が企業ないし事業所において集団的に行われているため、法は直接個別的労使関係を調整するのではなく労働の集団性を考慮して労働者の保護を図ろうとしている場合があるにすぎないのである。ジャモーはまさに以上で示したG・リヨン＝カーンの説示と同じ意味においてひとつの集団としての「企業」を捉えようとしているといってよいだろう。その説明としてやや逆説的にジャモーは、契約的側面（dimension contractuelle）と並んで「我々が制度的と呼ぶであろう側面（une dimension que nous dirons institutionnelle）」が存在することを指摘するのだが、「この用語的選択は企業『制度論』に同調することを欲するものではない」ことをも併せて強調する。要するに、従来は「制度的」という言葉を用いれば企業制度論との関係を云々されたのだが、ジャモーは企業制度論との関係を断ち切ることを宣言することによって、個別的労働条件の法的保護に加えてそれとは別個に専ら職場における労働の集団性を視野に入れた法的保護が存在していることを用語法の適切さという観点からのみ考慮し「制度的」という言葉を用いようとするのである。さて、一定の「企業」を介入対象として規制する法規範に基づいてそのような労働者のひとつの集団（つまり職場としての企業）への挿入によって生じる法的効果は、通常、労働者と使用者の間で締結された契約が「原因となって生ずる（causée）」が、それにも拘らず、「彼らの契約関係のひとつの側面を構成しない」のである。つまり、通常は労働契約に基づき法の規制対象である労働場所たる企業で働くことになるのだが、その法規制は労働契約それ自体ではなくあくまで労働者が規制対象たる労働場所で働くということのみに注目するため、その法規

---

[445] この点については、広島法学14巻3号53頁参照。

制の部分にのみついて言えば「使用者と労働者の間の法律関係の無数の側面がこの合意（労働契約）から切り離されているであろう」ということになる。そしてジャモーは自分が決して労働契約衰退論に立つものではないことを述べ、労働契約の契約的領域（champ contractuel）の存在についても併せて力説する[446]。

このジャモーの論旨は、衰退論が言うように企業は共同体であり個別的労使関係のすべてあるいは主要な側面が法規範によって直接に規律されるというものでもなく、また優位論が言うようにすべてを個人の意思に還元して労働契約の規範的役割を過度に強調するものでもなく、労働法典のうちの一定の規定が技術的に労働の集団性を考慮して規制を行っているということ及びそれに関連して当事者の意思とは一定独立した法規制の領域も同時に存在するということの2点を示そうとするのである。従来の衰退論は当事者の意思を離れた労使関係規整の客観性及び企業の（共同体的）組織性を強調しすぎ、また優位論は衰退論を反駁するために当事者の意思（主観性）を強調しすぎていたのだが、ジャモーはこれら両者の議論に反省を迫り、労働法典の規制の趣旨と労働契約の現実の役割を直視した労働契約の構造の二重性を示そうとしたのである。そしてジャモーは、編入説に基づく労働関係論（la doctrine de l'Arbeitsverhältnis）・企業制度論やデュギーの条件行為説と自説との違いを説き、当事者の雇入れという行為は契約のままであろうと述べるが、けれどもやはりこの構造の二重性も一貫として残るであろうことも強調する[447]。

(ii) 次に、機能の二重性を述べてみよう。ジャモーは、労働契約の機能の二重性として道具的機能（fonction instrumentale）と発見的機能（fonction heuristique）があることを指摘する。彼によれば、これら2つの機能が「労働契約の擁護者たち（les défenseurs du contrat de travail）によって強調される『規範的役割（rôle normatif）』の2つの側面である」ことになる[448]。

(ア) 道具的機能から見て行こう[449]。かつて、身分規程の発展により、優位論に立つカメルランクは、労働者にとって有利な結果をもたらす発展により

---

446) A. Jeammaud, op. cit., Études offertes à Gérard Lyon-Caen, 1989, p.p. 305-308.

労働契約は「広範な範囲において労働者のための保護及び社会進歩の道具となった」と述べていたし[450]、G・リヨン＝カーンも同様の見地から労働契約は「保護手段」となるので「使用者による労働者搾取の手段たることをやめた」と言明していた[451]。しかし、フレクシビリテ化ないし規制緩和の進展により状況は一変した。この変化した状況において顕著となった2(3)で特徴を示したような企業管理のためにその道具として使用者のイニシアティヴによって導かれる労働契約の役割[452]を捉えてジャモーは労働契約の道具的機能と名付けるのである。このジャモーの指摘は、労働者保護の側面のみを強調する従来の労働契約優位論の立論の問題性を正面から示し、もう一度現状における労働契約の役割を正確に捉え直そうとする試みであるといえよう。

かかる分析は一定の影響力を有し、例えばG・リヨン＝カーンとペリシエが共著で著した『労働法 第15版』(1990年) の中でも採り上げられることとなる[453]。この教科書は、かつてはカメルランクとG・リヨン＝カーンが共著で著してきたものであり[454]、第12版 (1984年) から著者としてこの2人に加えてペシリエが参加し[455]、第14版 (1988年) からカメルランクが執筆から降

---

447) ここで念のため注意的にデュラン説との対比においてジャモー説の特色を述べ両者の差異を示しておくことにする。デュランは労働契約衰退論の立場から法規範たる身分規程による労働関係の直接的規律を重視しこれを原則的なものとみたが、実際には個別的労使関係においては個別的労働契約に委ねられる部分もあり、個別的労使関係は「部分的に契約的」であることを認めていた。これに対しジャモーは労働契約衰退論に立つものではなく、個別的労使関係においては労働契約により規整される領域以外に条件行為的作用によって規律される部分もあるということを述べているのであって、決してデュランのように条件行為的な法規範による規律が原則的なものであると考えているのではないのである。従ってジャモーは条件行為としての労働契約の役割を解説するにあたって、「観察を行えば、今後はより控え目となる労働契約衰退論をもっと根本的に批判することなしには済まされない」とも述べるのである。A. Jeammaud, op. cit., Études offertes à Gérard Lyon-Caen, 1989, p. 302 et s. なお、先に述べたデュラン説については、三井・前掲論文II(二)56頁以下参照。
448) A. Jeammaud, op. cit., Études offertes à Gérard Lyon-Caen, 1989, p.p. 308 et 309.
449) 以下、道具的機能については、ibid. p.p. 309-312. に依拠して論述する。
450) この点については、広島法学14巻2号52頁参照。
451) この点については、広島法学14巻3号47頁参照。
452) この点については、広島法学14巻4号376-378頁参照。
453) G. Lyon-Caen et J. Pélissier, Droit du travail, 15e éd., 1990, p.p. 185 et 186.
454) G.H. Camerlynck et G. Lyon-Caen, Droit du travail, 1re éd., 1965-11e éd., 1982.

り第15版と同様の2者の共著となったのだが[456]、第14版までは労働契約の役割として、第4節1(1)で示したような4点[457]のみを指摘してきていた。しかし、第15版からは、それらの点に付け加えて労働契約の第5の役割を指摘する次のような記述がみられるようになった。「しかし、労働契約はまた、競業避止義務、異動服従義務、結果達成義務あるいは教育訓練費償還義務のような、法律、命令あるいは労働協約が課さないような義務に労働者を従わせるために使用者によって非常に広く用いられる。労働契約は、ますます企業管理の道具（un instrument de gestion de l'entreprise）と考えられるようになる[458]」。とにかく、このような事態を正面から捉え出し始めたことの意義は、後に述べるように、従来の学説のように単に労働契約の保護的性格ないし優位性を強調するのではなく、新たに現実を見つめ正確に理解したうえで、それに対してもう一度視点を変えて今後いかに対処していくかということに学説が取り組み始めたということに外ならない。この点においてジャモーの論文は大きな先駆的意義を有するといえよう。

　(イ)　ジャモーが指摘する労働契約のもうひとつの機能が発見的機能である[459]。発見的機能とは労働契約の解釈に関するものであり、裁判官が契約の解釈によって当該労働契約条項の意味を明らかにすることを捉えてジャモーは「発見的（heuristique）」と呼ぶのである。「裁判所は、契約的義務のあらゆる外形を有するものの履行を手に入れるために民法典1134条を援用する人に、合法的に満足を与える」ものであると指摘される。民法典1134条は、適法になされた合意は当事者にとって法律の代わりとなる旨を定めているが、ジャモーによれば、契約の解釈にあたっては「それ（労働契約という形態）は、本人たちがそれについて行為時に有し得た意識とは相対的に無関係に、当事

---

455) G.H. Camerlynck, G. Lyon-Caen et J. Pélissier, Droit du travail, 12ᵉ éd., 1984.
456) G. Lyon-Caen et J. Pélissier, Droit du travail, 14ᵉ éd., 1988.
457) この点については、広島法学14巻3号56頁参照。
458) G. Lyon-Caen et J. Pélissier, Droit du travail, 15ᵉéd., 1990, p. 185. なお同様の指摘は、G. Couturier, Droit du travail, t. 1, Les relations individuelles de travail, 1990, p. 82. にも見受けられる。
459) 以下、労働契約の発見的機能については、A. Jeammaud, op. cit., Études offertes à Gérard Lyon-Caen, 1989, p.p. 312-316. に依拠して論述する。

者の間で締結されたものの法的意味(signification juridique)を追求し次いで明らかにすることに役立つということが理解される。そこにおいては法的カテゴリーと法規範の利用の日常的な態様が問題である」ことになる。要するに、労働契約の解釈にあたっては、当事者が予め決めたことについても裁判官が一定客観的な立場で解釈を行いうると共に、契約法理に反する使用者の行為には効果が認められない。道具的機能が際立ってきているとはいえ、労働契約もまた契約であるということが労働者側にとって一定有利にも作用するのである。実は、このような裁判所の契約解釈の役割については、労働契約の新たな復権の傾向を示す3本柱のうちのひとつとして、不安定化、道具主義化と並んで A・リヨン＝カーンが「労働契約の現在」なる論文において指摘しているところである[460]。

このことに関連して、フレクシビリテ化・道具主義化が進展したという状況下で、実際に判例によって労働者にとって有利な方向で労働契約の発見的機能が作用しているという点が何人かの論者によって指摘されている[461]。シュピオによれば、労働法の変化に直面して司法的作用が「それを抑制することに役立つにちがいない」のである[462]。そして、彼は、この問題に関する例として1987年10月8日の破毀院のラカン事件判決(Raquin et Trappiez c. St-Jacques Marchand[463])を挙げ、「ここにおいてはまた、個別化の過程に関わり合うことになる。というのも、個別契約の諸条項に再び力強さ(vigueur)を与えることが問題だからである」と述べる[464]。つまり、ラカン事件判決に付したA・リヨン＝カーンの言葉を借りれば、労働契約の道具的機能が強化されている状況の中で、労働契約は「変化に直面した労働者の個別的地位を強固にするために援用される」のである。そして、破毀院の判例は「個別的労

---

460) A. Lyon-Caen, Actualité du contrat de travail, Dr. Soc. 1988, p.p. 542 et 543.
461) ibid., p.p. 542 et 543 ; A. Supiot, Pourquoi un droit du travail?, Dr. Soc. 1990, p.p. 490-492 ; J.-C. Javillier, Le patronat et les transformations du droit du travail, Études offertes à Gérard Lyon-Caen, 1989, p. 218.
462) A. Supiot, op. cit., Dr. Soc. 1990, p. 489.
463) Soc. 8 oct. 1987, Dr. Soc. 1988, p.p. 140 et 141.
464) A. Supiot, op. cit., Dr. Soc. 1990, p.p. 491 et 492.

働契約の当事者の権利並びに権限の新たな均衡（un nouvel équilibre）を定めるべく努力してきた」と評価される[465]。

ここで、多くの論者が労働契約の発見的機能強化の象徴的存在と考えている労働契約の本質的変更に関する破毀院のラカン事件判決について更に詳しく検討してみよう。フランスにおいては、労働契約の非本質的変更については使用者が一方的になしうるが、本質的変更については使用者が一方的になし得ずに労働者の同意が必要であるとの判例法理が確立してきている。判例によれば、この後者の本質的変更の場合、かつては労働者が変更の同意を与えないと労働者は当然に解雇されたあるいは解雇されたものとみなされていた[466]。労働法典 L. 122-4 条は、期間の定めのない労働契約は解雇規制に関する条文の適用があることを条件として契約当事者の一方のイニシアティヴによって終了しうる旨を規定しているが、「大は小を兼ねる（qui peut le plus, peut le moins[467]）」ということから、真実かつ重大な理由があればいつでも労働契約を終了させうる（つまり解雇権を有する）使用者が労働契約の本質的変更の提案をなせばこれは同時に労働者が拒絶した場合の条件付解雇（congé conditionnel[468]）をも構成すると判例は考えていたのである。言い換えれば、解雇（大）をなしうる使用者は、労働者が承認すれば労働契約の解消にまでは至らない条件付解雇たる変更の提案ないし申入れ（小）をなしうるとされたのである。J・サヴァチエは以上のような判例の態度を評して比喩的に、「一方的解約権は契約を引き裂くことを認める。それはまた、契約に、契約を徐々に見違える程に変ったものにするであろう小刀の傷を与えることを認める」

---

465) A. Lyon-Caen, op. cit., p.p. 542 et 543.
466) これらの判例の傾向については、G.H. Camerlynck, Le contrat de travail, Droit du travail, t. 1, 2ᵉ éd., 1982, p. 408 et s. ; J. Savatier, Le modification unilatérale du contrat de travail, Dr. Soc. 1981, p. 219 et s.
467) J. Savatier, op. cit., Dr. Soc. 1981, p. 221.
468) J. Ghestin et P. Langlois, Droit du travail, 5ᵉ éd., 1983, p. 227.
なお1点注意的に述べておけば、この場合でも判例によって事後的に「濫用的解消の一般理論（la théorie générale de la rupture abusive）」の適用がなされうる余地はあったのであり、また当然労働者による拒絶が解雇の真実かつ重大な理由をなすのかどうかが裁判官によって吟味され得たのである。この点については、G.H. Camerlynck, G. Lyon-Caen et J. Pélissier, Droit du travail, 12ᵉ éd., 1984, p. 296.

と述べている[469]。そしてまた判例によれば、労働者が同意を与えずにそのまま労働を続けていた場合、変更に対する労働者の黙示の同意があったものとして労働者は以前の労働条件の履行を請求できないとされていた。以上のことからわかるように、労働者の選択としては企業を去るか変更を受け入れるかしかなく、いわば解雇とみなされる労働契約解消のイニシアティヴを採るのは変更を拒絶する労働者であったと言うことができた。ところが破毀院はラカン事件判決において判例変更を行い、労働者が変更を拒否した場合であっても「自分たちが拒絶した労働契約の本質的変更の労働者の受容は彼らによる労働の続行から生じ得ない」（つまり変更を拒絶した後に労働を続けた場合でも変更に対する黙示の同意を与えたことにはならない）、そして「〔労働契約の〕解消の責任をとるのは使用者である」（つまり使用者が労働者による拒絶の後に新たに解雇の手続・意思表示を行うのでなければ労働者は解雇されたことにはならない）と述べることによって、解雇を行うかあるいは最初の労働条件で雇用関係を続行するかの選択を行うのは使用者であると宣言したのである。そして、使用者が解雇を行おうとするならば、労働者による変更の拒絶が解雇の真実かつ重大な理由をなすものであることが要求され、解雇の前提とされる。この判例に付したJ・サヴァチエの評釈によれば、労働者が変更の提案に対して拒絶した後に使用者が解雇のイニシアティヴを採らない（解雇しようとしない）場合、「労働の続行が変更された契約の黙示の承諾であると解釈される可能性があることを回避するために、労働者は、最初に合意された条件における契約の履行を求めて訴訟を提起する利益を有する。それは、昔の判例ならば彼になすことを認めなかったところのことである[470]」。要するに、従来の労働条件のままで働き続けることができる余地が労働者に開かれたのである。この判例につき、A・リヨン＝カーンは、「新しい方向付けは、契約により優れた抵抗力（une meilleure résistance）を与えることによって契約を強化する」、そして「それ（この判例）は、個別的意思の合致（l'accord de vo-

---

[469] J. Savatier, op. cit., Dr. Soc. 1981, p. 221.
[470] J. Savatier, Modification unilatérale du contrat de travail et respect des engagements contractuels, Dr. Soc. 1989, p. 137.

第5節　労働契約論に課される現代的課題　217

lontés individuelles) を再生させるのに貢献する」との評価を下している[471]。また、シュピオは、「ラカン事件判決は良識ある解決 (une solution de bon sens) であると認められてきた」ということを指摘し、「それは、この (労働契約の) 変更につき、労働者の明確な同意あるいはまさに〔なされた後に使用者のイニシアティヴによって〕解雇手続を開始させるに至ることになるであろう拒絶を得るために、あるいはまた労働者とこの変更の条件を交渉するために協議することによって、労働者を真の権利主体 (un véritable sujet de droit) として取扱うよう使用者を義務付ける」と述べている[472]。要するに、労働契約の道具主義化が進展するとその行き過ぎに対して判例が解釈論により労働者保護的側面を進展させて労働者の地位を強化し一定の均衡を図ろうとする動きがみられることとなるのである。

　最後に、この点に関連して、G・リヨン＝カーン、ペリシエの指摘を見てみよう。彼らは労働契約が道具主義化されることの対抗手段として、「労働法学者の役割は、発展する実際に行われていることを明らかにすることに限定され得ない。それは、まず第1に、実際に行われていることの適法性〔が存するのかどうか〕を評価することにある」と述べている[473]。このようなことが今後同時に裁判官にも要求されることになろう。

　(3)　以上で、ジャモーが示した労働契約に関する新たな視点を関連する他の論者の指摘と併せつつ示してきたが、要約すれば、ジャモー説の意義は次の点に存すると言ってよいであろう。

　従来の労働契約優位論は、労働契約の規範的役割ないし規範的源泉としての役割を明らかにした点に功績があるとしても、労働契約衰退論に対抗するために当事者の意思を過度に重視すると共に労働契約の進歩的性格を強調しすぎていた。けれども、ジャモーは、労働者保護法規のうち当事者の意思とは関わりのない部分が存在するということを認め、しかも規制緩和、フレクシビリテ化が進行している状況のもとでは身分規程の労働者保護的性格が弱

---
471) A. Lyon-Caen, op. cit., p. 542.
472) A. Supiot, op. cit., Dr. Soc. 1990, p. 492.
473) G. Lyon-Caen et J. Pélissier, op. cit., 1990, p. 186.

まっているため労働契約が使用者側の優位において利用されている現状をためらいなく描き出すことにより労働契約のあるがままの姿を捉え、従来の学説に反省を迫るのである。そして、一定の労働者保護法規が企業を「制度化」しているという側面があるということと労働契約が条件行為としての役割も果たしているということを企業制度論から切り離して考察し議論の土俵に上げた点にも大きな特色を有するといえよう。

また、身分規程による保護が減じられ労働契約が道具主義化する中で、それに対抗する視点として労働契約の発見的機能を強調し、労働者保護のために解釈論の重要性を指摘する点にもジャモー説は大きな意義を有するであろう。

最後に、これは以上では触れなかったことであるが、ジャモーは、労働契約優位論が強調する労働契約の発生論的役割ないし発生論的源泉としての役割についてはこれをそのまま認め、「この労働契約は、まさしく労働者の地位の排他的源泉（la source exclusive de la qualité de salarié）のままである」と述べている[474]。ただし、従来の優位論が強制労働に反対する視点から特に労働者側の自由ないし自由意思を強調していたのに対し、ジャモーは労働契約の道具的機能に関連して法律によってもたらされた雇用形態の不安定化・多様化にも触れ、雇用形態のフレクシビリテ化が進展する状況のもとで発生論的役割についても「労働契約は当事者が自由にする道具」であり「この道具が企業の経営担当者に利益をもたらす」側面があることを付け加え注意を喚起する[475]。要するに、従来の説は専ら労働者側の利点ないしは自由を強調していたのだが、一定の状況のもとではこれが使用者側の自由に転化する危険性をはらんでいることを正面から明らかにするのである。

(4) 以上での検討で示したような、従来の労働契約優位論とは異なるジャモーに代表される労働契約に関する新たな分析に沿った方向で、今後労働契約論が展開されて行くであろうことが予想される。つまり、従来のような単純な身分規程に支えられた労働契約論ではなしに、労働契約の構造・機能を

---

474) A. Jeammaud, op. cit., Études offertes à Gérard Lyon-Caen, 1989, p. 303.
475) ibid., p.p. 308 et 309.

明らかにし、それを前提としたうえで労働者保護を図る形での契約という法技術を踏まえた労働契約の解釈論をも重視した労働契約論が優位を占めてくるであろうということを指摘することは可能であろう。フランス労働法学界における議論の更なる深化及び本格的な理論展開が期待されるところである。

(2) 労働法の今後の発展方向

(1) 労働契約論も、労働法の発展それ自体から切り離して論ずることは不可能であろう。労働法がいかなる発展を見せいかなる状況にあるかということと労働契約論が密接に関連していることは、現に本節で見てきた通りである。そこで、以下この(2)においては、フランス労働法の今後の発展方向についての理論家たちの見通しにつき検討を加え、労働契約との関わりを探ることとする。

(2) フランス労働法の現在の発展方向については、シュピオがこれを簡潔に要約している。彼は「変化に直面する労働法 (le droit du travail face au changement)」全体に触れ、「もしも、我々が今日それを一瞥するならば、我々は少しばかり注意することによってそこに3つの本質的なもの (trois choses essentielles)、我々の社会の3つの『重大な傾向 (tendances lourdes)』を観察するであろう。即ち、個別化 (l'individualisation) の傾向、〔労使関係規整権限の〕分権化 (déconcentration) の傾向、二極化 (dualisation) の傾向である」と述べている[476)]。これらの傾向をフレクシビリテ化に関する限りで具体的に指摘すれば、個別化の傾向として雇用形態の多様化、個別的労働契約の再評価、労働時間編成の弾力化、分権化の傾向として企業協定の発展、二極化の傾向として期間の定めのある契約、派遣労働、パートタイム労働、間歇的労働などを規律する「第2の型の」労働法の発展を挙げることができる[477)]。とにかく、シュピオはこのような変化に関して次のような指摘をなす。「疑いもなしに、

---

476) A. Supiot, Pourquoi un droit du travail?, Dr. Soc. 1990, p. 489.
477) フレクシビリテ化に関する以外でシュピオが注目するのは、個別化の傾向として性差別禁止の原則、表現の権利、個別的休暇権、転職権、退職権等、分権化の傾向としては国際化の傾向 (つまり EC (現 EU) 法に注目したいのであろう) 等である。ibid., p. p. 489 et 490.

これらの傾向はまた他のところで、つまり経済学と社会学において観察された。しかし、法的分析はその意味と射程を明らかにすることを認めうる。例えば、契約による個人の解放を表明する言葉の背後で、どのようにして法的関係が変遷し社会的再編成と社会的拘束の新しい形態を作るのかを示すことによってである[478]」。

　(3)　すでに本節 1(1)で示したように、ジャヴィリエは変化した状況における労働法の根本的変遷を指摘しているのだが[479]、ここでは更にフランス労働法のこのような発展並びに今後の発展方向についての他の学説の見方をいくつか紹介してみよう。

　(i)　G・リヨン＝カーンは、われわれの時代は「消滅する既知のもの (un connu qui disparaît)」と「生れ来る未知のもの (un inconnu qui naît)」の間の変遷の時期 (époqes de transition) として特徴付けられると述べている。このような変遷を生じせしめるものとして彼が示唆するもののひとつが「労働力管理のより大きな自由に至らしめる、一定の規範の消滅」、つまり規制緩和・フレクシビリテ化の進展であり、彼はこれを「こちらでは遅くあちらでは急速な労働法の侵食 (une érosion, ici lente, là rapide, du Droit du travail)」と呼び、その特徴を「規範は廃止され、〔労働者を保護するための使用者に対する法的〕拘束は消滅し、保護は再び手直しされる」と指摘している。その結果、企業の従業員管理の自由はより大きくなったのであり、ここにおいては「再構築 (reconstruction) に比べて破壊 (déconstruction) が根源的なものである」と彼は考えるのである[480]。

　(ii)　特に労使関係規整権限の「分権化」の傾向に注目するシュピオは、企業交渉・企業協定の発展に関し、「企業における交渉義務によってぐらつかされ、特例協定の導入によって大穴を開けられたので」、「今日問題となっているのは労働法の再構成である」と述べ、次のような論旨を展開する[481]。彼に

---

478) ibid. p. 490.
479) この点については、広島法学 14 巻 4 号 358—359 頁参照。
480) G. Lyon-Caen, Le droit du travail dans la nouvelle politique de l'emploi, Dr. Soc. 1988, p. 549.

第5節　労働契約論に課される現代的課題　221

よれば、(サンディカリスムの危機ないし弱体化の傾向のもとにおける) 企業協定の発展は企業の自己規整の基礎を築くものであり、企業の自己規整の発展はまた「将来についての現象 (un phénomène sur l'avenir)」でもある[482]。従って、それらを推奨する現在の経済的、社会的、政治的セールスポイントを押し進めて行けば、「国家による企業の規制は企業自らによる規整に譲歩しなければならない。つまり、企業は、まだ法の客対 (objet de droit) なのだが、明日は法主体及び法源 (sujet et source de droit) にならなければならない」ということに立ち至るであろうことを彼は予測する[483]。そして、企業の自己規整という考えを中心として労働法を再構成するならば、法律の役割は、①違反し得ない幾らかの公序としての原則 (quelques principes d'ordre public) を定めること、②「その中において企業が自分たちの固有の法を生み出すことができるであろう制度的領域 (cadre institutionnel)」を組織すること、③「これらの自己規整される共同体 (ces communautés autoréglementées)」の外部において行われる労働に適用しうる補足的規範 (règles supplétives) を定めることの3つになってしまうであろうとも考える。シュピオ自身はこのような流れに対しては批判的なのであるが、とにかく現状を見れば、少なくとも「企業の自己規整は実定法の中にすでに大いに植え付けられてしまっている現象であり、それは非常に一般的に認められた必要に対応するので、まさに労働法がその昔の秩序に戻ることは今後は排除されるように思われる」との予想を示すのである[484]。

(4)　以上2人の論者の見解を必要な限りで簡潔に示したが、このような労働法の変遷はどこまで進みうるのであろうか。

確かに、G・リヨン＝カーンを例に採り上げて言えば、従来彼が考えていたのとは異なる方向へ向けての発展がみられるため悲観的態度を示していることがわかるのだけれども[485]、現在の労働法の変遷について一定の限界が存在

---

481)　A. Supiot, Déréglementation des relations de travail et autoréglementation de l'entreprise, Dr. Soc. 1989, p. 202.
482)　loc. cit.
483)　ibid., p. 197.
484)　ibid., p. 203.

することを指摘する論者もいる。

　この点に関し興味深いのが、シュピオの述べる均衡論である。シュピオによれば、1世紀に渡って築き上げられてきた労働法規範システムの一体性は、「このシステムの恒久的なすべての再構成を司り続けるであろういくつかの大きな均衡（quelques grands équilibres）の遵守から生じていた」のである。ここで彼が指摘し重視する均衡とは、①使用者の〔企業〕管理の自由と労働者の〔保護的労働条件の〕保障の間の均衡、②全員に課される労働者の身分規程という観念と自由に交渉された契約という観念の間の均衡、③労使関係における個別的次元と集団的次元の均衡の3つである[486]。つまり、彼は、これらの均衡が崩れれば労働法規範の一体性が保たれなくなるであろうとの警笛を発するのである。

　この問題と併せて、彼は労使関係への民法の適用の可否の問題を検討している。もしも、労働法規範の一体性が崩れれば民法の適用ということが問題となりうるからであろう。かつて、クーチュリエ（G. Couturier）がこの問題を論じ、個別的労使関係に民法を適用した場合、労働法よりも有利になるという逆説的なケースがあることを指摘したことがあったが[487]、シュピオはこれに対抗し、現在でもやはり実際には基本は民法ではなくて依然として労働法が労使関係を規律し続けているままなので、労使関係を規律するものが何故民法ではなく労働法なのかの理由を問い、その回答としての2つの理由を指摘する。ひとつは、民法の債権法は「個々人が他人によって創造される物的組織に挿入されるエネルギー源になる状態を管理できない」ので、「労働法はこの民法の契約法の欠陥を補い、企業内部に個人の安全の原則を及ぼすことを第1の目的とした」のである。要するに、安全衛生、産業医、労働災害、職業病に関する労働者の保護をはじめとして労働時間の規制及び調整（労働者の健康という観点が含まれる）、母性保護など多数に渡る労働法の規定が問

---

485) G. Lyon-Caen, op. cit., Dr. Soc. 1988, p. 548 et s.
486) A. Supiot, op. cit., Dr. Soc. 1989, p. 204.
487) G. Couturier, Les techniques civilistes et le droit du travail, D. 1975, p. 151 et s., p. 221 et s.

題なのである。もうひとつは、「労働法は、また、民法の債権法がひとりの人のもうひとりの人に対する従属（subordination d'une personne à une autre）という観念によって支配された関係を理解することができない、ということから生じている」ということである。民法の契約においては「意思は義務付けられる」のだが、個別的労使関係においては「それは従属する」のである。従って、労働法は、「この欠陥を取り繕うこと」、即ち使用者の権力に「行使にあたっての法的限界（un cadre juridique d'exercice）」を付すことによってそれを「市民化する（civiliser）」ことを特に重要な基本的存在理由とするのである。つまり労使関係を使用者の権力の法的枠付けを行うことによって「市民化する」ことが問題となることとなる。そして、彼は、民法を自動車、労働法を船舶にたとえて、両者が輸送機器故に類似性を有する側面が存することも指摘する。そこで類似性という観点から民法適用論者も出てくるのだが、これに対し彼は民法と労働法の差異を強調し注意を促す。「法律家にとって危険はそこにある。それを恐れる真の船乗りに反して、素人の船乗りは陸の眺めを好み、ひどい難波を引き起す確実な刺激を伴ってそこに突進するということを諸君はご存知である。労使関係を取扱うために民法の閉じられた陸地に立ち戻ることを試みる法律家が被るのが、同じ危険である」。ただ彼は民法規範の適用が実際に行われているという点も併せて配慮し次のような補足を行う。即ち、以上のように述べたからといって「民法からの借用（emprunts au droit civil）」が完全に禁じられているのではなしに、「予めこの規定が労働法固有の要求に対応するということを検真してしまっておくことなしには、労働法の装置（l'appareillage du droit du travail）の中に民法の規定を純粋かつ単純に備え付けてしまうことに決して甘んじ得ない」のである[488]。要するに、問題となる民法の規定が労働法の構造に適合するかどうかを十分に吟味したうえで、適合すると解される場合においてのみその適用の余地が生じるということになろう。あくまでも「労働法の装置」の存在が重要なのであり前提なのである。

---

[488] A. Supiot, op. cit., Dr. Soc. 1990, pp. 486-489.

そこで彼は、すでに(3)でもみたように労働法が新たな段階に入ったこと自体は認めるのだが、そのうえで重要なのが労働者の権利と使用者の権力との間の新たな均衡（un nouvel équilibre）を定めることであると指摘して[489]、労働法規範の一体性を保持する均衡の枠組の重要性を示して現在の労働法の発展の行き過ぎをチェックしその限界を提示しようとするのである。

このような「均衡（équilibre）」という考えは、従来見られなかった新しいものである。シュピオによれば、労働法の性格をめぐる学説の議論には次のような段階的な変化がみられる。1960年代までは学説は満場一致で労働法の目的として労働者の「保護（protection）」という目的を挙げていたのだが、1970年代に入ってからは議論が変化し労働法の目的論から機能論へ移動した。そこにおいては、労働法の純粋に保護的な性格が疑われ、労働法は労働者に奉仕するが、しかしまた使用者に対しても奉仕するものであると主張されるようになり、労働法の「両義性（ambivalence）」が認められることとなった。この点に関しては、第4節1(3)の最後の部分で引用した学説の見解が端的に示すところである[490]。そして、1980年代に入って問題とされ出したのが「均衡」の概念である[491]。このシュピオの見解を敷衍して述べれば次のようになるのではないだろうか。かつては労働法は純粋に労働者の「保護」のためのものと考えられたのだが、フランスにおける経済的危機の到来と共に労働法が企業管理を柔軟化する方向で用いられるようになってきたので使用者の利益にもなるという労働法の「両義性」が露わとなり、更に労働法のフレクシビリテ化の進展により使用者側に奉仕するという側面が一段と顕著となってきたため、労働者保護の側面からこれを一定食い止めるための理論として「均衡」論が出て来たと。ちなみに、シュピオのこの指摘に依拠するならば、労働契約優位論は、労働法の目的が労働者の保護であると学説が満場一致で考えていた頃の傾向に合致する理論であったということができよう。これに対して、ジャモーの提示するような新たな労働契約理論は、1970年代

---

[489] A. Supiot, op. cit., Dr. Soc. 1989, p. 205.
[490] この点については、広島法学14巻3号63頁参照。
[491] A. Supiot, op. cit., Dr. Soc. 1990, p. 486.

以降に生じた変化を踏まえた労働法全般に関する新たな議論を労働契約論において具体的に展開したものといえよう。

シュピオの言うように果たして実際に均衡がもたらされうるのかどうかということは非常に興味深いところであるが、今後どうなるかその成否を予測することはできない。とにかく言えるのは、このような均衡論は変化した状況を正面から視野におさめたうえで立論されており、混迷を続ける理論状況の中で一定説得力を持つものではないだろうか、ということである。この説に立った場合、将来の均衡像を具体的に描き出すことが今後の作業として重要になってくるであろう。

(5) さて、ジャヴィリエもこのような均衡論に類似した考えを提示し、2点に渡り1980年代以降において見られるような労働法の発展の限界ないしそれに対する歯止めを示そうとする[492]。彼は、使用者側のイニシアティヴに基づく労働法の根本的変化が問題となっていることを強調するのだが、「使用者側の実際に行っていることと戦略には矛盾（contradictions）も限界（limites）も存しない訳ではない」ということも併せて指摘する。その第1点は、「法技術が改革の流れに沿ってますます特に雇用を分割するか不安定にすることを認めるのに、人を包摂するためにどのようにして真面目かつ合理的に企業計画を展開させるのか」ということである。彼は雇用の非典型化・不安定化は企業並びに社会にとって危険なしには引き起こされないと考えるのだが、これは要するに、非典型化・不安定化には社会的に許容しうる一定の限度がありそれを越えてはこの傾向を追求し得ないということであろう。例えば、企業の従業員に関して言えば、「〔意欲を持って働こうという労働者の〕動機付けと〔雇用の〕不安定さは紐になって進むことができるのか」とジャヴィリエは問う。つまり、企業運営のためには労働者に一定労働意欲が必要とされるのだが、非典型化・不安定化が企業全体に起こればこのような労働者に意欲が生じる余地もなくなり、「使用者、もっと一般的に言って企業」にとって危険なしには済まされないのである。次に第2点目を指摘すれば、

---

492) J.-C. Javillier, Le patronat et les transformations du droit du travail, Études offertes à Gérard Lyon-Caen, 1989, p.p. 217 et 218.

ジャヴィリエが先に(1)で検討したラカン事件判決に労働契約の判例による「復権」(《Réhabilitation》 jurisprudentielle)の傾向を見出しているということである。要するに、彼は、契約の拘束力及び契約の解釈を重視し、判例がこの観点から個別的労使関係においてフレクシビリテ化に歯止めをかけ一定均衡をもたらそうとする点に注目するのである。彼はまず次のように述べる。「労使関係の個別化がいつでも規範的フレクシビリテを伴って韻を踏みうるとは限らない。実際、〔労働〕契約は、労働協約あるいはまさに法律よりもっと使用者を拘束しうる。この契約は当事者の法律である。その結果、当事者の各々は、他方に対してその完全な履行を要求しうる」。そして、使用者に対し、「いかなる場合においても法技術を完全に信用してはならない」と戒める。つまり、法技術を絶対的に信用して自己に有利なように道具的に用いることはそれを「一方のそして現時点での利益に減じて」しまうことになるが、実際には「使用者は、労働者と同様に、決して、民主的法秩序においては彼らだけの利益を優越させることはできない。というのも、疑いもなしに、すべての法的規律におけると同様に労働法においても異議を申し立てうるということが規範の本質だからである」。

ここで重要なのは、労働契約の発見的機能が、労働契約論の観点から見てだけではなく労働法全体の見地から見て現在の発展に対して均衡をもたらすものとして位置付けられているということである。ジャヴィリエのみならずシュピオにも同様の傾向がみられる。シュピオは、「何故労働法なのか」という論文において均衡論と労働法の現代的発展傾向を述べた後、裁判官の役割に触れ労働契約の発見的機能を論文の一番最後に据えて次のように論じている[493]。つまり、彼によれば、裁判官は、「労働法を発展させたりその逆走 (dérives) を制限したりすることによって、あるときは動力 (moteur) として、またあるときは浮き錨 (ancre flottante) として、労働法の形成において重要な役割を絶えず果たしてきた」のであって、労働法の「逆走」状態にある現在においては裁判官が「浮き錨」として「観察される変化を抑制する」状況

---

[493] A. Supiot, op. cit., Dr. Soc. 1990, p.p. 489-492.

が見られるのである。彼はその例として、やはりラカン事件判決を挙げている。そして、次のように述べ論文を締めくくっている。「裁判官の役割は想像される経済法則を適用することではない。それは、ただ法律だけを適用することである。もしも、彼が、自分が生活している社会の変化の後をついて行き促進しなければならないならば、それは、労使関係が法の支配のもとに (sous l'emprise du droit) あるままであるということ、手短かに言えば労使関係が〔労働法による使用者の権力の枠付け、即ち従属性の緩和によって可能となる〕市民化された関係 (relation civilisées) のままであるということに注意を払うことによってである」。

　以上のことから明らかなように、大きな変化を生じさせている労働法の発展全体においてその行き過ぎに対し労働者保護の観点から一定の均衡をもたらすものとして労働契約の役割がクローズアップされることになる。確かに、現代的傾向における労働法の変遷の流れの中では発見的機能のもたらす抵抗力は、受動的でありそれ程大きなものではないかもしれない。発見的機能の射程を明らかにするのは今後の課題である。しかし、それにより労働契約及び労働契約法理の重要性がいま一度再確認されることになる。悲観的に捉えられる労働法の現代的展開の中で一条の光明の如き存在であるとこの労働契約の発見的機能を評することができよう。道具主義化されつつ発見的機能が強調・強化されるというこのような均衡の観点を捉えて、A・リヨン＝カーンは、「〔労働〕契約の現実的生命力に潜んでいる複雑な動き (mouvement complexe qui se cache dans la vitalité actuelle du cantrat)」と評している[494]。また、ジャモーは同様の趣旨から、「労働契約はいつまでもその衰退 (déclin) から免れることをやめない」と述べている[495]。とにかく、今まで行ってきた検討により、根本的変遷をこうむる労働法の発展の中での労働契約の役割及び労働契約理論の労働法理論全体における位置付けの重要性が推知されよう[496]。

---

494) A. Lyon-Caen, Actualité du contrat de travail, Dr. Soc. 1988, p. 543.
495) A. Jeammaud, Les polyvalences du contrat de travail, Études offertes à Gérard Lyon-Caen, 1989, p. 316.

(3) 企業制度論の運命

　今後のフランス労働法の展開において企業制度論は果たしてどのような地位を占めるのであろうか。

　オーリューが一定具体的な形で制度理論を唱え始めてからまさに1世紀に渡る月日が流れた。かつて一時期フランス法学界において大きく議論を巻き起こしたオーリューの理論は公法もしくは法一般を対象としていたのだが、現在においては制度理論は労働法など一定の領域でのみ[497]、しかもいくつかの例外を除いてほとんど専ら企業に関して問題とされるにすぎない[498]。オーリューの死後間もなくにおいてギュルヴィッチ（G. Gurvitch）はオーリューの制度理論を評して「オーリューを社会法の観念の発展の頂点に置いた制度理論の主要な獲得物」と述べていたが[499]、現状からすればそのような評価から程遠いことは明らかであろう。また、理論自体も時代と共に、トミストによる受容、コルポラティスム、デュランによるドイツの理論との接合などを経て大いに変化しながら意味付けを変えてきており、オーリューが唱えたも

---

[496] この点に関連して、規制緩和を一定支持する論者の中においても均衡論的視点が重視されてきていることを指摘しておく。例えば、ブレーズによれば、労働契約を支えるものには経済的実効性（efficacité économique）だけでなく社会平和（paix sociale）も含まれるのであり、またそれらが労働契約を支えるのはあくまでも正当な均衡の追求（la recherche d'un juste équilibre）と人間の尊厳の尊重（le respect de la dignité de la personne humaine）がなされるという条件においてであるのである。H. Blaise, Les conventions de travail, Le droit contemporain des contrats, 1987, p. 64.

[497] 他の法分野で制度理論が問題とされているのは、商法において企業概念をめぐってである。この点については詳しくは、古田龍夫『企業の法律概念の研究』（1987年、法律文化社）参照。
　なお、この点については、リペール、デスパックスが企業の法的概念につき労働法のみならず併せて商法の視点からも論じていることが興味深いところである。G. Ripert, Aspects juridiques du capitalisme moderne, 2ᵉ éd., 1951, p.p. 265-328；M. Despax, L'entreprise et le droit, 1957.

[498] 労働法における企業概念の問題を論ずる比較的新しい文献として、G. Couturier, Droit du travail, t. 2, Les relations collectives de travail, 1991, p.p. 21-46.
　なお、この点に関するひとつの例外としては、労働組合を制度理論の見地から「制度（institution）」として捉えようとする学説が一部に存在することを指摘しておく。この点については、J.-M. Verdier, Syndicats et droit syndical, Droit du travail, t. 5, 2ᵉ éd., vol. I, 1987, p.p. 299-301；S. Hennion-Moreau, Droit du travail, 1988, p. 44.

[499] G. Gurvitch, L'idée du droit social, 1932, p.p. 661 et 662.

第5節　労働契約論に課される現代的課題　229

のとは相当に異なっていると考えられる[500]。

　さて、本節3で検討したように、企業の捉え方が困難性を示し企業制度論がフレクシビリテ化の過程における規範創造力の面からのみ注目される中で、従来の一部の学説が唱えた企業制度論の労働者保護的援用論は終焉を迎えたかに見えた[501]。しかし、例えばいまだにロシャクが示すような、「この理論に伴う明白な欠陥と避け難い危険は、それらがその中心的概念を無効にしないのと同様に、その価値を除去しない。その規範的かつイデオロギー的残滓から浄化されれば、制度概念は再び作動的かつ輝かしいもの（opératoire et éclairante）となりうる」といった見解も一部ではみられるのである[502]。また、一度は失望して企業制度論の実現不可能性を示していたカメルランクについても、1988年にモロー＝ブルレス（M.A Moreau-Bourlès）との共著で著した『労働契約論　第2版補訂版』において制度論的思考が復活してきている[503]。このことに関し奇妙なのは、次のような点である。カメルランクは、従来は、企業を共同体にするにはまずその前提として立法（解雇法）改革により労働者の企業への所属の保障を図ることが何よりも必要不可欠であると考えていた。また、すでに論じたように、彼は1984年時点ではオルー法改革に失望して企業制度論的視点を捨て去ったように思われた[504]。その後1986年の改革により1975年法によって設けられた経済的理由による解雇の場合の行政許可制度が廃止されたのだが、このことから考えれば、カメルランクの企業制度論的発展に関する失望は更に増大するはずである。確かに、1988年の著書ではこの点に触れ、経済的理由による解雇に対する行政許可制度を廃止した

---

[500] オーリューの制度理論については、三井・前掲論文Ⅰ(下)205頁以下、オーリュー以降の制度理論の変遷については、三井・前掲論文Ⅱを参照のこと。
[501] この点については、広島法学15巻3号69頁以下参照。
[502] D. Loschak, Le pouvoir hiérarchique dans l'entreprise privée et dans l'administration, Dr. Soc. 1982, p. 26.
[503] G.H. Camerlynck et M.A. Moreau-Bourlès Le contrat de travail, Droit du travail, t. 1, 2ᵉ éd. mise à jour, 1988, p.p. 2-8.
　以下でのカメルランク、モロー＝ブルレスの1988年における見解に関する指摘はこの引用部分に依拠して行う。
[504] この点については、広島法学15巻3号77—79頁参照。

法律は「企業の長の権力を増加させるだけである」とのコメントを付している。しかし結局は次のように述べるのである。「猛威を奮い続ける経済的危機が、企業の生産的営利的活動（l'activité productrice et lucrative）と雇用の維持（le maintien de l'emploi）を保つという使用者と労働者の共通の利益（l'intérêt commun de l'employeur et des travailleurs）を強調する法的変化を引き起こした」。これは、直接には、法律が1982年以降従来に比べて企業委員会の権限を一定強化させている点を捉えての発言である。そして、「法律は、信用、雇用、生産性の利益のような様々な利益の結合（la combinaison des intérêts divers, tels que ceux du crédit, de l'emploi, de la productivité）の中心である企業の新しい概念（une notion nouvelle de l'entreprise）を作り出すことに貢献する」と述べるのである。結論的に言えば、「――当時の実定法に関する――企業制度論についての我々の批判的分析以降」、「重要な様々な立法的改革が我々の確認のいくつかを治癒してきた。経済的社会的単位（unité économique et sociale）としてのまさに企業の概念は強められた」ということになるのである。

　このようなカメルランクの企業制度論に対するスタンスの再びの変化の真の理由はどのようなものであろうか。確かに、この1988年の著書はカメルランクの単著ではないので、そこで示された見解はカメルランク独自のものではないとも考えられる。しかし、かねてから一貫して重視してきた理論に対し一度は失望を表明したけれども、やはりその理論を完全に捨て去るにはためらいが感じられたのかもしれない。とにかくいずれにしろ、1988年の著書における企業制度論に対する態度は、1984年に一時失望を示す以前にカメルランクが述べていた考えとは次の点で根本的に異なるものであることは明らかである。つまり、理論の背景なり前提とする状況なりの違いである。従来のカメルランクの考えでは企業制度論の将来的援用は身分規程の発展による労働者の保護を図る形での労働契約変遷論と一体不可分のものと捉えられていたのだが[505]、フレクシビリテ化が進行する過程のもとにおいては労働法規範は労働者の保護よりも（非典型・不安定雇用も含めた雇用の創出の意味におけ

505）この点については、広島法学14巻2号53頁以下参照。

る）雇用対策や雇用を生み出しフランス経済を支える企業にとって活動の妨げとなる拘束を少なくすることに重点が置かれているのであり、そのような状況のもとで企業に言及することは全く異なる意味を持つこととなるのである。即ち、1988年の著書で強調されているのは、すでに示したように、労働者の保護というよりも「信用、雇用、生産性の利益のような様々な利益の結合」なのである。これは、本節1(2)で検討したリヴェロ＝サヴァチエが指摘する1981年以降のミッテラン政権下の「企業の再評価」政策に合致する形での[506]、変化した状況に基づいての企業制度論の援用であると言えよう。要するに、企業制度論の援用の意味の変容であり、それは進行する国家政策・労働法政策の承認もしくは追認ということに外ならない。ジャモーが労働の不安定化・企業外部化の進展により組織された共同体としての企業制度論的表象を維持できなくなってきている点を指摘していることは3(3)で検討済みだが[507]、かかる状況のもとで新たな別の視点・意味付けによる企業制度論の援用が唱えられるところにも、労働法における企業概念及び企業制度論の考察の困難さ、複雑さ、問題性が現れている。

　さて、ここで3(3)で検討したシュピオの指摘を思い出さなければならない。彼は、1989年に著した論文において、あくまでも批判的視点から自己規整の主体としての企業の規範創造力の側面のみを捉えて企業制度論の復活を述べたのであったが[508]、その際、実は、質素な国家を弁護する「市民社会の復権（restitution à la société civile[509]）」、「より一般的な『中間団体』の復権（réhabilitation plus générale des《groupes intermédiaires》[510]）」というフランス全体の傾向との関連で言及がなされていた。そして、すでに一度引用したところであるが、「企業はまさにここにおいては個人と国家の間に置かれた中間団体」

---

506) この点については、広島法学14巻4号36C頁、葉山滉『現代フランス経済論』（1991年、日本評論社）273—277頁参照。
507) この点については、広島法学15巻3号84—86頁参照。
508) この点については、広島法学15巻3号87—88頁参照。
509) A. Supiot, Déréglementation des relations de travail et autoréglementation de l'entreprise, Dr. Soc. 1989, p. 197.
510) ibid., p. 200.

と考えられているとの指摘も存した[511]。ミッテラン政権は一般的に市民社会の評価、結社の再評価ないしは「中間団体有用論」という政策を示してきたことが論じられているが[512]、以上で述べたことは、このような政策傾向の内に企業の自己規整が含まれていることを示唆するものであろう。要するに、以上で述べてきたことを敷衍して示せば、新たな政策は労働に関しても同様に市民社会の自律性にその規整を委ねるということであり、その自律的な市民社会の自己規整システムがひとつの団体と考えられ、しかも1980年代に入っても引き続く経済的危機の中で経済立て直しと雇用の創出の観点から再評価された企業であるということになるのであろう。また、シュピオは、このような傾向についても、「ネオ・コルポラティヴィスム（néo corporativisme）」として多数の西欧諸国で知られている労使関係再組織のより広大な計画の中に記されるとも指摘している[513]。

以上でみてきたように、1980年代以降企業制度論に言及することは、進行するフランスの国家政策、経済政策と切り離しては不可能なのである。従って、少くとも与する立場からであれ批判する立場からであれ進行中の政策が続く限り企業制度論への言及は続くものと解されることとなる[514]。

また、政策が変化するようなことがあれば、それにつれて企業制度論がどのような展開をみせるかはわからないが、とにかく従来の経緯からすれば、

---

511) ibid., p. 203.
512) この点については、樋口陽一『自由と国家』（1989年、岩波新書）142頁、同「自由をめぐる知的状況―憲法学の側から」ジュリスト978号18頁、同「社会主義・知識人・立憲主義――フランスの場合――」社会科学研究43巻1号53―54頁、大和田敢太「フランスにおける労働組合権の今日的課題(下)」労働法律旬報1202号45頁以下、同「現代フランスの労使関係と法」労働法律旬報1223号48頁参照。なお、これらの大和田論文は特にミッテラン政権の政策と労働組合との関係を論じたものであり、非常に興味深い分析を提示している。
513) A. Supiot, op. cit., Dr. Soc. 1989, p. 203.
514) なお、シュピオは、デュランが企業制度論の「最も輝しい擁護者（le plus brillant défénseur）」であり、同時に「特例企業協定という考え（l'idée d'accords d'entreprise dérogatoires）」を提示した最初の人物であることを指摘し、現在の政策とデュラン理論の関連性を強調している。A. Supiot, op. cit., Dr. Soc. 1989, p. 203, note (73). なお、シュピオが指摘するデュランの著書の該当部分は次の通りである。P. Durand et A. Vitu, Traité de droit du travail, t. 3, 1956, p.p. 507 et 508.

制度理論がすでにかえりみられることのない他の法分野とは異なって、労働法理論、ことに労働契約論においては企業制度論の「神話」はそう簡単には消え去らないのではないだろうか。かねてから多くの問題点と実現困難性を指摘され批判を受けつつも、その都度意味付けを変えながら企業制度論は生き延びてきた。一度は終焉を迎えたかに思われたのだけれども、結局は労働者保護の観点からは問題を含みつつも、また企業問題を複雑・困難なものにしながらも、依然として企業制度論に言及され続けている。それ故、理論的優位を占めるかどうかは別として、すでに指摘したロシャクの見解が示すように、今後も変遷しつつ何らかの形で、それに対する批判論も伴いながら、企業制度論が展開され援用され続けることは大いに予測されうるところなのである。従って、引き続き企業制度論を支える諸要因を批判的に分析する作業も重要となろう。そしてまた、企業制度論に云々され続ける限り、当然それと労働契約の関係についての議論も展開されていくことと思われ、これに関する検討も必要となろう[515]。

　最後に、すでに(1)でのジャモー説の検討でみたように、企業制度論の「神話」から逃れるために企業制度論から切り離して企業を考察することが今後のひとつの流れとして行われていくのではないかと予測されうることも併せて指摘しておく。

おわりに

　以上本章においては、①デュラン説に対抗して出現した労働契約優位論の展開及び②フレクシビリテ化・規制緩和の進展による法状況と理論状況の変化について考察してきた。時代が変化するにつれて理論も大きく変化してきたが、特に1980年代に入ってからの、学説の大方において認識された危機感に伴う理論的変化は顕著である[516]。労働者保護の観点から将来に向けて企業を共同体に構成し労働契約の変遷をもたらそうとしたカメルランク説、労働

---

515) G.H. Camerlynck et M.A. Moreau-Bourlès, op. cit., p. 2.

組合の力の発展を期待しこれにより従属性の廃棄をもたらそうと構想したG・リヨン＝カーン説は、1980年代に生じた変化によりすでに過去のものとなってしまった（古典的図式と化してしまった）感がある。企業問題についても新たな困難性、複雑性が生じてきている。そして本章では労働契約理論をめぐる今後の展望についてもわずかに触れたが、具体的にはどのような発展をみせて行くのかは、はっきり言って筆者にもわからない。これからも、フランス労働契約理論の展開につき気長にフォローしていかなければならないであろう。とにかく、(i)労働契約の新たな現代的復権の具体的様相、(ii)変化した現状を見据えて新たに理論を展開していこうと努力する現在の理論傾向、(iii)「均衡」概念の重要性、(iv)企業制度論の複雑な展開、といった諸点を明らかにしたこと、つまり1980年代から1990年代初頭にかけてが労働法の大きな変遷の時期にあたり労働法と労働契約に関する理論状況をめぐるひとつの大きな転換期であることを描き得たことが本章の大きな成果であると言えるのではないだろうか。

　第1章（「フランスにおける労働契約概念の形成とその展開」）、第2章（「戦後フランスにおける労働契約衰退論についての一考察」）と併せて、本書においては議論の初期から1980年代の変化を経て1990年代初頭に至るまでのフランスにおける労働契約をめぐる理論史を追ってきた。理論というものは時代時代を反映し、それ故その時代における問題点及び今後の方向付けについて敏感であり、理論をフォローすることでその時々で何が問題とされているか及

---

516) この点に関し、1989年に出版されたG・リヨン＝カーン教授退官記念論文集のタイトルが『労働法の変遷』であったことが興味深い。本章においてもこの論文集から多くの引用をなしているが、とにかく同書は29のテーマに則って労働法の現代的変遷をそれぞれ取扱う注目すべき論稿が収録されており、1980年代以降の変化した状況下におけるフランス労働法を研究するための不可欠の書であると言っても過言ではないであろう。Les transformations du droit du travail, Études offertes à Gérard Lyon-Caen, 1989.

なお、同書の内容を簡潔に紹介するものとして、大内伸哉「学界展望／フランス法 Les transformations du droit dutravail, Études offertes à Gérard Lyon-Caen）国家学会雑誌104巻1＝2号183頁以下。同書所収論文 G. Couturier, (Pour) la doctrine, p.p. 221-242. の邦語訳として、ジェラール・クチュリエ「現代フランスにおける労働法学説の機能について」（矢部恒夫訳）修道法学14巻1号199頁以下。

びそれに対する対応策が明瞭になる。従って、労働契約とはいかなるものであり、またいかなるものであるべきかといった労働契約をめぐる意味付けの視点の変遷を解明してきたことになる。それが、特に判例などには触れず専ら理論に焦点を当てて研究してきたことの理由である。ようやく理論史の研究にひと区切りをつけられた訳だが、複雑かつ長期に渡るフランスにおける理論の展開からは多くのことを汲み取ることができ、そこから我が国の議論の発展にとっても同様に意義を有する教訓を引き出すことは可能であろう。

今後は、本書での作業を踏まえたうえで判例などについてもフォローしつつ、フランス労働契約に関し、1990年以降の理論展解をフォローし解明することに加えて、①従属性概念の展開、②statut論、③付随義務論、④労働契約論各論等の問題についても更に研究を進めて行きたいと考える。また、可能ならばフランスの問題だけにとどまらず、できる限り他の諸国の理論状況とも比較しつつ検討を加えていきたいとも思っている[517]。そして、比較法の成果を活かして我が国の問題についても研究を深めたい[518]。課題は大きくまだまだ道遠しという感じである。

---

[517] 例えば、フランスにおけるstatutの問題、あるいは衰退論対優位論の理論的対抗の問題との比較の意味で、状況は全く異なっているのだが、イギリスでのカーン＝フロイント、ライドアウトなどの展開する「身分」と雇用契約をめぐる議論が興味深いところである。O. Kahn-Freund, A note on status and contract in British labour law, The modern law review, Vol. 30, 1967, p. p. 635-644；R. W. Rideout, The contract of employment, Current legal problems, Vol. 19, 1966, p.p. 111-127. なお、イギリス雇用契約論に関しこの点において注目すべき最近の業績としては、Hugh Collins, Market power, bureaucratic power, and the contract of employment, The industrial law journal, Vol. 15, No. 1, 1986, p.p. 1-14.

[518] ドイツ法における労働契約理論の歴史的展開をフォローしたうえで、同時に我が国の労働契約理論についての自説も併せて呈示する業績として、和田肇『労働契約の法理』（1990年、有斐閣）。また、比較法の成果を大いに取り入れつつ我が国の問題にも触れ労働契約の基礎理論を展開する重要な業績として、片岡曻『団結と労働契約の研究』（1959年、有斐閣）204頁以下。なお、筆者の労働契約論をまとめたものとして、三井正信『現代雇用社会と労働契約法』（2010年、成文堂）、筆者が労働契約論を展開する体系書として、三井正信『基本労働法Ⅰ』（2012年、成文堂）。

補論1　懲戒処分としての労働契約の変更と労働者の同意

はじめに

　本件（ホテル・ル・ベリー事件・破毀院社会部 1998 年 6 月 16 日判決、Dr. soc. 1998, p. 806）は、破毀院が①使用者が懲戒処分として行う労働契約の（本質的）変更（降職）も労働契約の変更である以上、契約法の一般法理に従い労働者の同意が必要である（労働者は拒否することができる）、②労働者が拒否する場合、使用者はそれに代えて別の懲戒処分を行うことができる（本件では解雇が問題となった）、と判示し注目を浴びたものである。この問題につき、かつては労働者は労働契約の締結により使用者の権力（autorité）に服し従属状態に置かれるため懲戒権の行使を拒否できないと解されていたが、その後、懲戒法理と契約法理の間でせめぎ合いがみられ、判例は紆余曲折したすえ本判決で契約法理が勝利し、懲戒を含め理由の如何を問わず労働契約の変更法理が契約法理の観点から統一された。

　現在フランスでは、学説によって有力に個別的労働契約と労働者の自己決定（autodétermination）の意義・重要性が説かれる傾向が存し、本判決もかかる流れに棹さすものといえる。我が国でも同様の理論傾向がみられるが、比較法的見地からフランス法における理論傾向を探ることは、我が国理論を考えるうえでも示唆に富むと考えられる。

1　事実の概要と判旨

(1)　**事実の概要**

　ファティア・クリ嬢は 1990 年 8 月 5 日に「ホテル支配人（directrice d'hôtel)」の資格でル・ベリー社に採用された。ナントで職務を遂行した後、彼女はブルージュのレストランホテル『ル・ベリー』に配属された。1993年、同ホテルは集団的手続の後、バロン嬢を社長とする新会社に事業譲渡されたが、バロン嬢はクリ嬢との騒然とした関係を維持した。1994年4月に、クリ嬢のなした抗議行為（griefs）を理由として、彼女に対して会社が懲戒手続を採った。4月18日に行なわれた事前面談の後、4月20日にクリ嬢は一連の非行を理由として、賃金減額を伴わない「受付主任（chef de réception）」への降職（rétrogradation）を告知された。使用者はそれが労働契約の変更であることを認識していたので、クリ嬢の同意（accord）を懇願した。しかし、クリ嬢が4月26日に同意を拒絶したので、使用者は新たな事前手続を遵守した後に4月29日付の書状によりクリ嬢を解雇した。

　クリ嬢はブルージュ労働審判所に訴訟を提起し、同審判所は1994年12月15日の判決によりクリ嬢に予告手当、有給休暇補償手当、解雇手当を与えた。控訴審のブルージュ控訴院は1995年9月15日の判決により、更に加えて使用者に真実かつ重大な理由のない解雇に対する賠償手当の支払いを命じた。控訴院は次のように判示していた。「それに対して使用者が懲戒権を行使してしまった、このようにすでに処分された〔クリ嬢の〕抗議行為はもはや解雇のために援用することはできない。従って、当事者双方が当裁判所にそれをなすよう促すようにはその〔解雇の〕真実性と重大性を吟味することは不要となる」。これに対して使用者が上告したのが、本件である。

⑵　**判　旨**

　①　「被用者に対して懲戒処分の資格で発せられた労働契約の変更（modification du contrat de travail）は被用者に強制することができない。しかしながら、被用者が拒否する場合は、使用者は自己の懲戒権の範囲内で拒絶された処分に代えて別の処分を発することができる。」

　②　「使用者に被用者に対する真実かつ重大な理由のない解雇に対する賠償手当の支払いを命ずるために、控訴院は次のように述べた。即ち、事前面談の後、非行を構成する抗議行為を理由として1994年4月20日に発せられた降職は懲戒処分を構成した。その結果、使用者が懲戒権を行使してしまっ

たこのようにすでに処分された抗議行為はもはや解雇のために援用することはできなかった。従って、その真実性と重大性を吟味することは必要ない、と。」

③　控訴院はクリ嬢が労働契約の変更を拒否していたということを指摘するとともに、従って使用者によって援用された事実が〔降職に代えてなされた解雇の〕真実かつ重大な理由を構成するか否かを吟味する義務があったにも拘らず、前述②のように判決を下すことによって民法典1134条、労働法典L. 122—14—3条、L. 122—40条、L. 122—41条、L. 122—44条に違反したため、原判決は破棄される。

2　解　説

(1)　問題の所在

　本件までの比較的最近の判例では、懲戒処分としての労働契約の（本質的）変更（降職・降格など）を労働者が拒否すれば、拒否は重非行（faute grave）を構成し、この非行に対し新たに使用者は懲戒権の行使により解雇に伴う諸手当の支払いを要しない即時解雇をなしうると理解されてきた。しかし、本件1審判決は労働者の諸手当の支払請求を認め、更に控訴院はすでに懲戒済みなので使用者は労働者を解雇できず、本件解雇は吟味するまでもなくそれを正当化する真実かつ重大な理由がないとして、従来の判例とは異なる判断を示した。これに対し使用者からの上告を受け、破毀院も本件で判例変更をなし従来と異なる新たな判断を示した。本件の争点は、①懲戒処分としての労働契約の（本質的）変更を労働者が拒否することができるか（変更には労働者の承諾＝同意が必要なのか）、②労働者が拒否した場合に使用者が労働者を解雇することは同一非行に対する二重処分になり判例（Soc. 5 nov. 1987, Dr. soc. 1988, p. 290 ; Soc. 13 oct. 1993, RJS 1993, n° 1102）により確立された二重処分の禁止（non bis in idem）の法理に抵触しないか、③抵触しないとしてもなされた解雇は最初の懲戒理由に対してか、それとも変更の拒否を新たな懲戒理由としてなのか、の3点であった。

(2) 懲戒処分としての労働契約の変更をめぐる判例法理の変遷過程
㈲ かつて 1980 年代までの判例法理

　フランスでは労働契約の本質的変更（modification substantielle du contrat de travail）については、契約の強制力の根拠を定めた民法典 1134 条（「適法になされた合意はそれをなした当事者にとって法律の代わりとなる」）に照らし労働者の承諾（acceptation）が必要であるが、非本質的（付随的）変更（modification non substantielle, modification accessoire）は労働契約により使用者が獲得した指揮命令権の行使であり、労働者の承諾を要せず、使用者が一方的に行うことができると解されていた。従って、後者に対する労働者の拒否は義務違反（manquement）にあたり、拒否により労務提供をやめれば労働者は辞職（démission）したかあるいは重非行ありとして即時解雇されたとみなされ、拒否の結果生ずる契約の解消は労働者に帰責された（imputable au salarié）。ただし、懲戒処分としての本質的変更は「被用者は従属状態にある限り懲戒権に従う。彼は企業を去ることによってしかそれを拒否することができない[1]」との理由で、非本質的（付随的）変更と同じ法理により処理された（Soc. 4 nov. 1931, Bull. civ. V, n° 859 ; Soc. 30 avril. 1985, Bull. civ. V, n° 266）。つまり、この問題は労働契約の本質的変更というよりも、むしろ使用者の懲戒権行使の側面から捉えられたのである。

㈱ サン・ミシェル事件判決による判例変更
（i）労働者の拒否の場合の労働関係の存続の可能性の承認

　以上のような理論状況のもと、破毀院社会部は懲戒処分としての労働契約の本質的変更(降格)に関する 1990 年のサン・ミシェル事件判決 l'arrêt《Saint-Michel》（Soc. 21 févr. 1990, Dr. soc. 1991, ɔ. 20）において「使用者が被用者に課した降格（déclassement）は労働契約に対して本質的変更をもたらし、被用者はこれを承諾しなかった。その結果、解雇手続に着手することによって解消のイニシアティブを採るべきなのは使用者であった」と述べて判例変更を行い、労働者が拒否しても使用者が解雇手続に着手して労働者を解雇しない限

1）A. Mazeau, La modification substantielle du contrat de travail résultant d'une sanction disciplinaire, Dr. soc. 1991, p. 16 et s.

り労働関係が継続する可能性を承認した。この判決の意味内容は必ずしも明確ではなかったが、判旨に対する賛否にかかわらず学説は一致して、当初、判決を次のように理解した。

①懲戒権の行使も法の禁止規定と強行規定に反し得ないが、民法典1134条は強行規定であり、懲戒処分としての労働契約の本質的変更も契約の本質的変更である以上、労働者の承諾が必要である。②契約自由（同意の自由）の原則から労働者はこれを拒否でき、自由＝権利である以上労働者の拒否は何ら非行を構成しない（変更の申出は変更の草案 projet にすぎず、拒否しても懲戒権に対する労働者の不服従 insubordination を構成しない）。即ち、「破毀院は、被用者の拒否それ自体が被用者の責に帰すべき契約の解消に至らないと判示する。使用者が被用者を解雇するというイニシアティブを採らなかった限り契約は存続すると判示し、破毀院は被用者による降格の拒否以降も労働契約は継続するということを認める」。③この場合、使用者は懲戒権を行使したことにはならず、（従って二重処分の禁止に抵触せず）変更の申出の前提となった労働者の当初の非行（faute initiale）に対し他の処分（より軽い処分か、あるいは場合によってはより重く解雇）を行うことができる[2]。

(ii) サン・ミシェル事件判決の法理と労働契約の本質的変更をめぐる一般法理との関係

では、サン・ミシェル事件判決の法理と労働契約の本質的変更の一般法理とはいかなる関係に立つのか。一般的に、労働契約の本質的変更は労働者の承諾を必要とするが、労働者の拒否は解雇と結び付くとされた。いつでも期間の定めのない労働契約を一方的に解約できる使用者は「大は小を兼ねる（qui peut le plus, peut le moins）」の原則から条件付き解雇（congé conditionnel）たる労働契約の変更の提案をなし得、労働者の拒否は解雇の帰結をもたらした。使用者は解雇（大）をなしうる以上、労働者が承諾すれば解雇を回避しうる労働契約の変更の提案（小）をなしうるとされたのである。後に、解雇規制立法の進展により、使用者に解雇の実体的・手続的規制を遵守させるととも

---

[2] J. Pélissier, Modification substantielle du contrat de travail et droit disciplinaire, D. 1992, chron, p. 30 et s. ; A. Mazeau, op. cit.

に解雇を司法審査に服させ、労働者に解雇に伴う諸手当の権利を享受させるべきとの見地から、条件付き解雇という構成に代えて、①変更の申込を拒否して労働者がイニシアティブを採って労働契約を解消した場合でも解雇とみなされ、また②労働者が解消のイニシアティブを採らない場合には使用者が解消のイニシアティブを採り解雇手続を行って労働者を解雇するが、③労働者が明示の承諾をなさずに労働関係が継続されていれば変更に対する黙示の承諾（acceptation tacite）があったものと解され、労働者は変更以前の労働条件を主張し得ない、という法理が判例によって展開された。この構成においても、従前と同様、変更の拒否＝解雇という構図は維持され、労働者には変更前の労働条件で雇用を継続する道は開かれていなかった[3]。

ところが、破毀院社会部は1987年のラカン事件判決 l'arrêt《Raquin》(Soc. 8 oct. 1987, Dr. soc. 1988, p. 140) において判例変更を行ない、変更を拒否した労働者が雇用を継続しても変更に対する黙示の承諾は認められないとして、雇用継続の場合には使用者が解雇手続を履践し真実かつ重大な理由を示して労働者を解雇しない限り従前の労働条件で労働者が働き続けることができる可能性を承認した。そこで、学説は、「今後は、ラカン事件判決が懲戒理由の変更に適用されなければならない。企業にとどまり懲戒的降格に抵抗する被用者は、この拒否が重非行と性格付けられうることなしに、本質的変更を拒否しうる」との視点からサン・ミシェル事件判決を捉え、懲戒の場合に対してもラカン事件判決の影響をみたのである[4]。

㈦ **国際寝台車会社事件判決による判例理論の明確化**

しかし、後の判例の動きは学説の理解とは異なる方向へ進む。翌1991年の国際寝台車会社事件判決 l'arrêt《Cie int. Wagon-lits》(Soc. 9 oct. 1991, Dr. soc. 1991, p. 787) において破毀院社会部は、懲戒処分としての労働契約の本質的変更の場合に労働者がこれを拒否してイニシアティブを採った契約の解消は労働者の明確な辞職の意思のない限り辞職ではなく解雇と分析されるとしつつ、「〔企業の〕懲戒委員会によって提案され使用者によって承認された処分

---

3) J. Savatier, La modification unilatérale du contrat de travail, Dr. soc. 1981, p. 219 et s.
4) A. Mazeau, op. cit., p. 19.

は不当でも犯された非行に比例していなくもなかった。その結果、処分に従うことの被用者の拒絶は予告期間中の労働契約の継続を不可能とした」と判示した。学説は、サン・ミシェル事件判決を前提に、労働者は懲戒処分としての労働契約の変更を拒否しうるのになぜ予告期間中の労働契約の継続が不可能となるのかわからないとの批判をなした。というのも、この判旨はかかる解雇が労働者の重非行を理由とする即時解雇を構成することを示唆するからである。しかし、両判決は矛盾せず、実は国際寝台車会社事件判決は後にみられる労働契約の非本質的変更の拒否をめぐる新たな判例傾向を先取りしたのであり、サン・ミシェル事件判決もラカン事件判決ではなくかかる流れのなかで捉えるべきとの理解が定着した[5]。非本質的変更の拒否に関し、破毀院社会部は1992年の判決（Soc. 25 juin 1992, Dr. soc. 1992, p. 825）で判例変更を行い、以降、①拒否の場合でも労働者が明確に辞職の意思をもって契約を解消しない限り辞職は推定されない、②労働者を解雇するためには使用者が解雇手続に着手することを要する、即ち労働者は従属性故に使用者の指揮命令権の行使を拒否できず、拒否は契約上の義務の違反＝非行（通常は重非行と解される）を構成し、使用者は懲戒権の行使として解雇をなしうるが、この場合拒否により労働者が労務提供をやめても契約解消のイニシアティブを採らなければ、使用者が解雇手続に着手しない限り雇用が終了せずに継続することになった。かつて労働契約の非本質的変更と懲戒処分としての本質的変更が同様に捉えられていたが、ここで再び同様となった。実際、その後、懲戒処分としての労働契約の本質的変更が企業利益により正当化され（justifiée）労働者が犯した非行に比例する（proportionnée）場合には、労働者の拒否は解雇を正当化する真実かつ重大な理由をなす非行（これは重非行と解される）を構成するとの一連の判例がみられた（Soc. 13 nov. 1991, Dr. soc. 1992, p. 77 ; 7 avril 1993, RJS 5/93, n°513 ; 16 mars 1994, CSBP 1994 A 28 ; 5 févr. 1997, Dr. soc. 1997, p. 318 ; 30 avril 1997, RJS 8-9/97, n°980 ; 19 nov. 1997, Dr. soc. 1998, p. 198）。この場合、解雇は最初の非行ではなく本来従うべき懲戒処分に従わなかった

---

5) J. Mouly, note sous Soc. 14 févr. 1995, D. 1995, juris. p. 414 et s.

という別の非行に対して行なわれるので、二重処分の禁止には抵触しない。

なお、労働契約の本質的変更と非本質的（付随的）変更という区別は、1996年の破毀院社会部判決（Soc. 10 juillet 1996, Dr. soc. 1996, p. 976）により排され、それに代わって、以後、新たに労働契約の変更（modification du contrat de travail）と労働条件の変更（changement des conditions de travail）という区別が採用され、前者には労働者の同意が必要だが後者は使用者が指揮命令権の行使により一方的に行うことができるとされた。従って、本件判決では「労働契約の本質的変更」ではなく、「労働契約の変更」という言葉が用いられている。

(3) 本件判決の意義

本件判決は、国際寝台車会社事件判決以降の判例の流れに対し更に判例変更を行い、サン・ミシェル事件判決に対し当初学説が理解した方向（前述(2)(イ)(i)参照）で法理を展開させた。つまり、懲戒処分としての労働契約の変更を「懲戒」法理で捉えるのかそれとも「契約の変更」法理でかのせめぎ合いのすえ、後者の立場で決着させたのである。その結果、懲戒処分以外のその他の理由による労働契約の変更法理との統一化を図るとともに、懲戒法理ないしは使用者の権力に対して契約法理を優越させたところに意義がある[6]。

フランスでは、1980年代以降、規制緩和・弾力化と労働条件個別化の進展に伴い個別的労働契約の重要性が説かれるとともに、併せて労働契約を労使の利益を均衡させ労働者保護を図る法技術として重視しようとの理論傾向がみられるが、本判決もこの労働契約復権の流れのなかに位置づけることができよう。また、かつてペリシエは、本判決と同様の法理を展開するにあたり「被用者は〔拒否によって〕権利を行使する。彼はこの権利を行使することによって〔別の〕懲戒処分を免れないであろうということ、及び場合によっては自分が〔使用者により最初に〕考慮された降職よりも重い処分にさらされるであろうことを知っている[7]」と述べ、自己の処遇に関する労働者の自己

---

6) P. Waquet, Droit disciplinaire et modification du contrat de travail, Dr. soc. 1998, p. 803 et s.

7) J. Pélissier, op. cit., p. 31.

決定を重視したが、かかる観点からも本判決は注目に値する。そして、本判決が、解雇を、拒否された契約の変更に代えてとられた懲戒処分と位置づけ、更にその正当化理由の有無の吟味の必要性を示唆した点も注目される。

ただし、伝統的に契約法理に対する懲戒権・懲戒法理の独自性を唱え、企業の長の権限を重視しようとする説は本件判決を激しく批判して異議を唱えており[8]、この判決が示した法理をめぐっては理論上、今後も激しい議論が展開されてゆくものと考えられる。

3 まとめ

彼我の解雇をめぐる法理・法制には大きな違いが存するものの、労働契約の復権なり個別的合意の重視なりは日仏とも共通して現在の傾向をなしているといえよう。しかし、フランスにおいては、降職・降格等の労働契約の変更が懲戒処分として行われる場合であっても労働者の個別的合意が必要であるとして、我が国の法理におけるよりも更に一層個別的労働契約なり労働者の同意なりが重視されている。今後我が国においても、労働条件の個別化等に伴って労働契約や個別合意の役割がますます重要になってくると思われるが、併せて労働者の保護や自己決定を尊重する形で労働契約法理が展開される必要があろう。本件フランス判例の検討は、かかる問題を考えるうえで1つの視点を提供してくれると考えられる。

---

8) 代表的見解として、C. Radé, À propos de la contractualisation du pouvoir disciplinaire de l'employeur : critique d'une jurisprudence hérétique, Dr. soc. 1999, p. 3 et s.

補論 2　労働協約の変更と労働契約法理

はじめに

　本件(エール・フランス事件・破毀院社会部 2000 年 6 月 27 日判決、Dr. soc. 2000, p.831)は、かつて特別手当が労働協約に基づき毎月の基本給に加算され支払われていたのが、新たな協約の締結により特別手当を基本給から切り離してまとめて年に 1 度支払う形態に変更された(トータルの賃金年額には変更はない)ことに対して、労働者が会社退職時にかかる変更は労働者の同意なくなされたことを理由としてかつての手当が加算されていた基本給と変更後の手当なしの基本給との差額支払いを請求した事例であり、破毀院社会部は労働協約の変更は同意なしに労働者に課されると判示し、労働者側の上告を棄却した。

　かかる判断は、一応は、フランスの労働協約法理に照らしオーソドックスなものであったといえる。労働契約と労働協約はそれぞれ独自の労働関係の源泉であって、労働法典 L. 132—8 条が定める例外の場合(旧協約が消滅・失効し新協約が締結されない場合に、旧協約にもとづく個別的既得利益 avantages individuels acquis のみが存続するとされる)を除いて、労働協約は労働契約へ化体しないというのが通説・判例の立場であり(非化体の原則 principe de non-incorporation)、協約の変更(その結果としての労働条件の変更)は何ら(もともとの)労働契約に影響を与えず、これを変更するものではないとされる。従って、協約変更の場合には専ら新協約が適用され、労働者は旧協約の労働条件を援用することはできない。ちなみに、労働協約の規範的効力(l'effet normatif)を定めるのは労働法典 L. 135—2 条であり、使用者が協約に拘束されているときにはより有利な契約条項が存する場合を除き、協約条項が労働契

約に適用されると規定している(なお、規範的効力は強行的効力(l'effet impératif)と自動的効力(l'effet automatique)からなり、協約条項はたとえ有利ではない契約条項があっても、それを無効とすることなしにそれに一時的に代替するにすぎないとされる)。

けれども、近年、破毀院社会部の一連の判決が労働者の個別的同意を重視することで労働契約の復権とでもいうべき傾向をみせてきており、かかる流れのなかで一部の学説は協約によって規定された労働条件も契約内容となり、その変更も労働者の同意が必要であるという方向に破毀院が向かうのではないかとの期待をよせていた。しかし、このような学説の期待に反し、本件判決はかつての古典的解決を維持した。換言すれば、労働契約が重視されるなか、あえて本件判決は労働契約の意義・役割と労働協約との関係という労働法の基本的重要問題につき、従来通りの立場に立つことをいま一度正面から確認する態度を示した訳であり、その理論的・背景的分析は我々に興味深い論点を提示してくれよう。

1 事件の概要と判決要旨

(1) 事件の概要

UTA 社と旧エール・フランス社が合併し、新会社たるナシオナル・エール・フランス社が設立された。これに伴い、それまでは旧協約に基づき特別手当が毎月基本給に加算されていたのを改め、今後は各月分をまとめる形で年1度の特別手当の支払いを新会社に義務付けるとの、旧UTA社の労働者の賃金構造を変更する新労働協約が締結された。

その後、Xら旧UTA社の複数の労働者が新会社を退職するにあたり、手当の消滅故に彼らの賃金は減額されていたとして、かつての毎月の手当が組み込まれていた基本給と手当の組み込まれていない新たな基本給との差額支払いを求めた。そして彼らは、かかる基本給の新たな決定方式への変更が彼らの同意なしに行なわれたことを援用し、「賃金の構造は必然的に労働契約の要素であって、この点に関しそれが労働協約から生じていたかどうかは重

要ではない」と主張した。原審のパリ控訴院は、賃金につき月額が減少しても年額の減少はなく、「賃金構造の変更は労働契約に結び付けられていたのではなくて、UTA 社に適用される労働協約及び企業協定から生じていた」と判示して、控訴を棄却した（1998 年 11 月 12 日）。これに対し、X らが賃金及びその決定方法の変更は労働者が拒否することができる労働契約の変更を構成すると主張して、破毀院に上告したのが本件である。

(2) **判決要旨──上告棄却**

① 「賃金構造は、労働契約ではなく、ナシオナル・エール・フランス社を誕生させた合併時に労働法典 L. 132—8 条の適用によって代替協定、すなわち PUA（prime uniforme annuelle：特別手当のこと）の年 1 回払いを含む新たな賃金構造を定める 1992 年 12 月 30 日の賃金協定によって取って代わられた、UTA 社に適用される労働協約及び企業協定から生じていたと指摘することによって、〔パリ〕控訴院はそこから正しく、労働者はこの賃金構造の変更を免れられずに適用され従うように促されるのであって、彼らは自分たちの労働契約の変更を援用することはできないという帰結を引き出した」。

② パリ控訴院が、年間賃金額は維持されていることを確認し、労働者は賃金の差額請求を主張することはできないと判断したことは正当である。

2　解　説

(1) **身分規程の展開と労働契約優位論・労働契約衰退論をめぐる議論**

　フランスでは労働関係を規律する契約外的規範の総体を一般的に身分規程（statut）と呼んでいる。かつて、労働立法や協約の進展により労働者の労働条件は身分規程によって規律される傾向（「契約から身分へ（du contrat au statut)」）をみせ、このような状況を踏まえ身分規程の発展によって労働契約は衰退したとの議論が、20 世紀初頭より一部の学説によって提示されてきた。第二次大戦後もデュランによって労働契約衰退論・企業制度論が有力に主張されたが、近年においてはカメルランクや G・リヨン＝カーンに代表される労働契約優位論・労働契約擁護論が主流となって議論は決着し、もはや

「契約から身分へ」ということも、労働契約が古典的な民法的契約から身分規程によって支えられ、社会的規制を加えられた契約へ移行したということを意味するにすぎないとされる。しかし、かかる復権論はあくまで労働契約をめぐる総論ないしは理念論のレベルにおけるものにすぎず、現実の労働関係においては個別的労働契約に比して集団的身分規程（statut collectif）の重要性が一貫して増大してきており、労働条件決定・変更法理のレベルでは労働契約と集団的身分規程はそれぞれ形成過程を異にする独自の労働関係の源泉であるとして、労働契約に対する集団的身分規程の独自性（autonomie）が強調されている。なお、特に法実務ないしは現実の労働条件を論ずる場合においては、集団的身分規程とは専ら労働協約、企業慣行、使用者の一方的債務負担行為、非典型協定（accords atypiques）などの集団的規範（normes collectives）のことを指し、法源としての独自性故にいずれも労働契約へは化体しないとされるが、このことが集団的労働条件決定・変更法理に一定の柔軟性・弾力性を与えている。

(2) **労働契約復権化傾向と集団的身分規程**
(ア) **破毀院判決による個別的労働契約の復権**

このような状況のもとで、特に、労働契約の変更問題をめぐって破毀院社会部は1987年のラカン事件判決（Soc. 8 octobre 1987, Dr. soc. 1988, p. 140）を皮切りに1998年のホテル・ル・ベリー事件判決（Soc. 16 juin 1998, Dr. soc. 1998, p. 806）で頂点に達した、理念論的側面のみならず労働関係の現実的側面においても法源としての（comme source de droit）労働契約を復権させる方向での一連の判決を提示してきている。ちなみに、前者は、それまでの従来の判例が労働契約の本質的変更にあたり、労働者は変更を拒否して解雇されるか変更に同意して変更された労働条件で雇用を継続するかの二者択一を迫る変更解約告知に類似した法理を展開し、労働者が黙示のまま雇用関係を継続した場合には変更に対する黙示の同意が推定されるとしていたのを改め、①労働者が変更を拒否することなく雇用を継続した場合でも黙示の同意は推定されず、②その場合、使用者が解雇を規制する労働法典の規定に基づき手続に従って真実かつ重大な理由を示して労働者を解雇するのでなければ従前の労働条

件で労働契約が継続するとの説示をなし、後者は、従来は懲戒権の行使故に使用者が一方的になしうるとされていた懲戒処分としての降格・降職についても、労働契約の変更にあたるので労働者の同意が必要であると判示したものであり、いずれも「適法になされた合意はそれをなした当事者にとって法律の代わりとなる」として契約の強制力（force obligatoire du contrat）を定めた民法典 1134 条の趣旨に合致するとして、大方の学説の支持を得た。

(イ) 労働契約の変更における労働契約の要素論と集団的身分規程

また、破毀院は 1996 年のル・ベール事件判決（Soc. 10 juillet 1996, Dr. soc. 1996, p. 976）によって労働契約の変更につき、従来採用していた労働契約の本質的変更（modification substantielle）と非本質的変更（modification non substantielle）という基準に代えて労働契約の変更（modification du contrat de travail）と労働条件の変更（changement des conditions de travail）という基準を採用した。いずれの基準においても前者の場合には労働者の同意が必要であるのに対し、後者の場合には使用者の指揮命令権に基づき使用者が一方的になしうるとされるのだが、かつての基準においては本質的か非本質的かの区別は主として変更の（帰結の）重大性、程度によって判断されていたのに対し、新たな基準によれば、労働契約の要素（élément）であればたとえ最小限の変更でも労働者の同意が必要であり、従って変更の対象が労働契約の要素か使用者の指揮命令権の範囲内の事項かが重要となる。

そこで、かかる判例変更と労働契約の復権化傾向を踏まえ、学説のなかには、有償双務契約たる労働契約においては労働の提供と賃金の支払いは対価的牽連関係にあって、それらが労使の主たる義務を構成するため賃金は労働契約の要素であり、従って個別合意で定められたものであれ集団的身分規程に基づくものであれ、賃金の不利益変更には労働者の同意が必要であるとの考えを示すものが現れた。これに呼応するかのように、賃金をめぐる 1998 年の破毀院のシスティア・アンフォルマティーク事件判決（Soc. 28 janvier 1998, Dr. soc. 1998, p. 528）が「労働者の賃金形態は彼の同意なしには変更され得ない労働契約の要素を構成する」と判示し、引き続く同年の破毀院のエルツベール事件判決（Soc. 3 mars 1998, Dr. soc. 1998, p. 529）、ディ・ジィオヴァンニ事件

判決（Soc. 19 mai 1998, Dr. soc. 1998, p. 885）、クルセル事件判決（Soc. 20 octobre 1998, Dr. soc. 1999, p. 128）も賃金の労働契約要素論を採るかのような判旨を展開した。以上のことから、本件のような労働協約に基づく賃金変更の場合でも、それが労働契約の要素をなすが故に労働者の同意が必要であるとの判決が下されることが期待されたのである。また、労働契約要素論を採らなくても、①当事者の意思解釈を行って協約等の集団的身分規程条項を労働契約内容とする旨の編入の明示・黙示の合意が存するか否かを追求し、かかる合意が認定できれば集団的身分規程に規定されている労働条件が契約化されて（contractualisé）契約内容となるとする、当事者意思に基づく契約化（contractualisation）論や、②集団的身分規程による労働条件の変更法理を労働契約変更法理に近づけて構成しようとする説などがみられた。要素論も含めこれらの考えは、いずれも労働契約に対する集団的身分規程の独自性は認めつつも、それを穏和な独自性（autonomie tempérée）にとどめ、できる限り集団的身分規程を労働契約の領域内に引き込むことで、変更に労働者の同意を必要とする労働契約法理に服させることによって、労働契約を名実ともに復権させようとする試みであったといえよう。

(3) **本件判決の意義**

以上のような学説の期待にも拘らず、本件判決は労働協約に関し要素論を退け、オーソドックスな解決手法を採用した。このような判例の立場からすれば、賃金が労働契約の要素となるのは個別的契約が具体的賃金を定めているか、集団的身分規程が契約化により契約内容となった場合のみといえよう。また、本件判決に先立ち集団的身分規程（企業慣行・使用者の一方的債務負担行為）に基づき支払われていた賃金（手当）の廃止の効力が争われたIBM事件判決（Soc. 11 janvier 2000, Dr. soc. 2000, p. 837）では、破毀院は使用者が慣行等を記載した書面を労働者に交付していたにも拘らずその契約化を認めなかった。これは契約化の存在についても容易には認定しないという形で、集団的身分規程の独自性を確認したものといえよう。とにかく破毀院による労働契約の復権とは、要素論も含め、あくまでも個別労働契約に固有の、あるいは労使の個別的合意に委ねられた事項の狭い領域内に限定され、集団的身分規

程によって規律される領域についてはその独自性に基づく柔軟な集団的労働条件決定・変更法理が妥当することとなる。実際、ラカン事件判決と相前後して出されたデシャンプ事件判決（Soc. 25 février 1988, Dr. soc. 1989, p. 86）において、破毀院は慣行や使用者の一方的債務負担行為から生ずる利益が労働契約へ化体することを否定し、集団的身分規程の独自性を承認していたのだが、かかる判例の理論構図が変更されずに依然として維持されたのである。

なお、従来の破毀院の労働契約復権化傾向を、個別的労働関係をすべて契約的に構成しようと試みる方向へ向かう立場（tout contractuel）と捉え、破毀院が本件判決で企業運営の弾力性確保の必要、現実の労使関係や労働条件の集合的処理の必要を考慮し、従来の方向・立場や労働契約復権論の見直しに着手したと見る向きもあるが、破毀院サイドの本件評釈によれば、本件判決は個別的労働契約を復権させることによって労働者の（雇用の）保護をはかりつつ集団的身分規程の独自性を承認することで、企業運営の弾力性にも配慮するという従来の破毀院の法理を確認したにすぎず、何ら革新的なものではないとされている。

※紙幅の関係で、注と参考文献の引用を割愛せざるを得なかったことをお断りしておく。

補論3 使用者による労働者の能力評価・格付けの適法性要件

1 事件の概要

(1) 本件（ヒューレット・パッカード事件・グルノーブル控訴院2002年11月13日判決、Dr. soc. 2003, p. 992）は、ヒューレット・パッカード・フランス社のグルノーブル事業場の労働組合が、同社が行っている『ランキング（ranking）』という労働者の能力評価に基づく格付けメカニズムの適法性に異議を唱え、その有効性を争ったものである。

(2) ヒューレット・パッカード・フランス社（Y）では1980年以降、『ランキング』という労働者のそれぞれの成果に応じて報酬の増額（引上げ・昇給）を決定するシステムが設けられてきた。体系的かつ一般的な増額が行われるのではなく、『ランキング』によって評価された成果に基づいて個別的な増額が行われるシステムが存している。

Yでは毎年、各上司は、定められた目標全体に対するその年に得られた成果を分析して、自分のグループの各労働者の実現された成果についての具体的かつ個別的評価を行わなければならない。個別的評価が行われた後、上司は類似の職務を行っている労働者たちの共通の評価基準を決定する。その結果、労働者は最も評価の低いPRB1から最も高いPRB5までの5つのカテゴリーに格付けされる。PRB1に格付けされると、場合によっては賃金が増額されずに据え置かれるのみならず、(2000年12月に設けられた) 再格付けのための教育訓練プログラムである「ロー・パフォーマンス・マネージメント・プロセス（Low Performance Management Process）」（あるいは「マネージング・ロー・パフォーマンス（Managing Low Performance）」）が開始されることになる。

(3) 以上に対し、南イゼール冶金業CFDT、CGT、CGCの3つの労働組合（Xら）は、グルノーブル大審裁判所にランキングは違法であるとして、Yに対し損害賠償を求める訴訟を提起したが、請求は棄却された（TIG Grenoble, 23 mai 2002, JCP E2002, 1042, p. 1135）。そこで、Xらはグルノーブル控訴院に控訴した。Xらの主な主張は次のようなものであった。①PRB1への格付けは差別的動機に基づく制裁（懲戒処分）であり、賃金増額がなく賃金凍結がなされることは労働法典 L. 122―42条で禁止される金銭的制裁をなす（PRB1への格付けへの従業員の5%の強制割当制が存している）、②それは（労働者の能力不足を理由ないしは整理基準とする）解雇の準備をなすという目的を有している。

2 判 旨

原審の判断を認め控訴棄却

(1) 「添付書面からすれば『マネージング・ロー・パーフォーマンス』が伴う『ランキングPRB1』は制裁システムであるようには思われない。それが解雇を準備するために利用されていたということは立証されていない。反対に、それは継続的な教育訓練を認めることによって労働者に雇用の展開に適合することを認めることを目的とする。」

(2) 「添付書面からすれば次のような結論となる。即ち、3つの再格付けプランを設けることによりPRB1のレベルに格付けされた労働者に対してはサポートが与えられる。」

(3) 「『ランキング』システムは労働者のそれぞれの成果と事前に定められ客観的で周知され確認できる基準による位置づけに応じて報酬の増額を決定することを認める。労働者の個別的成果は比較できる職務を行っている労働者たちによって上げられた成果と比較して評価される。主観的で差別的な格付けが問題となっているのではない。設けられているシステムは透明性を有しており（tranceparent）、予め労働者に周知されていた。」

(4) 「PRB1への格付けには賃金減額は伴わない（PRB1に格付けされた労働

者の20%がまさに2000年には賃金の増額を得た)。PRB1への格付けは決定的なものではない。教育訓練プランのフォローアップの結果、労働者はカテゴリーを変えていた(2001年にPRB1に格付けされた労働者の22%がより上位のカテゴリーにたどり着いた。この同じ率はPRB1の22%がPRE2とPRB3になった2002年の2月と3月の間に再び見られる)。」

(5)「XらはPRB1への格付けが『解雇にまで至りうる制裁』を構成することを証明していない。Xらはその実現が証明されていないおそれを表明するにすぎない。」「実際、社会的総覧(bilan social)からすれば[Yの]グルノーブル地区でなされた10件の解雇は[PRB1及びそれ以外の上位の格付けも含む]従業員のすべてのカテゴリーに及んでいた。」

(6)「たとえ統計的検討からすればアメリカではPRB1に属する人の割合が約5%であるという結論となるとしても、書面のいかなる要素もこの割当制が実際にフランスで行われていたということを認めない(2001年には、グルノーブルにおいてYによって3.7%がPRB1に格付けされ、フランスにおいては4%未満がPRB1に格付けされた)。」

(7)「Yによって設けられたシステムはそれ自体は異議を申し立てられうるものではない。反対に、縁辺化(marginalisation)を回避するために一定の労働者のあとをついて行きフォローアップすることが重要である。『ランキング』は何ら差別的性格を含まず、いかなるものであれ制裁(譴責、戒告、降格、出勤停止、あるいはまさに解雇)を行なう前段階とは考えられえない。Yは目標が達成されないことを非行(faute)とは考えないし、制裁の立証のための別の期間を組み合わせてはいなかった。Yは懲戒的領域(terrain disciplinaire)に身を置いていなかった。『ランキング』は職業的不十分さを特徴付ける客観的で明確な事実的要素に基礎付けられている(当裁判所は、添付書面からすれば、PRB1に格付けされた労働者に対して最近発せられた職業的不十分さを理由とする解雇が存していなかったことになる、ということを十分すぎるほどに指摘しておく)。」

(8)「15年来設けられてきている『ランキング』PRB1は労働者それぞれの成果に基づく個別的かつ場合に応じての増額に基礎を置く賃金システムであ

る。それは金銭的制裁ではない。使用者が一定の労働者に対して賃金の増額を与えることを拒否することは制裁を構成しない。『ランキング』PRB1 は差別的なもの（discriminatoire）ではない。というのも、使用者は、客観的に、彼が賃金の増額を個別化するために労働法典 L. 122—45 条の意味におけるあらゆる差別（discrimination）と無関係な要素に支えられているからである。『ランキング』は適法な（licite）賃金増額個別化（individualisation）のシステムである。」

3　検　討

(1)　**本件の意義と背景**

　フランスにおいては、1980 年代以降、賃金の個別化が進展してきているが、本件はそのような流れのなかで、アメリカ資本でかつ激しい競争にさらされているコンピューター企業において、個別的賃金額決定の前提となる労働者の能力評価と結び付いた格付けの適法性に疑問を抱いた労働組合が訴訟を提起した事例であり、この問題に関し裁判所が初めて総合的に判断を下したものとして注目される。わが国でも近年、成果主義賃金の普及などに伴って同様の問題が生じてきており、比較の意味でも興味深いケースといえる。

(2)　**使用者の労働者能力評価権の法的根拠と能力評価の適法性要件**

　『ランキング』は、①各労働者の労働を評価し評定を与える評価メカニズムと、②最も劣るから最も優れるまでの成果レベルに対応してグループ分けを行う労働者格付けメカニズムの組み合わせからなる。本件では、能力評価それ自体ではなく、それに基づく労働者の格付けと賃金の個別的増額の適法性が争われたが、その前提としてまず使用者による労働者の能力評価の法的根拠とその適法性要件をみておく必要があろう。これに関し破毀院社会部は、近年、「事前に労働者に周知されていなかった評価措置を用いないということを条件として、使用者は労働契約から生ずる労務指揮権（pouvoir de direction）から労働者の労働を評価する権利を取得する」（Cass soc., 10 juill. 2002, Dr. ouvrier, p. 535）と判示し、論点を明らかにした。即ち、評価権（droit d'évaluer）の法的根拠は使用者の労務指揮権であり、労働者はこれに従わなければならないが、それは法的に枠付けられ、その行使の適法性要件として評価制度の存在とその方法の労働者への事前の周知、即ち透明性（tranceparence）が要求されるのである。これは労働法典 L. 121—7 条と L. 121—8 条から導かれる要件であると解されている。更に加えて、労働法典 L. 121—7 条は労働者の評価方法と評価技術が追求される目的に適合することを要求し、L. 121—6 条は要求される情報が職業適性の評価と直接的な関連性を示さなければならないとしている（適合性（pertinence）の要件）。本件では以上２つの適法性要件は充たされていたため、X らはこれらを問題としなかったと考えられる。

(3) **格付けが差別に当たるか**

次に、PRB1 への格付けが十分な成果を上げなかった労働者に対する違法な差別にあたるのかが問題となる。フランスでは、差別は法律（労働法典 L. 122—45 条）が禁止する場合に違法となるにすぎず、成果や職業的資質に基づいて労働者を区別することは禁じられていない。なお、賃金に関しては、L. 122—45 条の禁止に該当しなくても、さらにポンソール事件判決（l'arrêt Ponsolle, Cass. soc., 29 octobre 1996, Dr. soc. 1996, p. 1013）により確立された『同一労働同一賃金』（à travail égal, salaire égal）の原則に合致するかどうかの吟味が要求されるが、この原則はあくまで労働者が「同じ地位（situation identique）」に置かれている場合に賃金の平等が保障されなければならないという相対的なものであるため、成果や職業的資質が異なれば同じ地位に置かれているといえず、従って成果や職業的資質に基づく賃金個別化はこの原則に違反しないことになる。破毀院社会部はこの問題に関し、「使用者は特別の利益を一定の労働者に与えることができるとしても、それは同じ地位に置かれた企業のすべての労働者がこのように与えられる利益を享受することができ、この利益の付与を決定するルールが予め定められていて確認できるという条件においてである」（Cass. soc., 18 janv. 2000, Dr. soc., 2000, p. 436）と、また、賃金の差違は客観的基準（要素）に基づくべき旨（Cass. soc., 26 nov. 2002, Bull. civ. V, n° 354）を判示している（透明性の要件と客観性の要件：ちなみに、これは

格付けだけでなく(2)でみた労働者の能力評価についても妥当しよう)が、本件の格付けは主観的かつ裁量的ではなく、事前に設定され客観的で周知され確認できる基準に基づいており、問題はなかった。ちなみに、ランキングについては、更に、最低ランキングを構成する労働者の大部分がある国籍、人種、民族、政治的意見、宗教に属する者であるような場合には間接差別 (discrimination indirecte) となり、また、その能力に拘らずアプリオリに一定割合 (例えば、従業員の 5%) の労働者を強制的に最低ランキングに割り当てるような制度であれば、客観的基準に基づかず恣意的で差別的であると判断される可能性がいまだ存しているのだが、本件ケースはいずれにも該当しないといえる。

(4) **ランキングの懲戒処分該当性**

　Y では目的不達成に対して懲戒処分を科しておらず、ランキングは懲戒処分の前段階であるとも考えられない。また、Y ではあくまで労働者の能力評価に基づき賃金の個別的任意的増額が行われており、一般的集団的増額 (昇給) システムは採られておらず、決して賃金減額 (減給) がなされるものでもなかった。これにつき、破毀院社会部は使用者が企業指揮権の行使によって個別的かつ任意的に報酬の増額を決定することを認め (Cass. soc., 9 juill. 1985, Bull. civ. V, n° 419)、かつ不十分な職業資質に基づいて一定の労働者に賃金増額を行わないことは懲戒処分や労働法典 L. 122—42 条が禁止する金銭的制裁にあたらないと判示している (Cass. crim., 26 avr. 1988, Bull. crim., n° 180 ; Cass, soc., 29 mai 1990, Bull. civ. V, n° 243 ; Cass. soc., 23 octobre 1991, Bull. civ. V, n° 423)。加えて本件では、PRB1 に格付けられた労働者でも賃金増額がなされた者がいる反面、事件の概要では省略したが、原審ではより上位に格付けられた者でも賃金増額がなされなかった場合があることが事実認定されている。以上からすれば、PRB1 への格付けは懲戒処分 (金銭的制裁) ではない (しかも、ランキングだけが(3)でみた「同じ地位」の該当性を左右するのではない) ことになる。

(5) **ランキングは解雇の事前準備をなすものなのか**

　本件では、PRB1 への格付けは再格付けのための教育訓練プログラムと連

動しており、その結果、多くの労働者が格付けを上昇させている。これは労働法典 L. 932—2 条が使用者に課す、労働者に雇用展開への適合を保障する義務に合致するものと解され、また、グルノーブル地区の被解雇者は PRB1 以外の上位カテゴリーにも及んでいる。従って、格付け（能力不足を理由ないし整理基準とする）と解雇の関連性は認められず、ランキングは解雇規制を潜脱し、あるいは低格付けの者の解雇を容易にするための準備段階とは解されなかった。

(6) まとめと今後の展望

本件は模範的な事例であって、格付けとそれに基づく個別的賃金増額の適法性が認められた。しかし、本件で明らかになったような要件を欠いていたり、それらからの逸脱（dérives）がみられるならば、たちどころに違法な差別、精神的いやがらせ（harcélement moral）、金銭的制裁、懲戒処分、解雇規制に対するごまかしなどに転化しうることが指摘されており、従って、このような評価・格付け制度に対する一般的懸念と、今後、労働者の能力評価・格付けをめぐり他の企業で紛争が生じる可能性が大いにあるとの予想が、多くの論者によって表明されている。フランスにおいては、事態はなお予断を許さない状況にあるといえよう。

関連文献は多数存するが、紙幅との関係で、P. Morvan, Notation des salariés : polémique autour du《ranking》, JCP E2002, 1042, p. 1135（原審評釈）; J. Colonna, Évaluation des compétences des salariés : la validité du ranking, Dr. soc. 2003, p. 988（本件評釈）のみを挙げておく。

事　項　索　引

あ
アクション・フランセーズ…………………88

う
ヴィシー政権………………………56, 90

え
エール・フランス事件………………245

お
オーリュー…………………36, 63, 108
オルー法改革………………131, 164, 195

か
解雇………………115, 119, 128, 143
科学学派………………………………8
格付け………………………………252
可動性条項…………………………180
カメルランク…………112, 195, 229
G・リヨン＝カーン……131, 163, 197, 220
間接差別……………………………257

き
企業……………58, 65, 111, 124, 144
企業委員会………………75, 127, 145
企業改革……………………………188
　──問題…………………………187
企業概念………………………144, 186
企業協定………………………164, 202
企業社会委員会（事業所社会委員会）…91
企業制度論……53, 58, 60, 96, 105, 106, 111,
　112, 126, 132, 155, 199, 228
企業制度論考慮型労働契約優位説……112
企業制度論否定型労働契約優位説……131
企業紐帯……………………………203
企業の自己規整…………………202, 221

企業の市民…………………75, 99, 130
企業の長……………………………70, 98
企業の民主化………………………192
企業利益……………………………74
規制緩和………………………169, 171
規範的自治…………………………142
客観法（droit objectif）の理論………31
キューシュ…………………………18
競業避止条項………………………182
共通善……………42, 66, 75, 97, 109
均衡論………………………………222

く
グノー………………………………149

け
経営共同体……………………68, 108
経済的危機…………………………159
経済的従属性………………………18
契約から身分へ………1, 111, 120, 136, 150

こ
降職…………………………………237
雇用形態の多様化（不安定化、非典型化）
　………………………………………171
雇用の所有権………74, 86, 108, 200
コルポラシオン……………………87
コルポラティスム………………87, 109

さ
J・サヴァチエ……………………191
サン＝ジュヴァン…………………175
サンディカリスム…………………33
　──の弱体化…………………158, 172
参入……………………………78, 82

し

CNR 綱領 …………………………… 56
指揮権 ……………………………… 70, 72
指導者原理 ………………… 97, 109, 134
ジャヴィリエ ……………………… 225
社会化された契約 ……… 27, 52, 100, 149
社会的カトリシズム ………… 62, 88, 96
社会法 ……………………………… 121
社会連帯主義 ……………………… 28
ジャモー ………………………… 199, 206
従業員代表 ……………… 75, 127, 145
従業員団 …………………………… 75
就業規則 ……………………… 141, 197
　　──制定権 …………………… 72
従属性 ………………… 1, 140, 143, 188
集団的企業契約 …………………… 202
集団的身分規程 …………………… 248
シュピオ ……… 202, 219, 220, 222, 226, 231
試用期間条項 ……………………… 180
条件行為 ………… 30, 33, 45, 82, 122, 207
　　──説 ……………………………… 28
職業社会委員会 …………………… 91
ジョスラン ……………… 50, 100, 137, 149
シラク ……………………………… 166
人的制度 ……………………… 36, 63

せ

誠実義務 …………………………… 86
制度 ………………… 36, 63, 65, 107, 133
　　──説 ……………………………… 36
　　──的契約 ……………………… 43
　　──理論 ………… 36, 62, 63, 108, 133
石油ショック ……………………… 160
セル ……………………………… 33

そ

双方的附合 ………………………… 123
組織された労務 …………………… 24

た

団体交渉 ………………… 138, 142, 164

ち

弾力化 ……………………………… 162
忠実義務 …………………………… 86
註釈学派 …………………………… 7
懲戒 ……………………………… 197
　　──権 ……… 71, 73, 127, 140, 197, 238
　　──処分 ………………………… 236
賃金の個別化 ………………… 181, 255

て

デスパックス ……………………… 188
デュギー …………………………… 28
デュラン ……………… 58, 106, 112, 132
デルベ ……………………………… 50

と

同一労働同一賃金 ………………… 256
道具主義化 ………………………… 163
道具的機能 ………………………… 211
特例協定 ………………………… 165, 173
トミスト ………………………… 40, 64

な

ナポレオン法典 …………………… 5

に

二重の附合契約 ………………… 27, 149

ね

ネオ・コルポラティヴィスム ……… 232
年功権 ………………………… 123, 130

は

パートタイム労働 ………………… 180
発見的機能 ………………………… 213

ひ

非化体の原則 ……………………… 245
ピック ……………………………… 21
ヒューレット・パッカード事件 …… 252

ふ

ファシズム……………………………88
附合契約……………………………26, 137
フルタイム労働のための期間の定めのない
　契約……………………………………161
ブレーズ…………………………153, 177
フレクシビリテ……………………161
　――化……………………162, 164, 169
フレックスタイム制………………179

へ

ペタン元帥……………………………90
ペリシエ……………………………150, 152
編入……………………………………78, 82
　――説………………………………78, 108

ほ

法形成的合意………………………31, 47
法的従属性…………………1, 14, 21, 147
ホテル・ル・ベリー事件………236
　――判決……………………………248
ポンソール事件判決………………256

ま

マルキシズム法学…………………131

み

ミッテラン……………………130, 164, 166
身分規程…2, 26, 79, 100, 111, 118, 137, 148,
　168, 247

ら

ラカン事件判決………………214, 241, 248

り

リヴェロ＝サヴァチエ……………125
立法権…………………………………70, 72
リペール………………………………76, 201

る

ルナール………………………………40

ル・ベール事件判決………………249

れ

レガル＝ブレト・ドゥ・ラ・グレセイ…43
レッセ・フェール……………………4

ろ

労働関係………………77, 98, 107, 124, 129, 133
労働擬似契約…………………………34
労働共同体……………………65, 107, 129
労働協約………………………………138
　――の規範的効力…………………245
　――の変更…………………………245
　――法理……………………………245
労働組合の弱体化…………………161
労働契約………………1, 9, 52, 55, 104, 121, 147
　――概念の独自性…………………150
　――衰退論……………………27, 58, 105, 106
　――の解釈…………………………213
　――の機能の二重性………………211
　――の構造の二重性………………207
　――のタイポロジーの増大………179
　――の道具的機能…………………212
　――の発見的機能……………214, 226
　――の非本質的変更…………215, 242
　――の変更……………………236, 243, 249
　――の本質的変更……………215, 239
　――の役割…………………………147
　――優位論……………101, 105, 110, 147
労働憲章………………………………66, 90
労働者格付けメカニズム…………255
労働者能力評価権…………………255
労働者の企業参加……………74, 105, 106
労働者の能力評価…………………252
労働条件の変更………………243, 249
労働の自由の原則……………………55
労働法の一般原則…………………152
労働法の性格………………………224
労働法の独自性……………………152
労働法の特殊性……………………153
労務賃貸借……………………………3, 5

[著者略歴]
三井正信（みつい　まさのぶ）
1958年　大阪府生まれ
1982年　京都大学法学部卒業
　以後、住友金属工業（株）勤務、京都大学大学院、京都大学助手、広島大学助教授を経て、
　現　職：広島大学教授・法学部長、弁護士（広島弁護士会所属）

主要著書
『現代雇用社会と労働契約法』(2010年、成文堂〔単著〕)
『基本労働法Ⅰ』(2012年、成文堂〔単著〕)
『基本労働法Ⅲ』(2014年、成文堂〔単著〕)
『高齢社会を生きる』(2008年、成文堂〔共著〕)
『新現代労働法入門〔第4版〕』(2009年、法律文化社〔共著〕)
『現代民事法改革の動向Ⅲ』(2009年、成文堂〔共編著〕)
『ロースクール演習　労働法〔第2版〕』
　(2010年、法学書院〔共著〕)
『新基本法コンメンタール労働基準法・労働契約法』
　(2012年、日本評論社〔共著〕)
『新版　労働法重要判例を読む1』
　(2013年、日本評論社〔共著〕)
『現代民事法改革の動向Ⅳ』
　(2013年、成文堂〔共編著〕) など多数

フランス労働契約理論の研究

2016年7月25日　初　版第1刷発行

　　著　者　三　井　正　信
　　発行者　阿　部　成　一

〒162-0041　東京都新宿区早稲田鶴巻町514番地
　発行所　　株式会社　成　文　堂

電話 03(3203)9201(代)　FAX 03(3203)9206
http://www.seibundoh.co.jp

製版・印刷　三報社印刷　　　　製本　佐抜製本
☆乱丁・落丁本はお取替えいたします☆
© 2016 M. Mitsui　　　Printed in Japan
ISBN978-4-7923-3351-5　C3032　検印省略

定価(本体5000円+税)